Wilhelm R. Glaser
Margrit O. Glaser

Telearbeit in der Praxis

Psychologische Erfahrungen mit
Außerbetrieblichen Arbeitsstätten bei der
IBM Deutschland GmbH

Luchterhand

Die deutsche Bibliothek – CIP-Einheitsaufnahme

Glaser, Wilhelm
Telearbeit in der Praxis : psychologische Erfahrungen mit
Außerbetrieblichen Arbeitsstätten bei der IBM Deutschland GmbH /
Wilhelm R. Glaser ; Margrit O. Glaser. – Neuwied ; Kriftel ;
Berlin : Luchterhand, 1995
    ISBN 3–472–02058–X
NE: Glaser, Margrit Olive:

Alle Rechte vorbehalten
© 1995 by Hermann Luchterhand Verlag GmbH, Neuwied, Kriftel, Berlin.
Das Werk einschließlich aller seiner Teile ist urheberrechtlich geschützt. Jede Verwertung außerhalb der engen Grenzen des Urheberrechtsgesetzes ist ohne Zustimmung des Verlages unzulässig und strafbar. Das gilt insbesondere für Vervielfältigung, Übersetzung, Mikroverfilmung und die Einspeicherung und Verarbeitung in elektronischen Systemen.
Umschlaggestaltung: Reckels, Schneider-Reckels & Weber, Wiesbaden
Satz: PL Software, Kronberg/Taunus
Druck, Binden: Digitales Kopierzentrum, Hofheim-Wallau
Printed in Germany, März 1995

Vorwort

Die IBM Personalstrategie der 90iger Jahre hat neben der Steigerung von Wettbewerbsfähigkeit und Flexibilität die humane und zweckmäßige Gestaltung unserer Arbeitsplätze zum Ziel. Das Einrichten von »Außerbetrieblichen Arbeitsstätten« ist dabei eine wertvolle Möglichkeit der Arbeitsgestaltung. Arbeits- und Leistungsbedingungen können so menschengerechter sowohl auf die Bedürfnisse der Mitarbeiter als auch auf die Geschäftserfordernisse zugeschnitten werden. Wir sind in der technologisch führenden Branche »Informationstechnik« tätig. Den hier entstehenden technischen Innovationen müssen soziale Innovationen folgen, damit der Mensch den technischen Fortschritt auch für bessere Lebens- und Arbeitsbedingungen nutzen kann. Als Grundlage für die betriebliche Umsetzung von Telearbeit, die in der Wohnung der Mitarbeiterin oder des Mitarbeiters erfolgt, haben wir 1991 die Betriebsvereinbarung über »Außerbetriebliche Arbeitsstätten« abgeschlossen. Die IBM Deutschland GmbH wurde 1992 für diese fortschrittliche personalpolitische Regelung mit dem »Innovationspreis der deutschen Wirtschaft« ausgezeichnet. Mit dem Wandel von der Industriegesellschaft zur Informationsgesellschaft wird sich die starre traditionelle Trennung von Arbeitsort und Wohnung, wie sie ein Produktionsbetrieb erfordert, zunehmend verwischen. Immer mehr Tätigkeitsbereiche werden durch die Anwendung von Informationsverarbeitung für außerbetriebliche Arbeit geeignet werden. Unsere positiven betrieblichen Erfahrungen und Erwartungen werden von der hier folgenden Studie bestätigt. Entsprechend dieser Entwicklung werden wir die Umsetzung unseres Modells der »Außerbetrieblichen Arbeitsstätten« in die betriebliche Praxis fortführen.

Berlin, im September 1994

Hans-Werner Richter
Geschäftsführer für Personal und Kommunikation
IBM Deutschland GmbH

Inhaltsverzeichnis

	Vorwort	V
1.	Zu diesem Forschungsbericht	1
2.	Telearbeit: Definitionen und Literaturübersicht	6
	2.1 Definitionen	6
	2.2 Literaturübersicht	10
	2.2.1 Buchliteratur, Gesamtdarstellungen	10
	2.2.2 Fallstudien und Umfragen	12
	2.2.3 Die Position von Gewerkschaften und Arbeitgebern	15
3.	Erleben und Verhalten auf einer außerbetrieblichen Arbeitsstätte (ABA): Die wichtigsten Fragen	16
4.	Zusammenfassung und Folgerungen	21
5.	Datenerhebung und Resultate	27
	5.1 Methoden	27
	5.1.1 Die Stichprobe der Mitarbeiter	27
	5.1.2 Die Vorgesetztenbefragung	28
	5.2 Die wöchentliche Arbeitszeit zu Hause	28
	5.3 Die Tätigkeiten auf den ABA-Stellen	30
	5.3.1 Die Tätigkeitsfelder	30
	5.3.2 Die Veränderungen der Tätigkeiten	32
	5.4 Kommunikation während der Arbeit	32
	5.5 Interaktive Tätigkeiten	37
	5.6 Die technische Ausstattung des häuslichen Arbeitsplatzes	40
	5.7 Auswirkungen der ABA auf die Arbeit im Urteil der Mitarbeiter	44
	5.7.1 Generelle Auswirkungen auf die Arbeitseffizienz	44
	5.7.2 Auswirkungen der erhöhten Flexibilität auf den persönlichen Tagesablauf	46
	5.7.3 Die Bewertung der erhöhten Flexibilität des Tagesablaufs	47
	5.8 Anfängliche Befürchtungen der ABA-Mitarbeiter	50
	5.9 Die Verteilung der Wochenarbeitszeit	52
	5.10 Die Planung der Arbeit	53
	5.11 Der eigene Schreibtisch im Betrieb	54
	5.12 Mögliche psychosoziale Probleme der ABA-Mitarbeiter	56
	5.12.1 Die Arbeitsbelastung bei häuslicher Arbeit	57
	5.12.2 Das Problem der sozialen Isolation und der Zusammenhang mit der Persönlichkeitsvariablen Introversion-Extraversion	58
	5.12.3 Die Bedeutung der informellen Kommunikation	60
	5.12.4 Die Auswirkungen auf das Privatleben	63
	5.13 Die Vorgesetztenbefragung	66
	5.13.1 Die Einstellung der Vorgesetzten	66

		5.13.2	Kriterien für die Mitarbeiterauswahl	68
		5.13.3	Auswirkungen einer ABA für die Mitarbeiter aus der Sicht der Vorgesetzten	69
		5.13.4	Führungsstil	71
		5.13.5	Die Eignung der Tätigkeiten für eine ABA aus der Sicht der Vorgesetzten	73
		5.13.6	Vorteile und Nachteile einer ABA für die Vorgesetzten	73
	5.14		Die Auswirkungen auf den Straßenverkehr	74
6.	Beispiel einer Betriebsvereinbarung und Betriebshinweise (IBM)			79
	6.1		Betriebsvereinbarung zwischen der Geschäftsführung der IBM Deutschland GmbH und dem Gesamtbetriebsrat der IBM Deutschland GmbH über außerbetriebliche Arbeitsstätten	79
	6.2		Betriebshinweise	87
7.	Einzelresultate der Interviews			91
	7.1		Allgemeine Charakteristika der Stichprobe	91
	7.2		Charakterisierung der Tätigkeit	94
	7.3		Die technische Ausstattung zu Hause	117
	7.4		Mitarbeitergründe für eine ABA	132
	7.5		Arbeitszeiten, Arbeitsweise	145
	7.6		Informelle Kommunikation	162
	7.7		Introversion-Extraversion, Kommunikation	170
	7.8		Berufs- und Leistungsorientierung	176
	7.9		Beurteilung des Vorgesetzten	178
	7.10		Familie - Beruf - Freizeit	182
8.	Einzelresultate der schriftlichen Vorgesetztenbefragung			192
	Literaturverzeichnis			232
	Stichwortverzeichnis			235

1. Zu diesem Forschungsbericht

Die modernen Informations- und Kommunikationstechniken haben einen anhaltenden, grundlegenden Wandel aller Organisationen ausgelöst. Die Geschwindigkeit dieses Wandels nimmt ständig zu, und er erfaßt in einer gewaltigen Diffusion letztlich die gesamte Arbeitswelt. Sein Ende ist so wenig abzusehen wie die Formen der Organisation, die einmal entstehen werden. Dabei sind es nicht nur die Betriebe, in denen die Arbeit verrichtet wird, sondern auch die Formen der Arbeit selbst, die diesem Wandel unterliegen.

Büroarbeit bestand schon immer im wesentlichen aus Informationsverarbeitung und Kommunikation. Heute übernehmen in wachsendem Ausmaß vernetzte Computer große Anteile der Informationsspeicherung, -wandlung und -übertragung. Die noch vom Menschen zu leistende Informationsverarbeitung verändert sich dadurch massiv. Bei qualifizierten Büroarbeiten, und zwar vom Sachbearbeiter bis zum Manager, kommt es zur Entlastung von Routinearbeiten, die auf die Rechner verlagert werden. Gleichzeitig nehmen die geistig anspruchsvolleren Tätigkeiten wie Koordinieren, Problemlösen, Planen, Entscheiden, ganz allgemein Optimieren und Reduzieren von Komplexität, ständig zu. Das führt zwangsläufig zu einer Flexibilisierung und Enthierarchisierung der Organisationen. Mit diesem Wandel geht ein steigender Bedarf an Kommunikation einher. Beim Bürobetrieb müssen immer mehr Personen über immer größere Entfernungen hinweg gesprochene, aber auch noch auf Papier statt im Computer festgehaltene, meistens kürzere, Mitteilungen austauschen. Dafür ist das Telefon seit Jahrzehnten absolut unentbehrlich, und das Telefax hat seit etwa 1987 seinen Siegeszug angetreten. Büroarbeit ist deshalb eine Mischung aus der asynchronen Bearbeitung schriftlichen Materials in Mensch-Computer-Interaktion oder »mit Papier und Bleistift« und synchroner Kommunikation zwischen Menschen, über Telefon oder face-to-face. Effizienz und Produktivität der Arbeit hängen ebenso wie eine gute psychosoziale Befindlichkeit der Mitarbeiter entscheidend davon ab, daß bei diesem Arbeits- und Kommunikationsmix das Verhältnis der Anteile zueinander »stimmt«.

Offensichtlich haben aber die grundlegenden Veränderungen der Büroarbeit durch vernetzte Computer noch kein Pendant in ebenso weitreichenden Veränderungen der synchronen, mitmenschlichen Bürokommunikation gefunden. Diese dürften jedoch unmittelbar bevorstehen. Ein erster, bescheidener Schritt sind die Komfortfunktionen des ISDN wie Anklopfen, Anrufweiterschaltung usw. Auch Telefon- und Videokonferenzen wären hier zu nennen, obwohl deren Diffusion beim augenblicklichen Stand der Technik und der Tarife stagniert. Grundlegende Veränderungen sind jedoch von einer preiswerten, leicht zu handhabenden und entsprechend verbreiteten Mobiltelefonie zu erwarten. Das gleiche gilt, sicher zu einem noch späteren Zeitpunkt, von einer Bildtelefonie, die soviel persönliche Präsenz schafft, daß sie sich in dem Spektrum mitmenschlicher Kommunikation zwischen den unersetzlichen Face-to-face-Gesprächen und den gewöhnlichen Telefonaten ein so breites Band erobert, daß der Personentransport für den Face-to-face-Kontakt, also das Pendeln und die Geschäftsreisen, merklich vermindert werden kann.

Schon heute erlauben die Informations- und Kommunikationstechniken und die mit ihnen einhergehenden Veränderungen der Büroarbeit höchst effiziente und produktive Organisationen, ohne daß dabei immer die Anwesenheit aller beteiligten Personen zur gleichen Zeit am gleichen Ort notwendig wäre. Eine bisher ungekannte Flexibilität der Arbeitsorte und Arbeitszeiten wird möglich. Eine Form, sie zu realisieren, ist die Telearbeit, die in unserer Untersuchung darin besteht, daß Büroangestellte wesentliche Teile ihrer Berufsarbeit in der Privatwohnung ableisten, wobei sie einen mit dem Netz des Unternehmens verbundenen Computer als wichtigstes Arbeitsmittel benutzen. (Verschiedene Definitionen werden im Abschnitt 2.1 besprochen.) Wie auch die vorliegende Untersuchung wieder zeigt, ist Flexibilität offenbar für viele Menschen heute ein gültiger Wert. Flexible Organisationen und flexible Mitarbeiter bedingen und ergänzen einander. Nur flexible Organisationen können auf schwierigeren und sich immer schneller wandelnden Märkten noch bestehen. Flexible Mitarbeiter finden neue Wege, ihre beruflichen und familiären Pflichten und persönlichen Bestrebungen individuell aufeinander abzustimmen und ihr Leben selbstbestimmter zu gestalten.

Seit Anfang der siebziger Jahre hat es immer wieder Modellversuche zur Telearbeit gegeben, die auch umfangreiche Begleitforschungen ausgelöst haben. Die Publizität war zeitweise, vor allem Mitte der achtziger Jahre, sehr hoch. Dem steht gegenüber, daß eine große, sozusagen explosionsartige Ausbreitung der Telearbeit bisher ausgeblieben ist, obwohl sie vor etwa einem Jahrzehnt schon als unmittelbar bevorstehend angesehen wurde. Auch sind nicht wenige bisherige Modellversuche wieder eingestellt worden, im Klartext also gescheitert. Der Modellversuch »Außerbetriebliche Arbeitsstätten« – im folgenden Text *ABA* – der IBM Deutschland Informationssysteme GmbH, über den hier berichtet wird, hat eine neue Publizitätswelle seit 1992 ausgelöst.

Telearbeit ist keine Einzelerfindung wie etwa das Telefon oder das Kraftfahrzeug, die dann eine über Jahrzehnte dauernde Veränderung der Lebensformen verursacht. Sie ist vielmehr selbst eine Lebens- und Arbeitsform, zu deren Ausbreitung das Ausreifen vieler Vorbedingungen beiträgt. Nach unserer Meinung sind erst heute, im Gegensatz noch zu den jüngst vergangenen Jahren, die Bedingungen für eine stetige Ausbreitung der Telearbeit wirklich erfüllt. Dazu gehören Leistungsfähigkeit, Massenverfügbarkeit und Preisgünstigkeit vernetzter Computer und der technische Stand der Software für Einzel- und Gruppenarbeit. Dazu gehören weiter die schon eingetretene und weiter zu steigernde Flexibilität moderner Groß- und Kleinorganisationen, die Zunahme an selbständigen, problemlösenden und Kreativität erfordernden Tätigkeiten bei der Büroarbeit, eine sich in großen Teilen der Bevölkerung ständig ausbreitende Erfahrung und Vertrautheit mit moderner Informations- und Kommunikationstechnik sowie die Wünsche wachsender Teile der Arbeitnehmerschaft nach besserer Vereinbarkeit von Beruf und privater Lebensgestaltung. Dazu gehören schließlich die wachsenden ökonomischen und ökologischen Probleme mit dem Personentransport auf Straßen. Obwohl die Idee der Substitution von physischem Verkehr durch Telekommunikation am Anfang der siebziger Jahre bei den ersten Schritten zur Telearbeit geradezu »Pate gestanden« hat, ist sie bisher noch kaum in der Breite handlungswirksam geworden. Das könnte sich jedoch angesichts der jetzt günstiger gewordenen Voraussetzungen und bei nicht voraussagbaren, unter Umständen schnell oder gar katastrophenähnlich ablaufenden Entwicklungen der Randbedingungen des Straßenverkehrs ähnlich der Ölkrise 1973, sehr wohl dramatisch ändern.

Wir sind davon überzeugt, daß sich bei Veränderungen der Lebensformen und Lebensmöglichkeiten immer wieder Invarianten der menschlichen Natur zeigen. Mit dem Entwurf technischer und sozialer Neuerungen testen die Menschen ihre Möglichkeiten aus. Vieles hervorragend Ausgedachte zeigt schnell, daß es schon im Ansatz nicht funktionieren kann, anderes wird sofort aufgegriffen und durchdringt schnell Leben und Denken. Der einzige Weg, das Richtige sozialverträglich zu finden, besteht darin, in kleinen Schritten zu experimentieren, das Brauchbare möglichst früh zu erkennen und weiterzuentwickeln und das Unbrauchbare aufzugeben, bevor die Schäden zu groß werden. Das gilt natürlich auch für die Telearbeit. Auch hier hat sich einerseits manches als nicht praktikabel erwiesen. Andererseits aber hat sich eine anfangs lange nicht diskutierte Variante, die *alternierende Teleheimarbeit*, bei der die Mitarbeiter noch einen Teil ihrer Arbeitszeit im Betrieb ableisten, als sehr günstig herausgestellt. Sie scheint die beste Lösung der oft beschworenen Kommunikationsprobleme zu sein, die für das Management zu Erschwernissen und für die Mitarbeiter zu sozialer Isolation und Selbstüberlastung führen können.

Was heute mit Telearbeit bezeichnet wird, ist sicher kein Endpunkt der Entwicklung. Die Linien weisen vielmehr in Richtung auf globale elektronische Netzwerke für Daten ebenso wie für menschliche Massen- und Individualkommunikation. Büroarbeit wird wesentlich in und mit diesen Netzwerken stattfinden. Dabei wird der Ort, an dem der einzelne seine Büroarbeit verrichtet, für deren netzgestützte Anteile praktisch bedeutungslos werden. Das führt schließlich zu *virtuellen Teams und Organisationen*, deren Mitglieder nur gelegentlich zu einem Meeting für das unersetzliche Minimum an Face-to-face-Kommunikation anreisen, ansonsten aber an getrennten, oft weltweit voneinander entfernten Orten tätig sind.

Als Psychologen interessieren wir uns für das Erleben und Verhalten des einzelnen Menschen. Im vorliegenden Falle heißt das, daß wir möglichst präzise und detailreich in Erfahrung bringen wollten, wie die von uns untersuchten Angestellten ihre Telearbeit tatsächlich praktizierten und wie sie dabei dachten und fühlten. Das schloß Fragen über ihre früheren Erfahrungen und ihre Erwartungen für die Zukunft mit ein.

Der hier vorgelegte Bericht soll also eine möglichst genaue Momentaufnahme der Erfahrungen und Befindlichkeiten der Mitarbeiter im IBM-Modellversuch »Außerbetriebliche Arbeitsstätten« *(ABA)* und ihrer Manager sein, der aufgrund der Betriebsvereinbarung zwischen Geschäftsleitung und Gesamtbetriebsrat vom Sommer 1991 begonnen werden konnte. Die Datenbasis für unsere Untersuchung besteht in standardisierten Interviews von durchschnittlich 1,75 Stunden Dauer an einer Stichprobe von 38 Mitarbeitern und der schriftlichen Befragung von 33 ihrer vorgesetzten Manager. Wie wir in den Einzelheiten überprüfbar begründen, können wir diesen Modellversuch aus psychologischer Sicht als sehr erfolgreich bezeichnen.

Natürlich stellt sich die entscheidende Frage, wie weit dieses Resultat verallgemeinert werden kann. Von den Gegebenheiten her war ein Experimentieren, also ein systematisches Variieren einzelner Bedingungen, nicht möglich. Vergleiche mit bestimmten Kontrollgruppen, etwa zwischen Mitarbeitern auf außerbetrieblichen Arbeitsstätten und ihren ständig im Büro arbeitenden Kollegen, vielleicht noch getrennt nach denjenigen, die selbst Telearbeit anstrebten und denjenigen, die das nicht vorhatten, konnten ebenfalls nicht angestellt werden. Auch Vergleiche der erwartungsgemäß positiv eingestellten Manager von Telearbeitern mit repräsentativ ausgewählten Kollegen, von deren Mitarbeitern niemand Telearbeit leistete, waren im vorliegenden Rahmen ausgeschlossen. Dies ist ein Feld für künftige Nachuntersuchungen. Wissenschaftlich gesicherte Kausalinterpretationen für den Erfolg des hier dargestellten Modellversuches sind also im strengen Sinne nicht möglich. Positiv läßt sich jedoch sagen, daß unter der Gesamtheit der hier erfüllten Bedingungen sich für die untersuchten Telearbeiter und ihre Manager ein klar beschriebener Erfolg eingestellt hat, der unter gleichartigen Verhältnissen wieder zu erwarten ist. Die Nutzanwendung dieses Berichtes dürfte also darin liegen, daß man bei neuen Versuchen möglichst die hier beschriebenen Bedingungen schaffen und sich über die Wirkungen tolerierter oder bewußt geschaffener Abweichungen gezielt klarwerden sollte.

Viele bis heute vorliegende Fakten und theoretische Überlegungen zur Telearbeit haben ihren Niederschlag in einer umfangreichen Literatur gefunden. So hat allein das Literaturverzeichnis in dem wichtigen Standardwerk von Heilmann (1987) einen Umfang von 50 Druckseiten. Wir sehen es nicht als Aufgabe des vorliegenden Berichtes an, in diese Literaturdiskussion einzutreten, diskutieren aber im Abschnitt 2 die möglichen Definitionen der Telearbeit und geben einen knappen Überblick über die aktuelle Literatur. Die wichtigsten Fragen, zu denen eine empirische Einzeluntersuchung möglichst präzise Antworten suchen sollte, stellen wir dann im Abschnitt 3 zusammen.

In diesem Bericht streben wir vor allem eine möglichst vollständige Wiedergabe unserer Resultate und eine praxisnahe Interpretation an. Dazu haben wir hintereinander drei verschiedene »Vergrößerungen eingeschaltet«. Abschnitt 4 enthält zunächst auf wenigen Seiten eine Zusammenfassung der Resultate und Folgerungen. Im Abschnitt 5 versuchen wir, die Resultate umfassend darzustellen und zu interpretieren. Wir veranschaulichen sie mit 30 Abbildungen. Ein guter und schneller Überblick ergibt sich daher auch durch bloßes Durchblättern dieser Abbildungen. Als Hinweis für die Praxis enthält Abschnitt 6 den Wortlaut der Betriebsvereinbarung der IBM zusammen mit Betriebshinweisen. Die Abschnitte 7 und 8 schließlich geben die Originalfragen und die statistisch aufbereiteten Resultate unverkürzt und uninterpretiert wieder, um daran interessierte Leser in die Lage zu versetzen, weitergehende Fragen zu beantworten, eigene Schlüsse zu ziehen und gegebenenfalls mit den gleichen Fragen Resultate zu erzielen, die mit den unseren verglichen werden können.

Zum sprachlichen Stil des Berichtes sei uns eine Anmerkung gestattet. Der Gegenstand der Untersuchung bringt es mit sich, daß ständig von *Mitarbeitern, Managern, Partnern, Vorgesetzten, IBMern* usw. die Rede ist. Trotz der Tatsache, daß ihr grammatisches Geschlecht fast immer männlich ist, gebrauchen wir diese Wörter in der generischen, also semantisch neutralen, beide Geschlechter umfassenden Bedeutung. Wir konnten uns nicht dazu entschließen, diese vollkommen selbstverständliche semantische Gleichbehandlung beider Geschlechter durch Konstruktionen wie *Mitarbeiter(innen)* zusätzlich und redundant auszudrücken, da dies das Druckbild und die Lesbarkeit des Textes beeinträchtigt hätte. Wo das physische Geschlecht explizit bezeichnet werden muß, wählen wir spezifische Formulierungen wie *männliche Mitarbeiter* oder *Mitarbeiterinnen*. – Es mag an dieser Stelle erwähnt werden, daß in den Interviews mehrere der weiblichen Befragten auf der generischen Form ihres Titels oder ihrer Berufsbezeichnung, also z. B. auf *Diplomkaufmann* statt *Diplomkauffrau*, bestanden.

Schließlich möchten wir allen denjenigen unseren herzlichen Dank aussprechen, ohne die diese Arbeit und dieser Bericht nicht zustandegekommen wären. Er gilt vor allem der IBM Deutschland Informationssysteme GmbH dafür, daß sie uns als kleines und in der Begleitforschung zur Telearbeit bisher nicht in Erscheinung getretenes Institut mit dieser Untersuchung beauftragt hat. Für eine sehr offene, angenehme und vertrauensvolle Zusammenarbeit danken wir insbesondere Frau Dipl.-Psych. Corinna Stobbe und Herrn Dr. Michael Burkhardt von der Abteilung Personalentwicklung und Führungsakademie. Der Dank an IBM gilt auch dafür, daß wir den Text der Betriebsvereinbarung und einiger darauf bezogener Betriebshinweise hier abdrucken dürfen. Die großzügige Erlaubnis von Herrn Dr. Wolfgang Heilmann, die Bibliothek der Integrata AG, Tübingen, uneingeschränkt zu benutzen und die umfangreichen Gespräche mit Herrn Dr. Gilbert Anderer im gleichen Hause waren uns eine wichtige Hilfe. Dafür danken wir ebenso wie schließlich Herrn Franz Langecker vom Luchterhand Verlag für eine präzise und einfühlsame verlegerische Betreuung, die aus einem vervielfältigten Bericht ein bis in die Ausstattung hinein ansehnliches Buch werden ließ.

Tübingen, im November 1994

Margrit und Wilhelm Glaser

2. Telearbeit: Definitionen und Literaturübersicht

2.1 Definitionen

Unter Definition versteht man die Methode, mit der Begriffe gebildet werden. Deshalb wollen wir hier einen kurzen Blick auf die Definitionenlehre werfen. Begriffe repräsentieren Gegenstände, damit Aussagen über diese Gegenstände formuliert werden können. Dieser scheinbar triviale Satz hat wichtige Konsequenzen. Eine davon lautet, daß es keine Erkenntnis durch Begriffe gibt. Begriffe müssen, einer Grundregel des Definierens zufolge, empirisch leer sein. Erkenntnis kann nur in Aussagen, die Begriffe miteinander verknüpfen, aber nie in Begriffen allein enthalten sein. Der immer wieder entstehenden Versuchung, in Begriffen und nicht in Sätzen zu denken, muß man aktiv widerstehen – auch im Zusammenhang mit der Telearbeit. Darauf angewandt bedeutet die Regel, daß man nicht versuchen sollte, Erkenntnisse und Erfahrungen in Definitionen festzuhalten. Die Definitionen sollten vielmehr so gewählt werden, daß sich die Erfahrungen mit ihrer Hilfe in Aussagen möglichst präzise formulieren lassen. Daraus folgt, daß gute Definitionen nie am Anfang, sondern erst in der Reifephase neuer Erkenntnisse und Gegebenheiten aufgestellt werden können. Für eine Definition muß man wissen, auf welche Unterscheidungen es bei den beabsichtigten Aussagen ankommt, auf welche nicht. Bei neuen und sich schnell entwickelnden Forschungsgegenständen fehlt aber meistens gerade dieses Wissen. Auch in der Literatur über Telearbeit findet sich deshalb die Empfehlung, beim gegenwärtigen Kenntnisstand nicht zuviel in die Suche nach einer präzisen Definition zu investieren (z. B. Huws, Korte & Robinson, 1990, S. 1-10).

Eine Definition besteht aus Abgrenzungen auf einer oder mehreren, möglichst voneinander unabhängigen Dimensionen. Im Falle der Telearbeit lassen sich hier vier Dimensionen unterscheiden, die praktisch immer eine Rolle spielen.

Die erste ist der *Arbeitsort*. Telearbeit ist demnach Arbeit für einen Arbeit- oder Auftraggeber, die nicht in dessen zentralen Geschäftsräumen stattfindet. Wichtige Arbeitsorte dafür sind die Privatwohnung des Arbeitnehmers, von mehreren Arbeitgebern gemeinsam genutzte Nachbarschaftsbüros und Filial-, Außen- oder Satellitenbüros des Arbeitgebers außerhalb seiner Zentrale. Nachdem die tragbaren Computer immer handlicher und leistungsfähiger geworden sind, und angesichts einer sich rasch ausbreitenden Mobiltelefonie werden auch Reisezeiten immer systematischer zu Büroarbeiten genutzt. Fahr- und Flugzeuge, Warte- und Aufenthaltsräume, Hotelzimmer sowie schließlich die Geschäftsräume des Kunden wären demnach ebenfalls als mögliche Orte der Telearbeit bei der Definition in Betracht zu ziehen. Während man die Arbeit in der Privatwohnung und im Nachbarschaftsbüro im allgemeinen problemlos als Telearbeit definieren kann, sind die Abgrenzungskriterien bei Außenbüros kaum befriedigend zu regeln, da ohne Beschränkung der Allgemeinheit nur selten festzulegen ist, wann die Arbeit in einem Außenbüro Telearbeit, wann reguläre Büroarbeit ist. Die Übergänge sind viel zu fließend. Trotzdem könnte diese Frage höchst brisant werden, wenn beispielsweise durch eine politische Regelung die Zahl zugelassener Pendlerfahrten ins Büro, nicht jedoch diejenigen zu einem Nachbarschafts- oder Satellitenbüro, in dem Telearbeit geleistet wird, kontingentiert würde, was beispielsweise in Kalifornien in der Diskussion ist. Dabei würde ein Motiv entstehen, Außenbüros als Satellitenbüros zu deklarieren (s. z. B. Mokhtarian, 1991, S. 322).

2.1 Definitionen

Dieses Abgrenzungsproblem gilt auch für Außendienstmitarbeiter, die schon herkömmlicherweise einen Teil ihrer Arbeitszeit dafür aufwenden, um zu Hause oder in einem Außenbüro ihre Kundenbesuche vor- und nachzubereiten und mit der Zentrale zu kommunizieren. Sind sie Telearbeiter oder nicht? Wann sind sie es, wann sind sie es nicht? Ein Definitionsvorschlag von Fischer, Späker, Weißbach und Beyer (1993, S. 7-8) lautet: »So definieren wir Telearbeit als eine Form der technisch unterstützten organisatorischen Dezentralisierung, bei der die Wohnortnähe und nicht primär die Kundennähe zum Kriterium der Auslagerung wird«. Damit wären in der Tat die räumlich mobileren Arbeitsformen aus der Definition ausgeschlossen, der Begriff der Telearbeit würde im wesentlichen auf die Arbeit in der eigenen Wohnung beschränkt.

Noch schwieriger dürfte die Suche nach einer verallgemeinerbaren Abgrenzung für Servicetätigkeiten sein. Ist der Wartungstechniker Telearbeiter, wenn er vom Büro aus den Firmenrechner mit dem des Kunden koppelt, um Diagnoseprogramme zu fahren? Sicher nicht. Ist er Telearbeiter, wenn er das von zu Hause aus macht? Sicher ja. Ist er Telearbeiter, wenn er sich bei diesem Vorgang in den Geschäftsräumen des Kunden befindet? Auch für die Manager, die ihre Reisezeiten entsprechend nutzen, etwa indem sie ihren Laptop über das Autotelefon mit dem Firmenrechner verbinden, muß erst noch geklärt werden, ob sie unter die Definition subsumiert werden sollten. Die Beispiele machen wohl deutlich, warum es beim augenblicklichen Stand, oder besser gesagt, Fluß der Dinge nicht förderlich ist, hier vorschnell verallgemeinerungsfähige Abgrenzungen zu suchen. Dabei verkennen wir nicht, daß im Kontext spezieller Forschungsprojekte oder arbeits- und versicherungsrechtlicher Fragen spezielle Festlegungen notwendig werden können; auch hier sollte aber Flexibilität vor Erstarrung gehen.

In Abgrenzung zur Telearbeit in Nachbarschafts-, Satelliten- und Außenbüros, aber auch zur herkömmlichen und gesetzlich geregelten Heimarbeit, empfiehlt es sich, die Telearbeit zu Hause als *Teleheimarbeit* zu bezeichnen, wie es beispielsweise Kreibich, Drüke, Dunckelmann und Feuerstein (1990) vorgeschlagen haben.

Die zweite wichtige Dimension ist der *Umfang der außerhalb der Zentrale verbrachten Arbeitszeit*. Die Unterscheidung zwischen Vollzeit- und Teilzeitarbeit dürfte hier uninteressant sein. Auch die Flexibilität der Arbeitszeitregelung dürfte keine Abgrenzung liefern: Der Programmierer, der seine Wochenstunden zu Hause ohne äußere Einschränkungen auf Tageszeiten und Wochentage verteilen kann, ist sicher ebenso Telearbeiter wie der Wartungsspezialist, der zu genau festgelegten Zeiten zu Hause in einer Hotline ansprechbar sein muß. Im Gegensatz dazu ist das Verhältnis zwischen den innerhalb und außerhalb des Betriebes verbrachten Arbeitszeiten ein wichtiges Kriterium, für das verschiedene Grenzen vorgeschlagen wurden. Wer seine gesamte Arbeitszeit beispielsweise zu Hause verbringt, ist hinsichtlich dieser Variablen sicher Telearbeiter, wer immer im Büro arbeitet, ist es sicher nicht. Wie aber sieht der Übergang aus? Wir haben in diesem Bericht diejenigen, die wöchentlich *stundenweise* oder *stundenweise plus gelegentlich einen Tag* zu Hause arbeiten, als *bürozentrierte* Telearbeiter bezeichnet. Unter *wohnungszentrierten* Telearbeitern verstehen wir diejenigen, bei denen die häusliche Berufsarbeit einen Umfang von *regelmäßig einen Tag pro Woche oder mehr* angenommen hat. Wir halten diese Abgrenzung zumindest in der jetzigen Experimentierphase mit Telearbeit für brauchbar. Ein wesentlich strengeres Kriterium verwendet Huws (1993, S. 3): Telearbeit liegt dann vor, wenn mindestens die Hälfte der regelmäßigen Arbeitszeit zu Hause abgeleistet wird. – Beim ständigen Wechsel zwischen zwei oder mehr festen Arbeitsstätten, meist im Wochenrhythmus, spricht man heute in der Literatur von *alternierender Telearbeit;* wird dabei zwischen Wohnung und Betrieb gewechselt, wird dies *alternierende Teleheimarbeit* genannt.

Die dritte entscheidende Dimension ist die *Ausstattung der Arbeitsstätte außerhalb des Betriebes mit Informations- und Kommunikationstechnik.* Fast alle Definitionsvorschläge in der Literatur verlangen einen PC als wesentliches Arbeitsmittel und dessen zumindest zeitweise Verbindung mit dem Zentralrechner oder Netz des Arbeit- oder Auftraggebers. Die zeitweise Vernetzung der Rechner kann auch entfallen, beispielsweise wenn ein Arbeitnehmer in der Privatwohnung für seinen Arbeitgeber telefonische Bestellungen annimmt und in den Rechner eingibt, ohne daß der Rechner dabei selbst am Netz ist. Auch hier haben wir den Eindruck, daß übertriebene Spitzfindigkeiten zwar leicht auszudenken, aber doch unproduktiv sind. Wichtig und praktisch allen heutigen Definitionen gemeinsam ist nur die Kombination von Rechner und Fernmeldedienst. Huws (1993, S. 3) gibt eine interessante Zusatzbedingung an: Telearbeit liegt auch in der Privatwohnung nur vor, wenn sie ohne beides, Rechner *und* Telekommunikation, nicht ausgeführt werden könnte. Auch diese Bedingung löst aber nicht jedes Abgrenzungsproblem: Ist etwa der Hochschullehrer, der seine Veröffentlichungen zu Hause auf einem PC schreibt und sich nur gelegentlich in das Universitätsnetz einloggt, um seine elektronische Post zu lesen oder eine Datei von einem Universitätsrechner herunterzuladen, nun Telearbeiter? Immerhin könnte er im strengen Sinne von Huws (1993) seine Arbeit entweder auch ohne diese Telekommunikation erledigen, oder es müßte anhand weiterer Kriterien genauer geprüft werden, ob er das könnte. Auch hier lassen sich also offenbar die Feinunterscheidungen unproduktiv weitertreiben. Die Autoren umfassender, repräsentativer statistischer Studien müssen aber selbstverständlich in allen solchen Fällen klare, spezielle und detaillierte Abgrenzungen treffen.

Die vierte wichtige Dimension ist die *Rechtsform des Arbeitsverhältnisses.* Telearbeit liegt zweifelsfrei vor, wenn ein Arbeitsvertrag besteht, der dem eines Büroangestellten bis auf die Regelungen über Arbeitsort, Arbeitszeit und technische Ausstattung gleicht. Ob die technische Ausstattung vom Arbeitgeber gestellt wird (z. B. IBM-Modellversuch) oder dem Arbeitnehmer gehört und der Arbeitgeber dabei gegebenenfalls ein Nutzungsentgelt zahlt (z. B. Integrata), ist unerheblich. Auch Arbeit in der Rechtsform des deutschen Heimarbeitsgesetzes, die unseres Wissens jedoch eine untergeordnete Rolle spielt, wäre, wenn die ersten drei Kriterien erfüllt sind, als Telearbeit zu bezeichnen. Telearbeit im freien Werkvertrag wäre jedoch nicht ohne Willkür von am Markt angebotenen gewerblichen Dienstleistungen abzugrenzen. Auch diese Abgrenzung würde wesentlich vom jeweiligen Zweck abhängen. Für bestimmte statistische oder rechtliche Fragen könnte sie notwendig werden, für Fragen der Arbeitsanalyse und -gestaltung ist sie es sicher nicht. Huws (1993) wählt hier ein relativ willkürliches, aber operational sehr brauchbares Kriterium: Telearbeit liegt gänzlich unabhängig von der Rechtsform des Arbeitsverhältnisses vor, wenn in einem vierwöchigen Stichzeitraum mindestens zehn Tage oder die entsprechende Anzahl von Stunden für *einen* Auftrag- oder Arbeitgeber gearbeitet wird. Vielleicht sollte auch noch erwähnt werden, daß man unter Umständen sogar den Kunden bei der Verlagerung von Aufgaben auf seine häusliche Datenverarbeitung, etwa beim Telebanking oder Teleshopping, in die Nähe des Telearbeiters rücken könnte (s. Kreibich, Drüke, Dunckelmann & Feuerstein, 1990).

Wir fassen zusammen. Allgemein anwendbare Definitionen von Telearbeit können beim heutigen Stand der Erfahrungen nicht besonders scharf sein. Sie müssen auf den vier genann-

2.1 Definitionen

ten Dimensionen Abgrenzungen enthalten. Einzelne Anwendungen, Untersuchungen und Regelungen verlangen in der Regel Ad-hoc-Präzisierungen. Einige Beispiele aus der Literatur sollen belegen, wie Telearbeit zur Zeit üblicherweise definiert wird.

»Wir definieren Telearbeit als Arbeit, deren Ort unabhängig ist vom Ort des Arbeitgebers oder Vertragspartners und gemäß den Wünschen des individuellen Telearbeiters und/oder der Organisation, für die er oder sie arbeitet, gewechselt werden kann. Sie ist Arbeit, die grundsätzlich oder großenteils von der Nutzung elektronischer Geräte abhängt, deren Output zum Arbeitgeber oder Vertragspartner über räumliche Distanzen hinweg übertragen wird. Diese Übertragung muß keinen Fernmeldedienst nutzen, sondern könnte auch Post- oder Kurierdienste einschließen« (Huws, Korte & Robinson, 1990, S. 10; Übersetzung W. & M. G.).

Telearbeit ist »informationstechnisch gestützte Arbeit in oder in der Nähe der Wohnung eines Mitarbeiters« (Heilmann, 1987, S. 2).

»Tele-Heimarbeit umfaßt die Arbeit zu Hause in der eigenen Wohnung, die ausschließlich oder zum Teil an vernetzten Computern bzw. Telekommunikationsendgeräten verrichtet wird. Die Verbindung zur Arbeitgeber- oder Auftraggeberinstitution erfolgt im Online- oder zeitversetzt im Offline-Betrieb. Der Wechsel zwischen beiden Betriebsarten ermöglicht dabei sowohl simultanes als auch asynchrones Arbeiten« (Schulz & Staiger, 1993, S. 186-187).

»Alternierende Telearbeit ... Unter dieser Arbeitsform ist der gelegentliche oder regelmäßige Wechsel zwischen zwei oder mehreren festen Arbeitsorten zu verstehen. In der Regel handelt es sich dabei um die Arbeit abwechselnd in der Zentrale oder in der Zweigstelle und zu Hause« (Schulz & Staiger, 1993, S. 189).

»... Wir entschieden, daß es für die Ziele dieses Projektes am zweckmäßigsten wäre, den Telearbeiter als jemanden zu definieren, der

– für den fraglichen Arbeitgeber in den vier Wochen unmittelbar vor der Untersuchung mindestens zehn Tage oder eine entsprechende Zahl von Stunden tätig war,

– mindestens 50 % dieser Zeit zu Hause abgeleistet hat,

– mit dem Arbeitgeber einen direkten Vertrag besaß, ohne Rücksicht darauf, ob dieser den Status des Angestellten implizierte,

– bei der Ausführung der Arbeit beides, Telekommunikationsgerät und Computer, benutzte sowie

– nicht in der Lage gewesen wäre, entfernt [vom Betrieb des Arbeitgebers] ohne diese technische Ausstattung zu arbeiten«

(Huws, 1993, S. 3; Übersetzung W. & M. G.).

Typische Schwierigkeiten entstehen in Diskussionen immer dann, wenn der gleiche Begriff bei verschiedenen Autoren abweichend definiert ist. Weil die Diskussionspartner dann unausgesprochen mit den gleichen Worten verschiedene Bedeutungen ausdrücken, entstehen Mißverständnisse, die sich verbreiten und verfestigen können, wenn die Gelegenheit für Richtigstellungen fehlt, wie es vor allem auch in der Massenkommunikation oft der Fall ist. Um solchen Mißverständnissen aufgrund schon besetzter Begriffe vorzubeugen, hat die IBM für den hier dargestellten Modellversuch den eigenen Begriff der *Außerbetrieblichen Ar-*

beitsstätte (ABA) geprägt. Im Sinne der obigen Erörterungen handelt es sich dabei um Teleheimarbeit mit einem teilweise erst geringen Anteil der zu Hause abgeleisteten Arbeitszeit, hohen Standard der vom Arbeitgeber gestellten informationstechnischen Ausstattung und der vollen Beibehaltung des arbeits- und tarifrechtlichen Arbeitnehmerstatus.

2.2 Literaturübersicht

Das Thema Telearbeit hat von Anfang an großes wissenschaftliches und publizistisches Interesse gefunden und dabei auch ausgesprochen spekulative, visionäre und utopische Behandlung erfahren. Einem verbreiteten Bonmot zufolge kamen bis in die neunziger Jahre hinein auf einen Telearbeiter zwei Untersucher oder Publikationen. Die bisherigen, empirischen wie theoretischen Untersuchungen zur Telearbeit sind in einer umfangreichen Literatur, oft redundant, berichtet worden. Dabei sind auch sehr umfassende Gesamtdarstellungen entstanden. Leider liegt ein beträchtlicher Teil des empirischen Materials nur in Form von vervielfältigten Forschungsberichten mit begrenzter Verbreitung vor, die, vor allem bei schon etwas zurückliegendem Erscheinungsdatum, kaum noch zugänglich sind.

Mit dieser knappen Literaturübersicht sollen nur die wichtigsten und aktuellsten Titel erschlossen werden. Zuerst besprechen wir die eher allgemein und einführend orientierte Buchliteratur. Es folgt dann eine Auswahl uns bekannter Forschungsberichte und Einzelstudien.

2.2.1 Buchliteratur, Gesamtdarstellungen

Als ältestes, heute klassisches Buch aus der Anfangszeit der Telearbeit wird üblicherweise Nilles, Carlson, Gray und Hanneman (1976) zitiert. Eine neuere, lebendig geschriebene Gesamtdarstellung gibt das Buch von Kinsman (1987). Viele wichtige Projekte bis zur Mitte der achtziger Jahre werden, nach Ländern getrennt, ausführlich beschrieben. Länderspezifische Gegebenheiten werden vergleichend erörtert. Auch das bis vor kurzem noch ganz ohne häusliche Computertechnik arbeitende Konzept der F International in Großbritannien, dessen Anfänge in das Jahr 1962 zurückreichen und das als das entscheidende Vorläuferprojekt der Telearbeit gilt, wird einbezogen. Die Vielfalt der Probleme der Arbeitsgestaltung, der Entlohnung, des Managements, der Eignung und Auswahl der Mitarbeiter wird detailliert dargestellt. Den psychosozialen Auswirkungen der Telearbeit auf die Beschäftigten selbst, ihre Kollegen im Betrieb, ihre Manager und ihr persönliches und privates Umfeld wird breiter Raum gewidmet. Auseinandersetzungen zwischen Unternehmen und Gewerkschaften werden, überwiegend an Beispielen aus England und den USA, ebenfalls dargestellt. Für einen ersten, aber sehr gründlichen Einstieg in alle Aspekte der Telearbeit, der sich zudem (wenn auch in englischer Sprache) flüssig und angenehm liest, kann man dieses Buch empfehlen.

Ein sehr gründliches Buch in deutscher Sprache hat Heilmann (1987) vorgelegt. Es zeigt ein durchgängig hohes wissenschaftliches Niveau. Alle bis zu seinem redaktionellen Abschluß bekannten Aspekte und Facetten der Telearbeit werden nicht nur sorgfältig zergliedert und im Detail erörtert, sondern auch jeweils mit Einzelverweisen auf die umfangreiche Literatur zuverlässig belegt. Das Buch genügt wissenschaftlichen Vollständigkeitsansprüchen und erschließt die bis etwa 1985 vorliegende Literatur bis hinein in die Tagespresse praktisch lückenlos. Außer dieser umfangreichen Literaturdarstellung enthält das Buch die Resultate ei-

2.2 Literaturübersicht

gener Befragungsstudien des Verfassers innerhalb und außerhalb seines Integrata-Modellversuches vom Anfang der achtziger Jahre. Zusammenfassend kann man es als das deutschsprachige Standardwerk zur Telearbeit bezeichnen. Insgesamt dürfte es kaum eine Information über Telearbeit bis etwa zum Jahre 1986 geben, die mit den Büchern von Kinsman (1987) und Heilmann (1987) nicht erschlossen ist.

Das im gleichen Jahr erschienene schmale Bändchen von Maciejewski (1987) gibt auf 125 Seiten einen guten, praxisorientierten Überblick in gedrängter Form für alle die Leser, die die Zeit für das Eindringen in ein wissenschaftliches Werk nicht haben. Ähnliches gilt für das Buch von Jaeger, Bieri und Dürrenberger (1987), das an der ETH Zürich im Rahmen des Nationalen Forschungsprogrammes 15 »Arbeitswelt: Humanisierung und technologische Entwicklung« des Schweizerischen Nationalfonds zur Förderung der wissenschaftlichen Forschung entstanden ist. Das Buch setzt jedoch auch eigene theoretische Schwerpunkte, etwa bei der Territorialität des Menschen und beim Wertewandel; darüberhinaus informiert es besonders über einzelne Projekte der achtziger Jahre in der Schweiz, in denen auch Probleme des ländlichen Raumes untersucht wurden.

Viele ganz praktische Einzelbeobachtungen und -erfahrungen von Telearbeitern geben Kelley und Gordon (1986) in einem (auf englisch) flott und witzig geschriebenen Buch wieder. Sie werden in konkrete Vorschläge, z. B. zur »Pufferwirkung« der Fahrt ins Büro und deren Ersatz durch entsprechende Taktiken zu Hause oder zur Zeiteinteilung bei der Arbeit zu Hause umgesetzt. Ebenfalls englisch sind die Beiträge des von Korte, Robinson und Steinle (1988) herausgegebenen Buches. Es enthält die Referate weltweit bekannter Experten, von denen viele hier schon genannt wurden, zu einer Konferenz im Wissenschaftszentrum Bonn im März 1987. Die Themenkreise sind praktische Erfahrungen, wirtschaftliche und soziale Faktoren, organisatorische und technische Aspekte, zukünftige Perspektiven und Strategien sowie speziell europäische Sichtweisen. Auf einer betriebswirtschaftlichen Dissertation beruht Lenk (1989). Die Darstellung ist wissenschaftlich strenger orientiert und enthält daher viele Belege und Verweise. Der Inhalt führt nur in wenigen und speziellen Punkten über die hier schon genannten Quellen hinaus. Eine übersichtliche Zusammenfassung aus der deutlich verschobenen, neueren Perspektive vom Anfang der neunziger Jahre bieten, wiederum in englischer Sprache, Huws, Korte und Robinson (1990): Telearbeit ist in dieser Sichtweise kein Endzustand, dem die Entwicklung zustrebt, sondern nur ein Durchgangsstadium, dessen Dauer und Verbreitung sich nur beschränkt abschätzen lassen, auf dem Weg zur Telekooperation, dem virtuellen Büro oder der virtuellen Organisation. Den Kern des Buches bilden Berichte über eine Befragung von Telearbeitern und ihren Managern in 14 europäischen Unternehmen, die Empirica 1987 durchgeführt hat, und über die Befragung einer aus der Gesamtbevölkerung von Frankreich, Großbritannien, Italien und der (alten) Bundesrepublik gezogenen, repräsentativen Stichprobe von 16000 Haushalten zu den Themen Computergebrauch und Einstellung gegenüber Telearbeit.

Auf eine sehr knappe, jedoch gründliche und praxisnahe Darstellung der wichtigsten Probleme der Telearbeit seit der Betriebsvereinbarung der IBM soll noch hingewiesen werden. Es ist der Zeitschriftenaufsatz von Kattler (1992).

In der Anfangszeit der Versuche mit Telearbeit (Nilles, Carlson, Gray & Hanneman, 1976) waren die Probleme überlasteter Verkehrswege ein treibendes Motiv. Telearbeit sollte zur Verminderung des Personentransportes, insbesondere des Pendlerverkehrs mit privaten

Kraftfahrzeugen, beitragen. In der Zwischenzeit ist dieses Argument etwas in den Hintergrund getreten, obwohl Telearbeit bei entsprechender Verbreitung zur Verkehrsverminderung merklich beitragen würde. Den aktuellen Stand dieser Diskussion erschließt der Literaturbericht von Harmsen und König (1994). Das außerordentlich komplizierte Netzwerk von Wirkungen, Rück- und Gegenwirkungen zwischen Telearbeit und Verkehrsaufkommen wird von Mokhtarian (1991) umfassend und anschaulich dargestellt.

In der gesamten Literatur zur Telearbeit gibt es kaum Beiträge aus dezidiert psychologischer Sicht. Die Arbeits- und Organisationspsychologie bietet jedoch ein Repertoire an Denkweisen und Methoden, die hier zur Problemlösung beträchtlich beitragen können und die auch vielen Fragen im Interviewleitfaden dieser Studie zugrundeliegen. Eine aktuelle Einführung in das Gesamtgebiet der Arbeits- und Organisationspsychologie gibt, in englischer Sprache, das Buch von Dipboye, Smith und Howell (1994). In deutscher Sprache wäre das Buch von Schuler (Hrsg., 1993) zu nennen.

2.2.2 Fallstudien und Umfragen

Die ersten bedeutsamen Telearbeitsprojekte fanden in Deutschland seit Anfang der achtziger Jahre statt. Über den Modellversuch der Siemens AG mit Teletex-basierten Schreibarbeiten in der Privatwohnung berichtet Wegener (1983) in knapper Form. Über das Projekt Teleprogrammierung der Integrata finden sich in dem schon oben besprochenen Buch des Initiators Wolfgang Heilmann (1987) viele Details. Die Resultate des Modellversuches »Schaffung dezentraler Arbeitsplätze unter Einsatz von Teletex« des Landes Baden-Württemberg wurden im Abschlußbericht von Bullinger, Fröschle und Klein (1987) veröffentlicht. Eine kurze Zusammenfassung geben Euler, Fröschle und Klein (1987). Bei der IBM Deutschland GmbH wurden seit 1989 Vorläuferprojekte des hier dargestellten Modellversuchs durchgeführt. Darüber berichten Senn (1991) und Scholz und Stobbe (1994).

Eine wichtige Rolle spielten immer wieder Projekte, mit deren Hilfe die Verbreitung und die verschiedenen konkret praktizierten Varianten der Telearbeit möglichst repräsentativ für einzelne Länder oder zumindest Wirtschaftszweige erfaßt werden sollten. Als Methode wurde praktisch immer die Fragebogenerhebung bei ausgewählten Unternehmen und Institutionen gewählt. Oft wurden auch vertiefende Interviews und Gespräche in einer Teilmenge der ursprünglich angeschriebenen Befragten nachgeschaltet. Der Gewinnung zuverlässiger Information stehen hier jedoch einige hartnäckige Hindernisse im Wege. Wegen der schnellen Entwicklung insbesondere auch der technischen Möglichkeiten sind die Berichte schon bei ihrem Erscheinen oft veraltet. Darüberhinaus sind die meisten Unternehmen mit zugesandten statistischen und sozialwissenschaftlichen Fragebögen so übersättigt, daß die Bereitschaft, überhaupt, und wenn, dann sorgfältig, zu antworten, deutlich begrenzt ist. Die Schwierigkeiten mit den Definitionen im Umkreis der Telearbeit schlagen natürlich voll auf die Interpretierbarkeit von Befragungsresultaten durch. So kann die gefundene Zahl der Telearbeiter leicht im Verhältnis 1 zu 10 variieren, wenn man die Definition ein wenig verschiebt. Allgemein sind die Möglichkeiten, mit Fragebögen zuverlässige Informationen zu gewinnen, auf Gebieten, auf denen sich noch keine einheitliche und verbreitete Terminologie etabliert hat, sehr skeptisch zu beurteilen.

Das Berliner Institut für Zukunftsstudien und Technologiebewertung hat im Auftrag des Rationalisierungskuratoriums der Deutschen Wirtschaft (RKW) e. V. von 1985 bis 1988 um-

2.2 Literaturübersicht

fangreiche Projekte mit solchen Untersuchungen durchgeführt. Drüke, Feuerstein und Kreibich (1986) berichten über eine Fragebogenerhebung aus dem Jahre 1985 bei etwa 3000 Unternehmen zum Thema »Dezentralisierung von Angestelltentätigkeiten mit Hilfe neuer Informations- und Telekommunikationstechnologien ...«, das als Oberbegriff zu Telearbeit verstanden wurde. Das bemerkenswerteste Resultat ist, daß sich abhängig von den technischen Möglichkeiten und organisatorischen Gegebenheiten in den einzelnen Unternehmen eine außerordentliche Vielfalt konkreter Arbeitsgestaltungen entwickelt hat. Die Chancen für eine schnelle und massive Diffusion der Teleheimarbeit werden von den Autoren als gering eingeschätzt.

Einen anderen Zugang zur Telearbeit eröffneten sich die gleichen Autoren in der Form von 15 ausgedehnten Expertengesprächen in den Jahren 1986 bis 1987, deren Ausarbeitungen sie in Drüke, Feuerstein und Kreibich (1988) veröffentlicht haben. Den Gesprächstexten geht hier eine Zusammenfassung voraus, die besondere Schwerpunkte bei gesellschaftspolitischen Aspekten und den gesetzlichen Regelungen setzt. Die Darstellung ist aus einer gewerkschaftsnahen Sichtweise heraus differenziert und facettenreich. Die Gespräche selbst decken ein breites Spektrum unterschiedlicher Erfahrungen und Orientierungen ab.

Aus der gleichen Arbeitsgruppe wurden von Kreibich, Drüke, Dunckelmann und Feuerstein (1990) eine Nachumfrage unter etwa 200 Unternehmen aus dem Jahre 1987 und Fallstudien an 20 Unternehmen aus den Jahren 1985 bis 1988 veröffentlicht. Die Fallstudien basieren auf umfangreichen Gesprächen mit Vertretern der Geschäftsleitungen und der Personalabteilungen, betroffenen Angestellten und Betriebsräten, die im Abstand von etwa zwei Jahren wiederholt wurden. Sie bieten eine Fülle von Einzelbeobachtungen und -erfahrungen, die vor allem auch die großen Unterschiede infolge unterschiedlicher technischer, wirtschaftlicher und organisatorischer Gegebenheiten in den einzelnen Branchen nachzeichnen.

Über ein weiteres Projekt des Institutes für Zukunftsstudien und Technologiebewertung, das unter dem Namen BERKOM (Berliner Kommunikationssystem) von 1986 bis 1992 im Auftrag der Deutschen Bundespost und des Landes Berlin durchgeführt wurde, berichten Schulz und Staiger (1993). Mit 30 Fallstudien, die auf ausgedehnten Interviews und Expertengesprächen basieren, wird der Istzustand der Nutzung von Informations- und Kommunikationstechnik erhoben. Der Schwerpunkt liegt dabei auf dem Erkennen und Extrapolieren von Trends mit dem Ziel, künftige Entwicklungen abzuschätzen. Die Trendextrapolationen werden in Form möglicher Zukunftsszenarien mit stark hypothetischen und visionären Komponenten dargestellt. Die Sichtweise stellt die alltäglichen Lebenswelten gegenüber technischen und ökonomischen Faktoren in den Vordergrund.

Über eine soziologische Studie »Dezentralisation von Arbeitsplätzen infolge neuer Technologien – Arbeit im Familienheim«, die 1986/87 vom Wissenschaftszentrum für Sozialforschung Berlin GmbH zusammen mit der Forschungsgruppe Sozialplanung und Sozialverwaltung e. V. Bielefeld durchgeführt wurde, berichten Hegner, Klocke-Kramer, Lakemann und Schlegelmilch (1989). Die Autoren erstrebten präzise qualitative Aussagen über Frauen, die im Rahmen des Heimarbeitsgesetzes Bürotätigkeiten ausüben und deren (Ehe-)Partner ganztägig außerhäuslich berufstätig sind. Aufgrund der bei den Gewerbeaufsichtsämtern für Heimarbeit registrierten Haushalte konnten sie jedoch bundesweit nur 328 solcher Fälle ermitteln, von denen 62 mit Frage- und Tagesablaufbögen und 23 in Form eingehender Fallstudien mit mündlichen Befragungen untersucht werden konnten. Die sorgfältigen Detailanalysen, insbesondere auch der Tagesabläufe, dürften trotz des Alters der Studie, der eingeschränkten Untersuchungspopulation und der Tatsache, daß nur in 5 der 23 Fallstudien Computer verwendet wurden, noch interessant sein.

Die Integrata AG, Tübingen, führte 1988 und 1991 Umfragen über Umfang und Form der im eigenen Haus praktizierten Telearbeit durch. Die Resultate werden, zusammen mit weiterführenden Überlegungen, bei Heilmann (o. J.) und Heilmann und Mikosch (1989) dargestellt. Die Erfahrungen ähneln denen der vorliegenden Studie. Die Zukunftsentwicklung sieht der Autor in einem stetigen »Prozeß des ungeplanten Wandels« (o. J., S. 5) aufgrund eines ständigen, unternehmensspezifischen und experimentierenden Vortastens. Die Motivationslage der Mitarbeiter und die Struktur der Büroarbeit sprechen dabei massiv für wachsende Telearbeit. Zum Massenphänomen wird sie aber werden bei (1) noch leistungsfähigeren und zugleich billigeren Computern, (2) leistungsfähigeren und billigeren Netzen und Fernmeldediensten, (3) flexibleren Organisationen, (4) steigenden Einkommen bei kürzeren Arbeitszeiten, höheren Büromieten und wachsenden Verkehrsproblemen sowie (5) nachlassenden Widerständen in Politik und Management.

Kaum eine Branche wurde in den letzten Jahren durch die Entwicklung der Computertechnik so grundlegend verändert wie die Druckindustrie. Teleheimarbeit hat dabei teilweise eine erhebliche Verbreitung gefunden. Insbesondere, wenn es um deren Probleme bei weniger qualifizierten Tätigkeiten und einem erheblichen Telearbeiteranteil in einem Unternehmen geht, dürfte sich ein Blick auf die Erfahrungen in der Druckindustrie empfehlen. Sie ist beispielsweise in den Fallstudien von Kreibich, Drüke, Dunckelmann und Feuerstein (1990) enthalten; Goldmann und Richter (1987) steuern zwei eigene Fallstudien bei. Einen aktuellen Einblick geben Ollmann und Schröder (1994).

Die Diffusion der Telearbeit sollte durch regelmäßig im Abstand weniger Jahre wiederholte Umfragen möglichst genau verfolgt werden. Die bisherigen Forschungserfahrungen erlauben schnellere und präzisere Erhebungen. Ein gutes Beispiel ist der Bericht von Huws (1993). Er beruht auf Telefoninterviews in einem Zeitraum von vier Wochen des Jahres 1992 bei 1003 Organisationen und dürfte für Großbritannien einen hohen Grad an Repräsentativität besitzen. Der Bericht besticht durch begriffliche und methodische Genauigkeit sowie Knappheit, Informationsgehalt und Übersichtlichkeit der Darstellung. Im Rahmen der TELETECH-Initiative des Landes Nordrhein-Westfalen wurde von der ExperTeam Telecom GmbH in Köln eine umfassende Studie in Angriff genommen, deren Veröffentlichung bis Ende 1994 angekündigt ist (Godehardt, im Druck). Von ihr sind ähnliche, aktuelle Informationen für Deutschland zu erwarten.

Die vorliegende Studie hat schon zu einigen Berichten geführt. Dabei handelt es sich um Glaser und Glaser (1993a, b). Mit den Problemen der Substitution von physischem Verkehr befassen sich Glaser (1994) sowie Glaser und Glaser (1994). Eine Zusammenschau ohne quantitative Details enthält Glaser (1993). Im Jahre 1990 haben wir eine Interviewstudie über das Bildtelefon im höheren Management durchgeführt, deren Fragestellung gelegentlich diejenige der gegenwärtigen Untersuchung berührt. Der Bericht liegt unter Glaser und Glaser (1991) vor; Kurzfassungen enthalten Glaser und Glaser (1992a, b).

2.2.3 Die Position von Gewerkschaften und Arbeitgebern

Zu Beginn der achtziger Jahre haben sich die Gewerkschaften massiv in die öffentliche Diskussion zur Telearbeit eingeschaltet. Viele dabei von Gewerkschaftsseite oder im gewerkschaftsnahen politischen Raum entstandene Publikationen waren durch Überbetonung der möglichen Gefahren und negativen Aspekte der Telearbeit gekennzeichnet, die den durch Modellversuche erst noch zu gewinnenden Erfahrungen weit vorauseilten. In der dabei entstandenen Atmosphäre forderte eine Entschließung auf dem ordentlichen Gewerkschaftstag der IG Metall im Jahre 1983 sogar das gesetzliche Verbot der Telearbeit. Ein in diesem Zusammenhang wichtiger Beitrag wurde von Farthmann (1984) veröffentlicht. Viele Einzelbelege wurden von Heilmann (1987, S. 221-230) zusammengetragen und aus einer den Gewerkschaften gegenüber sehr kritischen Position heraus kommentiert. Inzwischen vertritt der DGB eine für positive Erfahrungen der Arbeitnehmer offene Position (DGB Bundesvorstand, Hrsg., 1991; Fischer, Späker, Weißbach & Beyer, 1993), obwohl es auch seit der Betriebsvereinbarung im Hause IBM noch zu Negativdarstellungen gekommen ist, die durch die Erfahrungen nicht gerechtfertigt sind (z. B. Wedde, 1991).

Zu einer ausgeprägten, ein politisches Gegengewicht zur Gewerkschaft anstrebenden einheitlichen Arbeitgeberposition ist es bisher nicht gekommen. Eher im Gegenteil werden die im Management verbreiteten Widerstände auch von Teilen der Arbeitgeberschaft geteilt. Soweit Telearbeit zu Verbesserungen der Wirtschaftlichkeit und der Organisation der Unternehmen führt, wächst die Aufgeschlossenheit. Viele Unternehmen sind auch für soziale Belange der Arbeitnehmer keineswegs taub, wie es nicht zuletzt die sozialen Argumente (Kinderbetreuung, Versorgung kranker oder älterer Angehöriger) bei der Einrichtung der außerbetrieblichen Arbeitsstätten der IBM gezeigt haben.

3. Erleben und Verhalten auf einer außerbetrieblichen Arbeitsstätte (ABA): Die wichtigsten Fragen

Die modernen Informations- und Kommunikationstechniken überbrücken Distanzen in Raum und Zeit in einem noch vor wenigen Jahren kaum für möglich gehaltenen Ausmaß. Dadurch entstehen neue Möglichkeiten der Arbeitsorganisation, in denen die gleichzeitige Anwesenheit vieler Personen am gleichen Ort immer weniger erforderlich ist, obwohl ihre Tätigkeiten informationell immer stärker miteinander vernetzt sind. Die Arbeitsanforderungen verschieben sich für eine immer größere Zahl von Beschäftigten von gleichförmig wiederkehrenden, eintönig und mechanisch zu reproduzierenden Vollzügen in Richtung auf ein kreatives und selbständiges Problemlösen. Diese Anforderungen sind mit flexiblen zeitlichen und disziplinären Vorgaben wie Arbeitszeitflexibilisierung und Management durch Zielvereinbarung wesentlich besser zu erfüllen als mit herkömmlichen, starren Organisationsprinzipien.

Die Einrichtung von außerbetrieblichen Arbeitsstätten ist die konsequente Fortsetzung dieser Flexibilisierung der Arbeitsorganisation. Es wird von ihr erwartet, daß sie die psychologischen Voraussetzungen für im Kern problemlösende Tätigkeiten weiter verbessert und damit zur Produktivitätssteigerung führt. Darüberhinaus bietet sie die einmalige Chance, nachteilige Wirkungen der industriellen Produktionsweise auf die Lebensformen des einzelnen wieder rückgängig zu machen. Zu diesen behebbaren Nachteilen gehört die strikte zeitliche und räumliche Trennung von Beruf und Privatleben, die nicht zuletzt den Verlust von immer mehr Lebenszeit für den Weg von und zur Arbeitsstätte sowie die hohen ökonomischen und ökologischen Kosten des Straßenverkehrs zur Folge hat.

Hier zu neuen, wieder ganzheitlicheren Lebensformen zu gelangen, die bei hoher und künftig noch wachsender geistiger und persönlicher Mobilität und Selbstbestimmung doch wesentlich weniger Personentransport einschließen, dürfte für immer mehr Menschen ein wichtiges Ziel auf dem Wege zu mehr Lebensqualität werden. Die Einrichtung außerbetrieblicher Arbeitsstätten markiert einen wesentlichen Schritt in diese Richtung.

Es gibt sicher eine Reihe von Randbedingungen menschlichen Erlebens und Verhaltens, bei denen psychologische Fehler möglich sind, die das Projekt der außerbetrieblichen Arbeitsstätten gefährden könnten. Daß die Leistungsfähigkeit und Wirtschaftlichkeit der Arbeitsorganisation erhalten oder möglichst noch gesteigert werden müssen, ist eine selbstverständliche, außerpsychologische Vorgabe. Aber die Menschen müssen vielleicht erst lernen, von den neuen Freiheiten und Chancen den richtigen Gebrauch zu machen. Deshalb muß möglichst genau gefragt werden, wie diese neuen Freiheiten im einzelnen wirklich aussehen, welche Gefahren sie begleiten, und wie man letzteren so begegnen kann, daß sich die Segnungen nicht schließlich selbst wieder aufheben.

Am Anfang der Untersuchung standen deshalb die folgenden psychologischen Fragen, die uns das Problemfeld im wesentlichen abzudecken schienen. Für viele davon haben die Befragungen weiterführende Antworten gebracht. Eine breitere Absicherung dieser und die Gewinnung weiterer Informationen sind sicher durch Weiterentwicklung unserer Fragen, die

Ausweitung des befragten Personenkreises, vor allem auch um geeignete Kontrollgruppen, und schließlich die wissenschaftliche Begleitung der weiteren Entwicklung möglich.

3.1 Die Einstellung gegenüber der außerbetrieblichen Arbeitsstätte

3.1.1 Welche positiven Erwartungen und welche Befürchtungen haben diejenigen, die sich um eine außerbetriebliche Arbeitsstätte bewerben? Gibt es systematische Unterschiede zu denjenigen, die dies nicht tun?

3.1.2 Inwieweit erfüllen oder ändern sich diese Erwartungen bei praktischer Erfahrung mit häuslicher Berufsarbeit? Welchen zeitlichen Verlauf zeigen diese Einstellungen über Wochen, Monate, Jahre hinweg? Lassen sich Gründe für die Einstellungsänderungen finden?

3.1.3 Wie ist die Einstellung von Kollegen und Vorgesetzten gegenüber denen, die sich um eine ABA bewerben oder sie ausüben, und gegenüber denen, die sie ablehnen?

3.1.4 Wird eine ABA als Privileg betrachtet und erhält sie damit den Charakter eines Statussymbols? Könnte dies zur Folge haben, daß sich auch Mitarbeiter darum bewerben, deren Persönlichkeit und Arbeitseinstellung sich nicht dafür eignen? Wie könnte oder sollte dann ausgewählt werden?

3.1.5 Welche Erwartungen bestehen bezüglich der technischen Ausstattung und ihrer Leistungsfähigkeit am häuslichen Arbeitsplatz (Leistung des Rechners, Qualität des Bildschirms, Leitungsgeschwindigkeit, Antwortzeiten, Behebung von Störungen, Komforttelefon, Anrufweiterschaltung)? Sind diese Erwartungen realistisch? Gibt es psychologische Gründe, bestimmte dieser Erwartungen zu erfüllen, auch wenn die Kosten ins Gewicht fallen?

3.1.6 Wie sieht die Kosten-Nutzen-Analyse der Mitarbeiter auf außerbetrieblichen Arbeitsstätten aus? Welche Kosten, sowohl finanziell als auch bei nichtmonetären Werten, sind sie zu tragen bereit, welchen Nutzen erwarten sie?

3.1.7 Welche Anforderungen müssen an die räumlichen und sachlichen Gegebenheiten für den Arbeitsplatz in der Wohnung gestellt werden?

3.1.8 Inwieweit ist ein eigener Schreibtisch in den Geschäftsräumen noch notwendig? Welche psychologischen Aspekte sind dabei zu bedenken? Welche Rolle spielt der Schreibtisch in den Geschäftsräumen für eine effiziente Arbeitsorganisation, für eine gute emotionale Befindlichkeit, für Territorialität und Encodierungsspezifität, schließlich unter Umständen als Statussymbol?

3.2 Die Charakterisierung der Tätigkeit auf außerbetrieblichen Arbeitsstätten

3.2.1 Wie ausgeprägt sind Flexibilität, Selbständigkeit, Produktivität?

3.2.1.1 Nutzen ABA-Mitarbeiter die Möglichkeit zur freien Wahl der Arbeitszeit, indem sie der Leistungskurve (Biorhythmus) entsprechend zu Zeiten ihrer höchsten Produktivität arbeiten?

3.2.1.2 Wie hoch ist der Anteil der ABA-Mitarbeiter, die auch weiterhin eine strenge Tageseinteilung praktizieren, sei es weil sie dieses »Gerüst« für eine effektive Arbeit brauchen, sei es weil sie glauben, auch weiterhin zu normalen Dienstzeiten ansprechbar sein zu müssen? Inwieweit muß eine solche Einteilung empfohlen werden? Ist psychologische Beratung oder Verhaltenstraining in diesem Punkt angezeigt?

3.2.1.3 Flexibilität bietet verstärkt die Möglichkeit, schwierige und unangenehme Arbeiten aufzuschieben, verlangt also ein höheres Maß an Selbstdisziplin. Wird dies als Belastung empfunden?

3.2.1.4 Wird das Zerlegen der Probleme in die Tag für Tag zu bewältigenden Teile durch die Flexibilität erschwert, so daß es zu einem Vor-sich-Herschieben immer größerer, unbewältigter Teilprobleme kommt?

3.2.1.5 Flexibilität bedeutet auch, daß man praktisch unbegrenzt an einer Problemlösung arbeiten kann. Ist dies nur ein Vorteil im Sinne einer höheren Arbeitsproduktivität, oder besteht auch die Gefahr eines unproduktiven »Klebens« am Problem? (Bekanntlich fallen einem die besten Lösungen oft in Phasen der Entspannung ein.)

3.2.1.6 Vermindert die erhöhte Selbständigkeit die Identifikation mit der Firma?

3.2.1.7 Ist die Produktivität der Arbeit zu Hause höher als im Betrieb? Wie schätzen das die ABA-Mitarbeiter selbst, wie ihre Kollegen im Betrieb und ihre Vorgesetzten ein?

3.2.2 Welche Rolle spielen Standardisierung und Formalisierung der Arbeitsabläufe auf der außerbetrieblichen Arbeitsstätte?

3.2.2.1 Außerbetriebliche Arbeit beseitigt die Möglichkeit des spontanen Zugriffs zu Informationen, Unterlagen und Hilfsmitteln, die sich in den Geschäftsräumen befinden und nicht über die Datenleitung übertragen werden können. Auch spontane Face-to-face-Kontakte zu anderen Mitarbeitern sind unmöglich. Erzwingt das eine erhöhte Planung, Standardisierung und Formalisierung der Arbeitsabläufe? Inwieweit werden die Vorteile der größeren Flexibilität dadurch im Sinne einer »Selbstbürokratisierung« wieder aufgezehrt?

3.2.2.2 Besteht die Gefahr einer Reduktion der Tätigkeitsvielfalt, da nur solche Tätigkeiten ausgelagert werden, die standardisierbar und formalisierbar sind?

3.2.2.3 Ist die verstärkte Formalisierung der Arbeit nur ein Nachteil in Richtung eines höheren Organisationsaufwands bei häuslicher Arbeit oder wird sie auch als Vorteil empfunden, da sie zu einer besseren Strukturierung führt?

3.3 Das Verhältnis Familie – Beruf

3.3.1 Wie wirkt sich die verstärkte Anwesenheit des *Mannes* zu Hause aus? Kommt es zu einem Gewinn für das Familienleben dadurch, daß er vielleicht nicht häufiger, aber dafür im richtigen Moment für die Familie ansprechbar ist, oder entstehen im Gegenteil mehr Konflikte?

3.3.1.1 Wie stark sind Störungen durch Familienmitglieder bei der Arbeit, da speziell kleine Kinder die Trennung zwischen physischer Anwesenheit und faktischer Nichtansprechbarkeit nur schwer akzeptieren? Wieweit wird hier regelrechte Erziehungsberatung notwendig?

3.3.1.2 Kommt es zur Vernachlässigung der Familie oder Partnerschaft durch vermehrte Feierabend- und Wochenendarbeit, da man manchmal »nicht aufhören kann«?

3.3.1.3 Werden Streß und Hektik des Berufs in die Familie getragen? Geht die wechselseitige Kompensationswirkung von Arbeit und Freizeit zum Teil verloren? Fehlen psychisch notwendige »Puffer« zwischen Arbeit und Freizeit?

3.3.1.4 Gibt es Probleme für die richtige Mischung aus Distanz und Nähe in der Ehe oder Partnerschaft? Entsteht zu große Nähe?

3.3.2. Wie wirkt sich die verstärkte Anwesenheit der *Frau* zu Hause aus?

3.3.2.1 Welche Erwartungen haben Frauen mit Kindern, die sich um eine ABA bewerben? Kommt es in der Praxis tatsächlich zu einer besseren Vereinbarkeit von Familie und Beruf oder kommt es zu einer erhöhten Doppelbelastung durch Arbeit und Familie?

3.3.2.2 Nehmen Frauen mit Kindern generell mehr Nachteile der häuslichen Arbeit auf sich als Männer, da sich ihnen als Alternative nur bietet, überhaupt nicht berufstätig sein zu können?

3.3.2.3 Sehen aus diesem Grund Frauen außerbetriebliche Arbeit eher als einen vorübergehenden Zustand an?

3.4 Stichwort Kommunikation

3.4.1 Wie stark werden Gesprächs- und Besprechungskontakte reduziert, und wie wirkt sich das aus:

3.4.1.1 – auf die Einzelarbeit: wird diese effektiver, da Kommunikation auch Unterbrechung der Arbeit bedeutet?

3.4.1.2 – auf die Teamarbeit: wird sie effizienter, wenn die Treffen seltener stattfinden und besser vorbereitet werden müssen, oder wird sie weniger effizient?

3.4.1.3 – auf das Führungsverhalten: müssen sich auch Vorgesetzte, die eher zu einer personenbezogenen Führung neigen, bei ABA-Mitarbeitern auf einen mehr sachbezogenen Führungsstil einstellen?

3.4.1.4 – auf das Kontrollverhalten: bleiben implizite Normen wirksam, auch wenn explizit nur die Leistung, nicht die reine Anwesenheit bewertet wird?

3.4.1.5 – auf die soziale Kompetenz des Mitarbeiters: entstehen Tendenzen zur sozialen Isolation?

3.4.1.6 – auf die Aufstiegschancen: wird nicht derjenige, der seltener persönlich anwesend ist, bei gleicher Leistung eher »vergessen«, auch wenn offiziell nur die Leistung als Kriterium für eine Beförderung genannt wird?

3.4.2 Kommt es zu einem wirksamen und funktionierenden Ausgleich zwischen der Abnahme der Face-to-face-Kontakte und einer Zunahme der Telekommunikation? Welche Probleme zeigen sich dabei?

3.4.2.1 Wie sieht das richtige Mischungsverhältnis von unmittelbar persönlicher und durch Fernmeldedienste vermittelter Kommunikation bei welcher Tätigkeit (Fachexperte,

Führungskraft) für welchen Persönlichkeitstyp (introvertiert-extravertiert, personenbezogen-sachbezogen) aus? Läßt sich die Hypothese eines jeweils in Abhängigkeit von Person und Funktion optimalen Kommunikationsmix' bestätigen?

3.4.2.2 In welchem Ausmaß finden hierbei Lern- und Gewöhnungsprozesse, etwa in Richtung stärkerer Akzeptanz der Telekommunikation statt?

3.4.3 Wie stark nimmt die Zahl informeller Kontakte ab? Als wie wichtig werden sie von den Mitarbeitern empfunden für

3.4.3.1 – die innerbetriebliche Meinungsbildung?

3.4.3.2 – die Kenntnis aktueller Strömungen im Betrieb?

3.4.3.3 – den spontanen Wissens- und Erfahrungsaustausch?

3.4.3.4 – die Wahrung der Karrierechancen?

3.4.3.5 – die Befriedigung sozialer Bedürfnisse? Ist unter Umständen bei Frauen das Bedürfnis, »aus dem Haus zu kommen« besonders ausgeprägt?

3.4.4 Welchen Anteil seiner Arbeitszeit sollte der Mitarbeiter unabhängig von seiner Tätigkeit im Betrieb anwesend sein, um einer möglichen sozialen Isolation entgegenzuwirken? Wie sollte diese Zeit im Wochen-, Monats- und Jahresrhythmus verteilt werden?

3.5 Leistungsmotivation und Persönlichkeit

3.5.1 Inwieweit ist eine besonders intrinsische Leistungsmotivation notwendig?

3.5.2 Inwieweit ist die introvertierte Persönlichkeit für häusliche Berufsarbeit besser geeignet? Gibt es für extravertierte Personen Ausgleichsmöglichkeiten zur Befriedigung sozialer Bedürfnisse?

3.5.3 Wie stellt sich das Problem der Plazierung? Welche Personen können welche Tätigkeiten erfolgreich auf einer ABA ausüben?

3.6 Tätigkeitscharakteristika

3.6.1 Können weitere, heute noch nicht berücksichtigte Tätigkeiten ebenfalls auf einer ABA ausgeführt werden? Wie ändern sich Organisationen dadurch im Ganzen? Welche langfristigen Einstellungs- und Verhaltensänderungen gehören dazu?

4. Zusammenfassung und Folgerungen

4.1 Als Population der zu befragenden Mitarbeiter auf außerbetrieblichen Arbeitsstätten (ABA) wurde uns eine Liste mit 57 Personen vorgegeben. Darunter befanden sich 13 Frauen. Bei der Befragung stellte sich früh heraus, daß sich die Population nach der zu Hause abgeleisteten Arbeitszeit statistisch in zwei verschiedene Gruppen teilen ließ. Wir bezeichneten diejenigen, die *stundenweise* oder *stundenweise plus gelegentlich einen Tag* zu Hause arbeiten, als *bürozentrierte* ABA-Mitarbeiter. Ihre Anzahl war 29. Sie stellten mit 50.9 % rund die Hälfte der Population. Als *wohnungszentrierte* ABA-Mitarbeiter bezeichneten wir diejenigen, die regelmäßig mindestens einen ganzen Arbeitstag pro Woche zu Hause ableisten. Aus der Population bildeten wir für die Befragung eine konstruierte Stichprobe von 38 Personen. Darin waren 12 Frauen und alle bürozentrierten ABA-Mitarbeiter enthalten. Die Befragung fand in Form eines standardisierten Interviews durch eine promovierte Psychologin statt. Es dauerte im Durchschnitt 1,75 Stunden. Für die schriftliche Befragung der Vorgesetzten von ABA-Mitarbeitern wurden IBM-intern 47 Fragebögen versandt; der Rücklauf betrug 70.2 % (33 Bögen).

4.2 Die Verteilung der Geschlechter auf die Art der ABA war auffallend. Von den 12 Frauen hatten 10 eine wohnungszentrierte ABA-Stelle, von den 26 befragten Männern 14. Im Gegensatz zu den Männern befinden sich also kaum Frauen auf den bürozentrierten ABA-Stellen. Bei den wohnungszentrierten ABA-Mitarbeitern überwiegen die privaten, bei den bürozentrierten die dienstlichen Gründe für die Arbeit zu Hause. Das Motiv einer Vermeidung oder Verringerung der täglichen Fahrten zum Arbeitsplatz ist hingegen bei beiden Gruppen etwa gleich. Es erwies sich als eher wenig ausgeprägt und handlungsleitend.

4.3 Als Tätigkeitsfelder auf einer ABA wurden vor allem *Programmieren im weitesten Sinne, Systemwartung und Programmüberwachung, Entwicklungsaufgaben* sowie *Betreuung und Schulung von Softwarebenutzern* angegeben. Am seltensten wurden *Projektleitung* und *Projektkoordination* genannt. Da diese Tätigkeiten einen höheren Kommunikationsanteil aufweisen, besteht, vor allem bei den Vorgesetzten, Skepsis hinsichtlich ihrer Eignung für eine ABA. Die wenigen ABA-Mitarbeiter, die diese Tätigkeiten angaben, schienen aber darin erfolgreich zu sein. Hier sollte sorgfältig weiter geprüft werden, welche Tätigkeiten noch auf eine ABA verlagert werden können. Die meisten Befragten gaben nur geringfügige oder überhaupt keine Veränderungen ihrer Tätigkeiten seit Beginn ihrer ABA an. Innerhalb ihrer Tätigkeit ist es aber vor allem die konzentrierte Einzelarbeit, die bevorzugt zu Hause erledigt wird.

4.4 Die Zahl der Meetings mit dem Vorgesetzten und dem Team hat sich für die meisten Befragten nicht geändert. Nur der – formelle und informelle – persönliche Kontakt zu *sonstigen IBMern* wurde von einer Mehrheit der wohnungszentrierten ABA-Mitarbeiter als verringert angegeben. Dem steht eine deutliche Zunahme der Kontakte über Telefon und elektronische Post gegenüber. Diese Veränderung wird jedoch nur in Andeutungen als nachteilig empfunden. Das hängt auch damit zusammen, daß die ABA-Mitarbeiter kaum Telefonfrustration erleben und die elektronische Post ihnen als Kommunikationsmittel zur ständig genutzten Selbstverständlichkeit geworden ist.

4.5 Als häufigste kommunikative Tätigkeiten gaben die Befragten *Beraten, Problemdiskussion, spontane Problemlösung* und *Ideenfindung* an. Die beiden erstgenannten Tätigkeiten finden auch weit überwiegend im Betrieb statt; bemerkenswert sind jedoch bei der *spontanen Problemlösung* und der *Ideenfindung* beträchtliche Tendenzen zur Erledigung von zu Hause aus über Telekommunikation. Dabei zeigen die wohnungszentrierten ABA-Mitarbeiter zusammen mit den Vorgesetzten eine Vorreiterrolle im Vergleich zu den bürozentrierten.

4.6 Mit der technischen Ausstattung ihrer häuslichen Arbeitsplätze sind die ABA-Mitarbeiter insgesamt außerordentlich zufrieden. Im Interview entstand der Eindruck, daß sie dabei auch sehr kostenbewußt urteilten. Schwachstellen wurden nur vereinzelt genannt, sollten aber ernst genommen und im wesentlichen auch beseitigt werden. An erster Stelle steht hier die Baud-Rate der Übertragung; 2400 Baud (23.7 % der Befragten) wird als entschieden zu langsam empfunden. Die daraus resultierende Unzufriedenheit ließ sich in verschiedenen Fragen nachweisen. Sehr lästig sind darüberhinaus abweichende Tastaturen zu Hause und im Betrieb (7.9 %). Auch hier erscheint Abhilfe angezeigt. Die Vorkehrungen zur Datensicherheit werden noch von einem beträchtlichen Teil als Behinderungen empfunden, jedoch eher als unvermeidlich hingenommen. Eindeutige Verbesserungsmöglichkeiten werden hier kaum gesehen. Im Gesamturteil ist die *emotionale Beurteilung der Arbeit mit der Technik zu Hause* aber – trotz des klaren Ausdruckes der genannten Schwachstellen – geradezu überwältigend positiv. Auf dem Adjektivpaar *negativ (1) – positiv (5)* wurde mit einem Mittelwert von 4.5 auf der fünfstufigen Skala schon ein Extremurteil abgegeben.

4.7 Fast alle wohnungszentrierten und mehr als zwei Drittel der bürozentrierten ABA-Mitarbeiter gaben an, daß sie zu Hause *ungestörter* und *effektiver* arbeiten. Beim Urteil *produktiver* waren es noch zwei Drittel bzw. die Hälfte. Letzteres gilt auch für das durchschnittliche Urteil der Vorgesetzten. Auch danach arbeiten die ABA-Mitarbeiter zu Hause *produktiver*. Rund drei Viertel aller Befragten gaben an, daß sich auch bei der häuslichen Berufsarbeit feste Arbeitszeiten herausgebildet haben. Auf den wohnungszentrierten ABA-Stellen sind diese stark von familiären Gegebenheiten (Schul- und Kindergartenzeiten), auf den bürozentrierten eher von einem persönlich gewählten Tagesrhythmus und von allgemeinen beruflichen Erfordernissen bestimmt. Die höhere Flexibilität wird sehr positiv empfunden, wobei vor allem die Möglichkeit, *gute Einfälle auch außerhalb der regulären Arbeitszeit aufgreifen zu können,* im Vordergrund steht (76.3 %). Die Notwendigkeit einer größeren Selbstdisziplin wird von etwa der Hälfte der Befragten *stark* oder *sehr stark* empfunden, jedoch kaum als Belastung erlebt. Mehr als zwei Drittel der Befragten empfanden die Teilnahme am ABA-Modellversuch als ein Privileg, das ihnen von der IBM gewährt wird, und sahen sich auch im Kollegenkreis zumindest etwas darum beneidet. Das Privileg wurde jedoch weniger als Statussymbol, sondern mehr als Anerkennung und Verbesserung der Voraussetzungen für eigene berufliche Leistungen angesehen. Soweit wir sie erfassen konnten, wirkte die Leistungsmotivation unserer Befragten hoch, aber durchaus selbst- und problembewußt und an einem angemessenen Ausgleich zwischen beruflichen und privaten Lebensinteressen orientiert.

4.8 Die anfänglichen Befürchtungen der ABA-Mitarbeiter konzentrierten sich auf eine verminderte betriebliche Kommunikation. Sie kamen zwar bei den bürozentrierten ABA-Mitarbeitern kaum vor, wurden aber bei den wohnungszentrierten ABA-Mitarbeitern immerhin von 28.6 % der Männer und sogar von 80.0 % der Frauen geäußert. Für 50.0 % dieser Frauen haben sie sich auch bewahrheitet. Dieses Resultat ist wohl dahingehend zu interpretieren, daß unter den augenblicklichen Bedingungen, besonders angesichts der bestehenden Verteilung der Arbeitszeit zwischen Wohnung und Betrieb, kaum Probleme bestehen. Das könnte sich aber ändern, wenn für mehr ABA-Mitarbeiter größere Teile der Wochenarbeitszeit nach Hause verlagert werden. Dabei reagieren die Frauen wohl sozial sensibler und bewußter als die Männer, so daß künftig auf diesen Punkt wohl sorgfältig und geschlechtsspezifisch geachtet werden müßte.

4.9 Bei der persönlichen Verteilung der Arbeitszeit zwischen Betrieb und Wohnung berichtete die Mehrheit der Befragten eine hohe Flexibilität in der persönlichen Absprache mit dem Vorgesetzten und dem Team. Die in den ABA-Verträgen dafür enthaltenen Regelungen wurden überwiegend als unnötig starr empfunden.

4.10 Unsere ursprüngliche Vermutung, daß die Mitarbeiter ihre Arbeit auf einer ABA wesentlich besser planen und strukturieren müßten und dies auch eine Belastung darstellen könnte, hat sich im wesentlichen nicht bestätigt. Die Erhöhung des Planungsaufwandes wird überwiegend als *gering* angesehen. Gelegentliche Erschwerungen scheint es beim Zugriff auf Unterlagen, die sich in den Geschäftsräumen befinden, zu geben. Etwas größere Probleme wurden nur von wenigen Befragten genannt, die in größerem Umfang auf das Studium von Fachliteratur angewiesen sind.

4.11 Eine Frage von beträchtlicher wirtschaftlicher Bedeutung gilt dem Schreibtisch der ABA-Mitarbeiter im Betrieb. Von den Befragten auf wohnungszentrierten ABA-Stellen hatten 6 ihren Schreibtisch im Betrieb bereits von sich aus aufgegeben; von allen anderen äußerten 30 % dazu die grundsätzliche Bereitschaft, während 70 % mehr oder weniger deutliche Ablehnung signalisierten. Die Fragen nach den Sachgründen erbrachten nur wenig informative Antworten; im Vordergrund standen deutlich geäußerte Gefühle des Unbehagens. Dafür lassen sich psychologische Gründe wie Territorialität und Encodierungsspezifität angeben, die den Befragten jedoch nicht bewußt waren. Ihnen war es auf jeden Fall wichtig, ihre Arbeitszeit im Betrieb in der menschlich vertrauten Umgebung ihres Teams abzuleisten. Von dem Extrembeispiel einer täglich wechselnden Zuweisung verschiedener Schreibtische in verschiedenen Räumen würden wir daher eher abraten.

4.12 Hinsichtlich möglicher psychosozialer Probleme der ABA-Mitarbeiter ergab sich ein facettenreiches Bild. Auffallend war, daß die meisten Befragten hier ein gut entwickeltes Problembewußtsein zeigten und viele denkbare Schwierigkeiten durch eine reflektierte und flexible Gestaltung der häuslichen Berufsarbeit entweder vermeiden oder doch meistern konnten.

4.12.1 Die Arbeitsbelastung wurde von 57.9 % der Befragten als *gerade richtig,* von 39.6 % als *zu hoch* beurteilt. Eine zeitweise, definitive Überbelastung wurde von 13 Befragten, darunter 11 auf wohnungszentrierten ABA-Stellen, berichtet. Hinweise auf eine besondere Tendenz zur *dauerhaften* Selbstüberlastung bei der häuslichen Berufsarbeit wurden jedoch nur in einem so geringen Ausmaß gefunden, daß hier keine ernsthaften Probleme zu befürchten sind.

4.12.2 Unsere Vermutung, daß sich der introvertierte, also eher zurückhaltende, ruhige und ernste Mitarbeiter besser für die ABA eignen würde als der extravertierte, also gesellige, impulsive und unternehmungslustige, hat sich nicht bestätigt. Im Gegenteil dürfte der Introvertierte eher darauf angewiesen sein, daß die Berufsarbeit eine institutionelle Hilfe für ausreichende soziale Kontakte bietet, während sich der Extravertierte auch bei häuslicher Berufsarbeit leichter die gewünschten Kontakte verschafft. Soziale Vereinsamung ist ein Problem, an das man also bei einer Ausweitung der außerbetrieblichen Arbeitsstätten eher bei den introvertierten ABA-Mitarbeitern denken muß. Bei unseren Befragten gab es jedoch keine Hinweise auf bestehende ernsthafte Probleme in dieser Hinsicht.

4.12.3 Bei der informellen Kommunikation versuchten wir, wichtige und weniger wichtige Inhalte zu ermitteln. Als *wichtig* bis *sehr wichtig* wurden dabei *einen Kollegen um Unterstützung bitten* und *die neuesten Entwicklungstendenzen in Erfahrung bringen* genannt. Ein gewisse Bedeutung zeigten auch noch *den günstigsten Zeitpunkt für seine eigenen Vorhaben in Erfahrung bringen* und *persönliche Nähe zu Kollegen bzw. Vorgesetzten herstellen*, während alle anderen, vor allem der Arbeit ferner liegenden Inhalte wie *die neuesten Gerüchte erfahren* recht unwichtig erschienen. Bei der Frage, für welche Vorgänge innerhalb der Organisation informelle Kommunikation besonders wichtig sei, wurden vor allem Aspekte der Teamarbeit genannt.

4.12.4 Die Auswirkungen der ABA auf das Privatleben wurden weitaus stärker positiv als negativ gesehen. Positiv wurde am intensivsten empfunden, zwar nicht mehr, aber im richtigen Moment Zeit für die Familie oder Partnerschaft zu haben, sich als berufstätige Frau den Wunsch nach Kindern eher erfüllen und besser am Leben seiner Kinder teilnehmen zu können. Die häufigste negative Erfahrung war, die Kinder dazu erziehen zu müssen, einem bei der Arbeit nicht immer ansprechen zu können, und in den Streit der Kinder hineingezogen zu werden. Diese negativen Erfahrungen wurden jedoch nicht sehr intensiv erlebt. Die oft beschworene vermehrte Doppelbelastung durch Familie und Beruf bei der Arbeit zu Hause wurde weder von den Frauen, die davon üblicherweise eher betroffen sind, noch von den Männern als Problem erlebt.

4.13 Die Vorgesetztenbefragung fand in schriftlicher Form statt.

4.13.1 Die Einstellung der befragten Vorgesetzten zur ABA insgesamt war durchschnittlich positiv bis sehr positiv (75.7 %). Seit Beginn des Modellversuchs ist diese Einstellung im wesentlichen konstant geblieben oder hat sich noch gebessert. Dabei ist zu berücksichtigen, daß es sich ausschließlich um Vorgesetzte von ABA-Mitarbeitern handelte. Ein Vergleich mit anderen Gruppen war im Rahmen dieser Studie nicht möglich.

4.13.2 Bei der Auswahl der Mitarbeiter für eine ABA waren vor allem die Art der Tätigkeit und die Motiviertheit des Mitarbeiters für die Vorgesetzten ausschlaggebend. Darüberhinaus waren die Vertrauenswürdigkeit des Mitarbeiters, die betrieblichen Notwendigkeiten und das Ziel einer besseren Vereinbarkeit von Familie und Beruf wichtige Gesichtspunkte. Diese Auswahlkriterien dürften erheblich zu dem insgesamt sehr positiven bisherigen Resultat des Modellversuchs beigetragen haben. Die Frage einer möglicherweise formalisierten Auswahl der Mitarbeiter für eine ABA konnten wir nicht explizit behandeln; dies müßte zum Gegenstand weiterer, spezieller Untersuchungen gemacht werden. Deshalb kommt der Entscheidung des unmittelbaren Vorgesetzten, der seine Mitarbeiter aus der Zusammenarbeit vor Ort genau kennt, hier die zentrale Bedeutung zu und es erscheint fraglich, ob sie sich überhaupt durch ein formalisiertes Verfahren ersetzen läßt.

4.13.3 Die wesentlichen Vorteile der ABA-Stelle sehen die Vorgesetzten darin, daß die Mitarbeiter gute Einfälle auch außerhalb der regulären Arbeitszeit aufgreifen sowie ungestörter und produktiver arbeiten können. Auf der Aufwandseite müssen sie nach Meinung der Vorgesetzten mehr Selbstdisziplin üben und ihre Arbeit besser planen, auf der Ertragsseite haben sie mehr Zeit für die Familie. Verringerte Beförderungschancen sehen die Vorgesetzten definitiv nicht.

4.13.4 Beim Führungsstil stimmt das Selbstbild der Vorgesetzten erstaunlich gut mit dem Wunschbild der Mitarbeiter überein. Dabei attestieren sich die Vorgesetzten ein stärkeres Eingehen auf die Besonderheiten des einzelnen Mitarbeiters, ein stärkeres Betonen der Dynamik, also von Veränderung und Konkurrenz anstatt Bewahrung und Kooperation, sowie ein stärkeres Motivieren der Mitarbeiter durch Freude an der Sache anstelle äußerer Anreize.

4.13.5 Als besonders geeignet für eine ABA wurden von den Vorgesetzten im wesentlichen die Tätigkeiten genannt, die bis jetzt auch am häufigsten dabei ausgeführt werden (Ziff. 4.3). Hinsichtlich anderer Tätigkeiten, vor allem mit größeren manageriellen Komponenten, besteht überwiegend etwas wie »aufgeschlossene Skepsis«.

4.13.6 Die Mehrbelastung der Führungskräfte durch ABA-Stellen ihrer Mitarbeiter wurde beim jetzigen Umfang als gering empfunden. Den größten Aufwand verursachte die Einrichtung der ABA selbst. Viele sahen auch für die Organisation einen Gewinn an Flexibilität. Auf der anderen Seite befürchteten knapp die Hälfte der Vorgesetzten Grenzen der Praktikabilität für den Fall, daß *sehr viel mehr Mitarbeiter als heute* auf einer ABA arbeiten würden. Ein reichliches Drittel der befragten Vorgesetzten könnte sich *gut* oder *sehr gut* vorstellen, auch die eigene Arbeit vermehrt von zu Hause aus durchzuführen.

4.14 Aufgrund dieser Resultate glauben wir, folgende Empfehlungen geben zu können.

4.14.1 Eine außerbetriebliche Arbeitsstätte wird sowohl von einem großen Teil derer, die sie erhalten haben, als auch von ihren ausschließlich im Büro arbeitenden Kollegen als Privileg wahrgenommen. Sie ist somit ein starkes Incentive bei der Mitarbeitermotivierung und sollte dementsprechend differenziert vergeben werden.

4.14.2 Die Entscheidung darüber, wer vermehrt zu Hause arbeitet, sollte möglichst weit nach unten delegiert werden, da die nächsten Vorgesetzten die Eignung und Leistung der einzelnen Mitarbeiter am besten beurteilen können.

4.14.3 Dabei sollten die Vorgesetzten ein rein mechanisches Auswahlkriterium wie die *Gleichbehandlung aller Mitarbeiter* möglichst vermeiden, da bei knappen Ressourcen und angesichts der Incentivewirkung Nachteile ebenso zu gewärtigen sind, wenn ungeeignete Mitarbeiter eine ABA erhalten, wie wenn die ABA geeigneten Mitarbeitern vorenthalten wird.

4.14.4 Den sorgfältig ausgewählten Mitarbeitern sollte bei der Verteilung ihrer Arbeitszeit zwischen dem Betrieb und zu Hause auch offiziell mehr Flexibilität gewährt werden, als heute üblich ist. Sie werden sie im Sinne einer erhöhten Produktivität nutzen.

4.14.5 Auch Tätigkeiten, die zunächst dazu weniger geeignet erschienen, wurden zu Hause sehr erfolgreich ausgeübt. Der Modellversuch sollte daher in weitere Tätigkeitsbereiche hinein ausgeweitet werden.

4.14.6 Der heute erreichte Stand der technischen Ausstattung des häuslichen Arbeitsplatzes erscheint ausreichend. Er sollte nicht mehr unterschritten werden. Die genannten Schwachstellen sollten noch gezielt beseitigt werden (zu niedrige Baud-Rate, abweichende Tastaturen).

4.14.7 Der von einem Mitarbeiter allein genutzte Schreibtisch im Betrieb kann aus wirtschaftlichen Gründen zur Disposition gestellt werden. Dazu dürfte in Einzelfällen noch etwas Überzeugungsarbeit nötig sein. Das Teilen von Schreibtischen innerhalb des Teams erscheint als die wirtschaftlich und psychologisch beste Lösung.

4.14.8 Eine besondere psychologische Beratung oder Betreuung von ABA-Mitarbeitern erscheint entbehrlich, da die bisher diskutierten psychosozialen Probleme bei unseren Befragten nicht aufgetreten sind. Bei einer erheblichen Ausweitung und längerer Dauer der ABA sollten die in diesem Bericht dargestellten Tendenzen sorgfältig beobachtet werden.

5. Datenerhebung und Resultate

5.1 Methoden

Die Daten dieser Studie wurden in der Zeit vom 15. Dezember 1992 bis zum 01. März 1993 auf zweierlei Weise erhoben. Die Erfahrungen von 38 Mitarbeitern auf außerbetrieblichen Arbeitsstätten wurden in einem durchschnittlich 1 3/4 Stunden dauernden standardisierten Interview erfragt, das auch einen gewissen Anteil offener Fragen enthielt. Es wurde von einer promovierten Psychologin (der Zweitautorin) durchgeführt. Die Erfahrungen und Einstellungen von 33 Vorgesetzten von Mitarbeitern auf außerbetrieblichen Arbeitsstätten wurden mit einer anonymen, schriftlichen Befragung erfaßt.

5.1.1 Die Stichprobe der Mitarbeiter

Die Interviewteilnehmer wurden nach folgenden Kriterien ausgewählt: Von der damaligen Abteilung Personalforschung und Mitarbeiterförderung der IBM erhielten wir eine Liste mit den Namen von 57 Mitarbeitern auf außerbetrieblichen Arbeitsstätten im Großraum Stuttgart. Darunter befanden sich 13 Frauen, die alle für ein Interview gewonnen werden konnten. Eines dieser Interviews hatte nur exploratorischen Charakter und wurde nicht in die Auswertung aufgenommen. Von den 44 Männern auf der Liste wurden zunächst 19 nach Zufall mit der Restriktion ausgewählt, daß in der Stichprobe die prozentuale Verteilung auf die einzelnen IBM-Standorte im Großraum Stuttgart annähernd erhalten blieb. Da sich unter diesen männlichen Befragten sehr viele bürozentrierte ABA-Mitarbeiter befanden, wurden von den restlichen 25 Mitarbeitern nur noch die wohnungszentrierten befragt (7). Die nicht interviewten 18 Personen der Liste waren entweder bürozentrierte ABA-Mitarbeiter oder arbeiteten zu Hause im Schichtbetrieb. Einzelne waren auch aus anderen Gründen (z. B. Eintritt in den Ruhestand seit Erstellung der Liste, Home-Terminal noch nicht installiert) für die Befragung uninteressant. Alle Mitarbeiter, die um eine Teilnahme an der Befragung gebeten wurden, waren gerne zu einem Interview bereit.

Die Wahl des Interviewortes wurde den Befragten überlassen. Obwohl aus Diskretionsgründen ursprünglich nicht daran gedacht war, das Interview am häuslichen Arbeitsplatz durchzuführen, luden 9 Mitarbeiter (23.7 %) spontan die Interviewerin zu sich nach Hause ein. Die restlichen Interviews fanden im Büro der Mitarbeiter (18.4 %) oder in einem Besprechungsraum (57.9 %) statt. Dafür war jedoch kein besonderer Wunsch der Befragten nach Diskretion, sondern nur die leichtere Erreichbarkeit ausschlaggebend.

Die Männer der Stichprobe waren mit durchschnittlich 43.6 Jahren signifikant älter als die Frauen mit 34.9 Jahren (s. $p < 0.01$). Dementsprechend war auch ihre Betriebszugehörigkeit mit durchschnittlich 18 Jahren signifikant höher als die der Frauen mit 10.9 Jahren (s. $p < 0.01$).

Von den Befragten waren 22 (57.9 %) Absolventen einer Fachhochschule oder einer Universität, vor allem aus den mathematisch-naturwissenschaftlichen Fächern: Diplom-Mathematiker, (Diplom)-Ingenieure, Informatiker, Physiker und Betriebswirte. Bei den restlichen 16 (42.1 %) Mitarbeitern dominierten die handwerklich-technischen Berufe (z. B. Elektriker,

Werkzeugmacher, Mechaniker u. ä.) mit 7 Nennungen und die kaufmännischen Berufe mit 6 Nennungen.

Die Befragten arbeiteten nach ihren Angaben im Schnitt seit ungefähr 12.8 Monaten (Minimum 3, Maximum 36 Monate) auf einer außerbetrieblichen Arbeitsstätte. Dabei ist zu berücksichtigen, daß in diese Zahl auch die 14 Mitarbeiter eingehen, die bereits am *Pilotprojekt Home-Terminal* teilgenommen haben und deren häuslicher Arbeitsplatz nach Auslauf des Projekts in eine ABA übergeleitet wurde. Läßt man diese Mitarbeiter unberücksichtigt, so reduziert sich die durchschnittliche ABA-Dauer auf 8 Monate.

Mit Vollzeit waren 28 Mitarbeiter (73.7 %) beschäftigt. Darunter befanden sich 5 Frauen. Ihre Wochenarbeitszeit schätzten sie durchschnittlich auf 42.6 Stunden. Bei den 10 in Teilzeit Beschäftigten handelte es sich in der Mehrzahl um Frauen (7). Hier wurde die durchschnittliche wöchentliche Arbeitszeit mit 28.7 Stunden angegeben.

5.1.2 Die Vorgesetztenbefragung

Insgesamt 47 Fragebögen wurden von der Abteilung Personalforschung und Mitarbeiterförderung der IBM an *Vorgesetzte von Mitarbeitern auf außerbetrieblichen Arbeitsstätten* mit der Bitte um Beantwortung versandt. Die Anonymität der Befragung wurde dadurch garantiert, daß die ausgefüllten Fragebögen ohne Angaben zur Person direkt an die Universität Tübingen zurückzusenden waren. Der Rücklauf betrug 70.2 % (33 auswertbare Bögen).

Der Fragebogen für die Vorgesetzten wurde auf den Interviewleitfaden für die Mitarbeiter so abgestimmt, daß die Resultate möglichst vergleichbar sein sollten.

5.2 Die wöchentliche Arbeitszeit zu Hause

Es zeigte sich sehr schnell, daß hinsichtlich der wöchentlich zu Hause abgeleisteten Arbeitszeit innerhalb der uns vorgegebenen Population sehr große Unterschiede zwischen den einzelnen Personen bestanden. Abbildung 1 gibt diese Unterschiede in Abhängigkeit vom Geschlecht der Mitarbeiter wieder. Die Zahlen beziehen sich dabei nicht auf die im ABA-Vertrag vereinbarte, sondern auf die im Interview angegebene, zu Hause erbrachte Arbeitszeit.

Von den 38 befragten Mitarbeitern arbeiten 14 (36.8 % der Stichprobe) nur *stundenweise* oder *stundenweise plus gelegentlich 1 ganzen Tag* auf ihrer außerbetrieblichen Arbeitsstätte. Bezieht man weitere 15 Mitarbeiter, die dies auf telefonisches Befragen ebenfalls angaben und nicht mehr interviewt wurden, mit ein, so erhöht sich diese Zahl auf 29 (50.9 % der auf der IBM-Liste angegebenen 57 Personen).

Um Fehlschlüsse bei der statistischen Auswertung der gesamten Stichprobe zu vermeiden, müssen diese Unterschiede in der häuslichen Arbeitszeit berücksichtigt werden. Es erschien uns daher notwendig, die Abgrenzung zwischen *bürozentrierten* ABA-Mitarbeitern mit einer stundenweisen, nur gelegentlich um einen ganzen Tag erweiterten häuslichen Arbeitszeit und *wohnungszentrierten* ABA-Mitarbeitern mit einer regelmäßigen wöchentlichen häuslichen Arbeitszeit von 1 Tag und mehr einzuführen. An vielen Stellen zeigten sich charakteristische Unterschiede zwischen diesen beiden Gruppen. So weist beispielsweise die Abbildung 2 ein vollkommen unterschiedliches Zahlenverhältnis von wohnungszentrierten und bürozentrierten ABA-Tätigkeiten für Männer und Frauen aus.

5.2 Die wöchentliche Arbeitszeit zu Hause

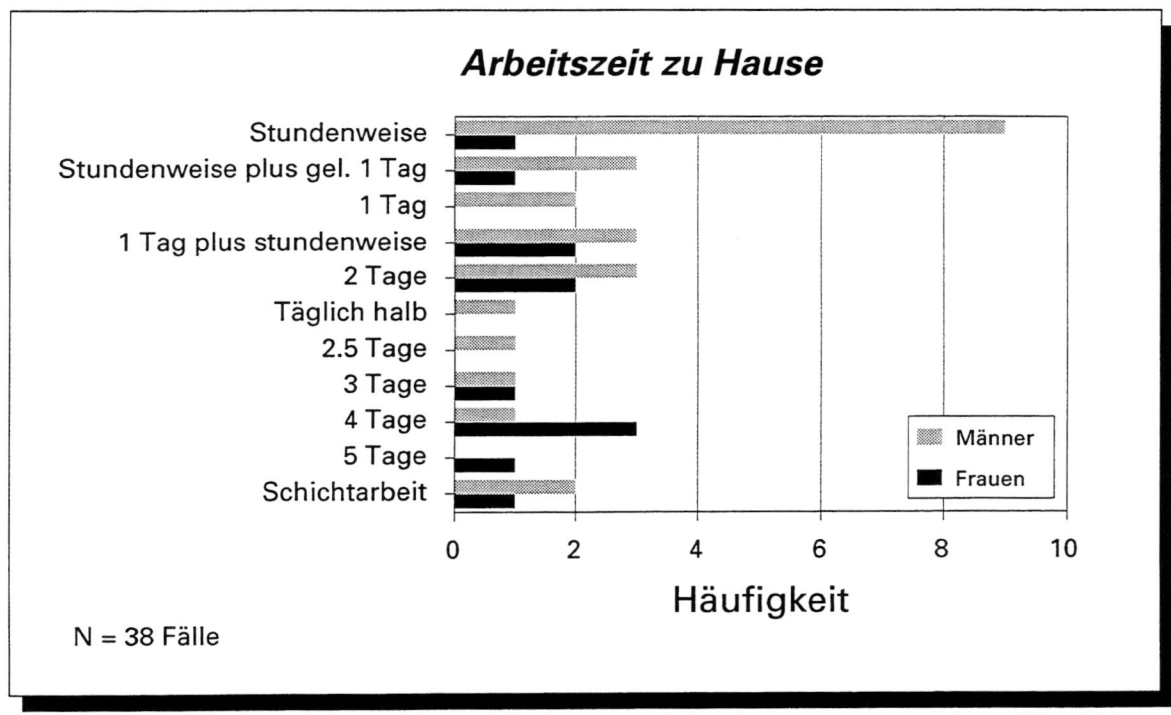

Abb. 1. Die wöchentliche Arbeitszeit zu Hause, getrennt nach Männern und Frauen

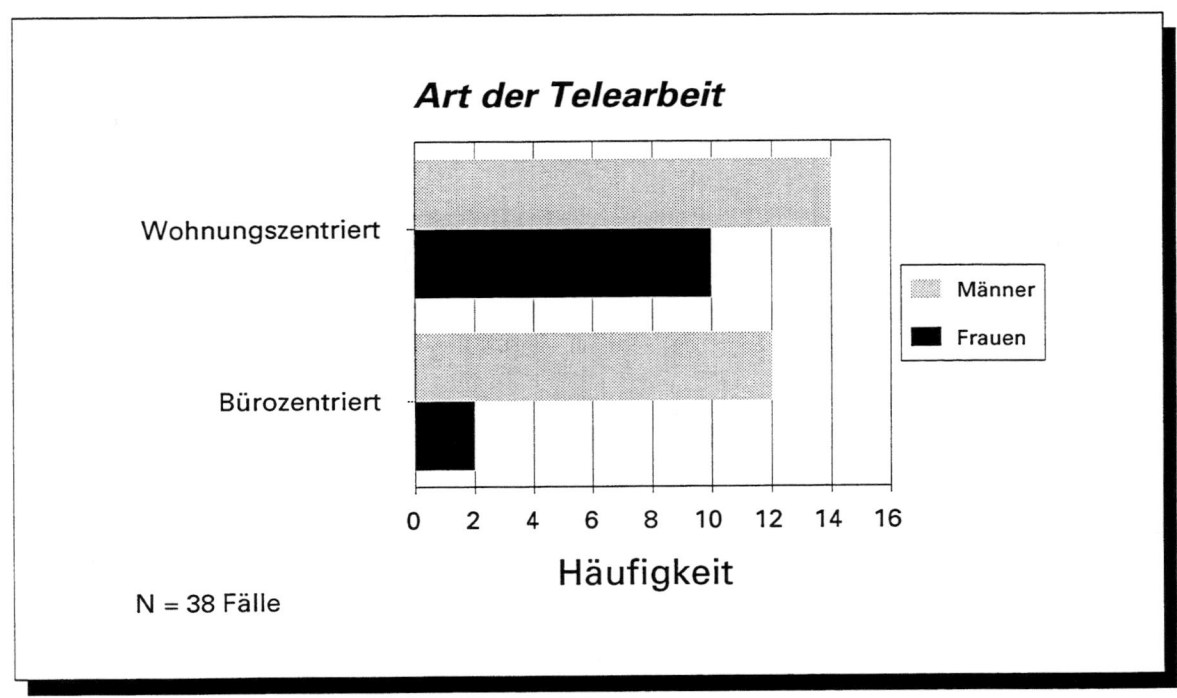

Abb. 2. Die Verteilung der Geschlechter auf die beiden Arten der ABA

Während beide Formen der ABA in unserer Stichprobe bei den Männern ungefähr gleich häufig vorkommen, überwiegen bei den Frauen sehr stark die wohnungszentrierten ABA-Stellen.

Als Gründe für die Einrichtung einer außerbetrieblichen Arbeitsstätte wurden von der bürozentrierten Gruppe praktisch ausschließlich berufliche Notwendigkeiten angegeben: In 8 Fällen wurde der Einsatz des Home-Terminals zur Programmüberwachung, für Bereitschaftsdienste oder Notfalleinsätze von zu Hause aus genannt, in 4 Fällen die Möglichkeit, mit Hilfe des Home-Terminals abends ein günstiges Zeitfenster für die direkte Kommunikation mit Partnern außerhalb Europas (vor allem in den USA) nützen zu können.

In der Gruppe der wohnungszentrierten ABA-Mitarbeiter wurden primär private Gründe für die Einrichtung einer außerbetrieblichen Arbeitsstätte genannt: in 8 Fällen eine eigene Erkrankung oder die Erkrankung eines Familienmitglieds, in 12 Fällen die Erleichterung der Kinderbetreuung oder eine allgemein bessere Vereinbarkeit von Familie und Beruf. Der relativ hohe Frauenanteil in dieser Gruppe zeigt, daß für Männer diese Argumente offensichtlich weniger handlungsleitend sind.

Kein Unterschied zeigte sich zwischen beiden Gruppen bei der Frage danach, ob die Möglichkeit, die täglichen Fahrten zum Arbeitsplatz zu vermeiden, ein wichtiger Grund für das Interesse an einer ABA gewesen sei: In beiden Gruppen bejahten ungefähr 50 % diese Frage, wobei die bürozentrierten ABA-Mitarbeiter, die ja nur gelegentlich einen ganzen Tag zu Hause arbeiten, dabei wohl vor allem an die Möglichkeit dachten, außerhalb der Stoßzeiten zur Arbeit bzw. nach Hause fahren zu können. So glauben immerhin 55.3 % durch Reduktion des Berufsverkehrs zum Umweltschutz beizutragen und 31.6 % glauben, damit Kosten zu sparen.

Interessanterweise unterschieden sich diejenigen, für die das Vermeiden oder Vermindern der täglichen Fahrten zum Arbeitsplatz von Bedeutung war, weder in der Fahrstrecke, noch in der Fahrzeit zwischen Wohnung und Arbeitsplatz von denen, für die das keine Rolle spielte. Es ist also wohl mehr die subjektiv empfundene als die tatsächliche zeitliche und finanzielle Belastung durch den Berufsverkehr, die hier den Ausschlag gibt.

Keiner der Befragten gab an, daß er seine ABA bei einer entsprechend geringen Entfernung zwischen Wohnung und Arbeitsplatz aufgeben würde. Das bedeutet, daß die Vermeidung oder zumindest Verringerung der täglichen Fahrzeiten zum Arbeitsplatz bei den Motiven der ABA-Mitarbeiter nur eine untergeordnete Bedeutung hatte.

5.3 Die Tätigkeiten auf den ABA-Stellen

5.3.1 Die Tätigkeitsfelder

Erhoben wurden sowohl spezielle Tätigkeiten als auch relativ umfassende Tätigkeitsfelder, so daß sich die Antworten zum Teil überlappen und die Prozentangaben sich auf über 100 summieren (Abb. 3). Am häufigsten wurden von den Interviewten die Bereiche *Programmieren im weitesten Sinne* (50.0 % der Nennungen), *Systemwartung und Programmüberwachung* (39.5 %) und *Betreuung und Schulung von Softwarebenutzern* (34.2 %) angegeben. Die beiden ersten Antworten kamen vor allem von Mitarbeitern aus dem Entwicklungslabor und dem Rechenzentrum, die zum größten Teil bereits am *Pilotprojekt Home-Terminal* teil-

5.3 Die Tätigkeiten auf den ABA-Stellen

genommen hatten. Der größte Teil der bürozentrierten ABA-Mitarbeiter findet sich in dieser Gruppe.

Weitere, relativ häufig genannte Tätigkeitsfelder waren *Entwicklungsaufgaben* (23.7 %), *Unterstützungsfunktionen* (18.4 %), *Kontakte außerhalb Europas* (18.4 %), *Kundenservice* (15.8 %), *Ausarbeitung von Schulungsunterlagen* (15.8 % Nennungen) und Tätigkeiten im *Finanz- und Rechnungswesen* (13.2 % Nennungen) sowie in der *Personalverwaltung* (5.3 % Nennungen). Da diese Arbeiten durch ein hohes Maß an konzentrierter Einzelarbeit charakterisiert sind, verwundert es nicht, daß 32 der insgesamt 42 Nennungen dieser Tätigkeitsfelder von wohnungszentrierten ABA-Mitarbeitern stammen. Es lassen sich hierbei offensichtlich besonders gut private Gründe für die Einrichtung einer außerbetrieblichen Arbeitsstätte mit betrieblichen Notwendigkeiten verbinden.

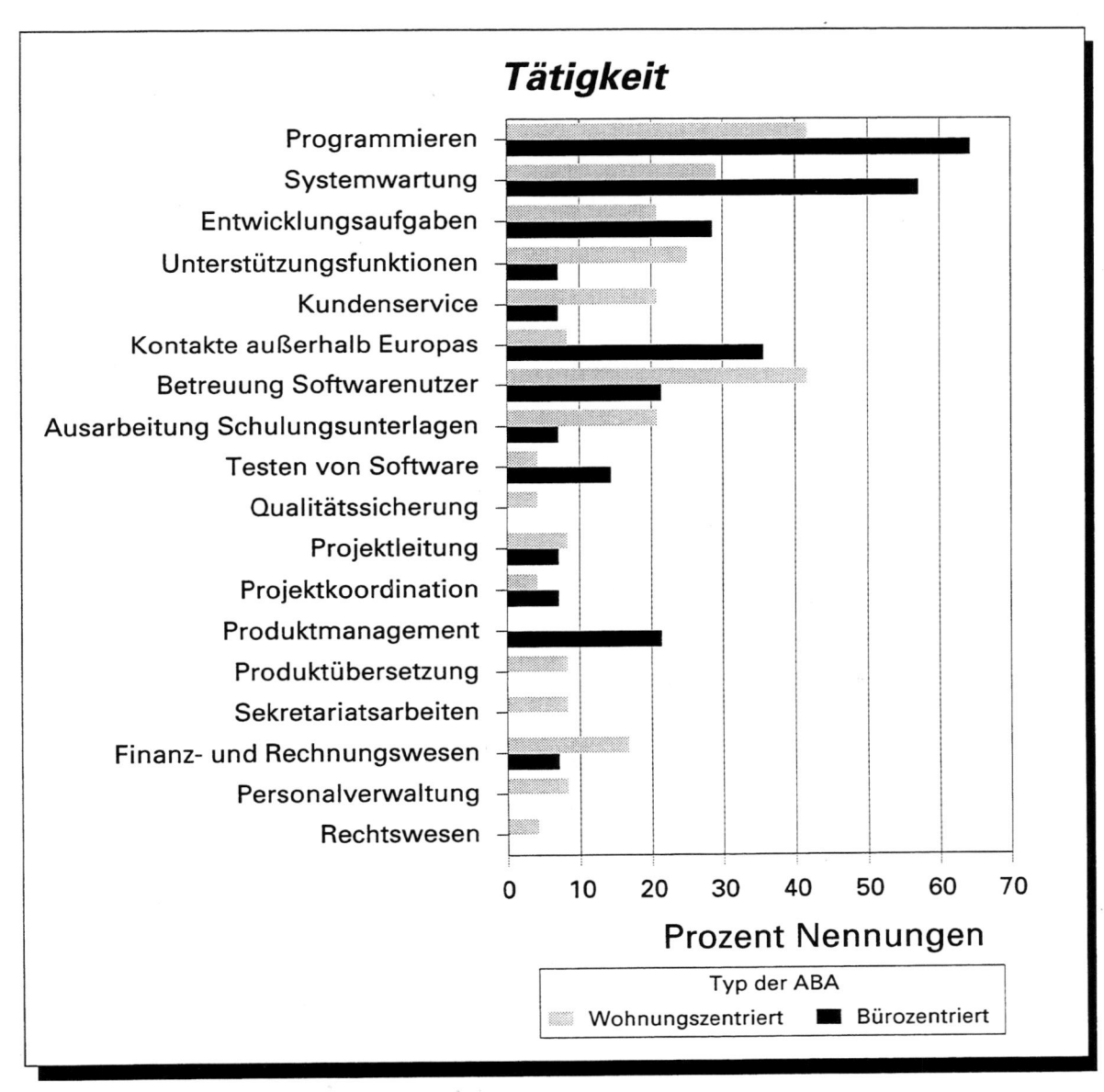

Abb. 3. Die Tätigkeiten auf der ABA (freie Antworten)

Im Gegensatz dazu scheinen sich *Projektleitung* (7.9 % Nennungen), *Projektkoordination* (5.3 % Nennungen), *Rechtswesen* (2.6 % Nennungen) und *Sekretariatsarbeiten* (5.3 % Nennungen) mit ihrem stark interaktiven Charakter weniger dazu zu eignen, zu Hause ausgeführt zu werden. Dennoch arbeiteten 2 von 8 Mitarbeitern, die diese Tätigkeiten angaben, mindestens 1 Tag, 4 weitere zwischen 2 und 3 Tagen pro Woche zu Hause. In allen diesen Fällen waren private Gründe für die Einrichtung einer außerbetrieblichen Arbeitsstätte ausschlaggebend. Für diese Tätigkeiten zeigte die Untersuchung, daß sie bisher erst selten auf einer außerbetrieblichen Arbeitsstätte ausgeübt werden. Wo das jedoch der Fall ist, geschieht es offensichtlich erfolgreich. Trotz dieser guten Einzelerfahrungen sahen die Vorgesetzten die generelle Eignung dieser Tätigkeiten für außerbetriebliche Arbeitsstätten eher skeptisch (s. Abschn. 5.13.5). Aus diesem Widerspruch ist wohl zu folgern, daß in diesen Bereichen zunächst einmal durch sorgfältiges weiteres Probieren und Experimentieren zusätzliche Erfahrungen gesammelt werden sollten.

Als weitere Tätigkeitsfelder wurden hier noch *Produktübersetzung* (5.3 % Nennungen) und *Produktmanagement* (7.9 % Nennungen) angegeben, bei denen die Telekommunikation mit Partnern außerhalb Europas eine wichtige Rolle spielt. Die außerbetriebliche Arbeitsstätte schafft dabei besonders günstige Bedingungen, um die Nachteile der interkontinentalen Zeitverschiebungen abzufangen.

5.3.2 Die Veränderungen der Tätigkeiten

Bei der Konzeption des Interviews waren wir davon ausgegangen, daß ABA-Mitarbeiter Einzelarbeit vermehrt zu Hause, Arbeiten, die Interaktion mit einem Kollegen oder einer Gruppe verlangen, aber eher wie bisher im Betrieb erledigen würden. Von daher sollte sich die prozentuale Zusammensetzung der Arbeit im Betrieb in Richtung auf Zweier- oder Gruppenarbeit verändern. Dies war auch tatsächlich der Fall, wobei allerdings die Veränderungen nicht sehr ausgeprägt waren: 73.7 % der Befragten gaben an, daß die Zusammensetzung gegenüber früher gleich geblieben sei. Gewisse Veränderungen zeigten sich erwartungsgemäß nur in der Gruppe der wohnungszentrierten ABA-Mitarbeiter: Die Arbeit zu zweit im Betrieb hat für sie seit der ABA um durchschnittlich 11.2 % (s. $p < 0.01$), die Gruppenarbeit um 8.7 % zugenommen, die Einzelarbeit im Betrieb um durchschnittlich 10.9 % abgenommen (die letzten beiden Werte sind nicht signifikant).

Unabhängig von der Aufteilung der Arbeit zwischen Betrieb und häuslichem Arbeitsplatz wäre es auch denkbar, daß Mitarbeiter, um eine ABA wahrnehmen zu können, inhaltlich andere Tätigkeiten ausüben als früher. Dies wurde nur von 2 Befragten auf wohnungszentrierten ABA-Stellen berichtet, die heute Aufgaben wahrnehmen, die sich eher in Einzelarbeit erledigen lassen und weniger Gruppenarbeit verlangen. Bei allen anderen 36 Befragten hatte sich durch die ABA das Tätigkeitsfeld nicht verändert. Damit steht im Einklang, daß die Vorgesetzten als wichtigstes Auswahlkriterium für eine ABA *die Art der Tätigkeit* nannten, und zwar auch dann, wenn private Gründe mitberücksichtigt wurden.

5.4 Kommunikation während der Arbeit

Eine Gruppe wichtiger Fragen galt der Veränderung des Musters der Kommunikationsformen durch die ABA. Dabei wurden die Mitarbeiter um Einschätzungen darüber gebeten, welche Formen der Kommunikation (persönlich, Telefon, Meeting, elektronische Post,

5.4 Kommunikation während der Arbeit

Brief) mit welchen Kommunikationspartnern (Vorgesetzten, Team, sonstigen IBMern, externen Kunden) seltener geworden, häufiger geworden oder unverändert geblieben seien, seitdem sie auf einer ABA arbeiteten (Frage 7.2.21, Abb. 4). Dabei ergab sich zunächst, daß die Kommunikation mit externen Kunden für viele unserer Befragten nur eine untergeordnete Rolle spielt.

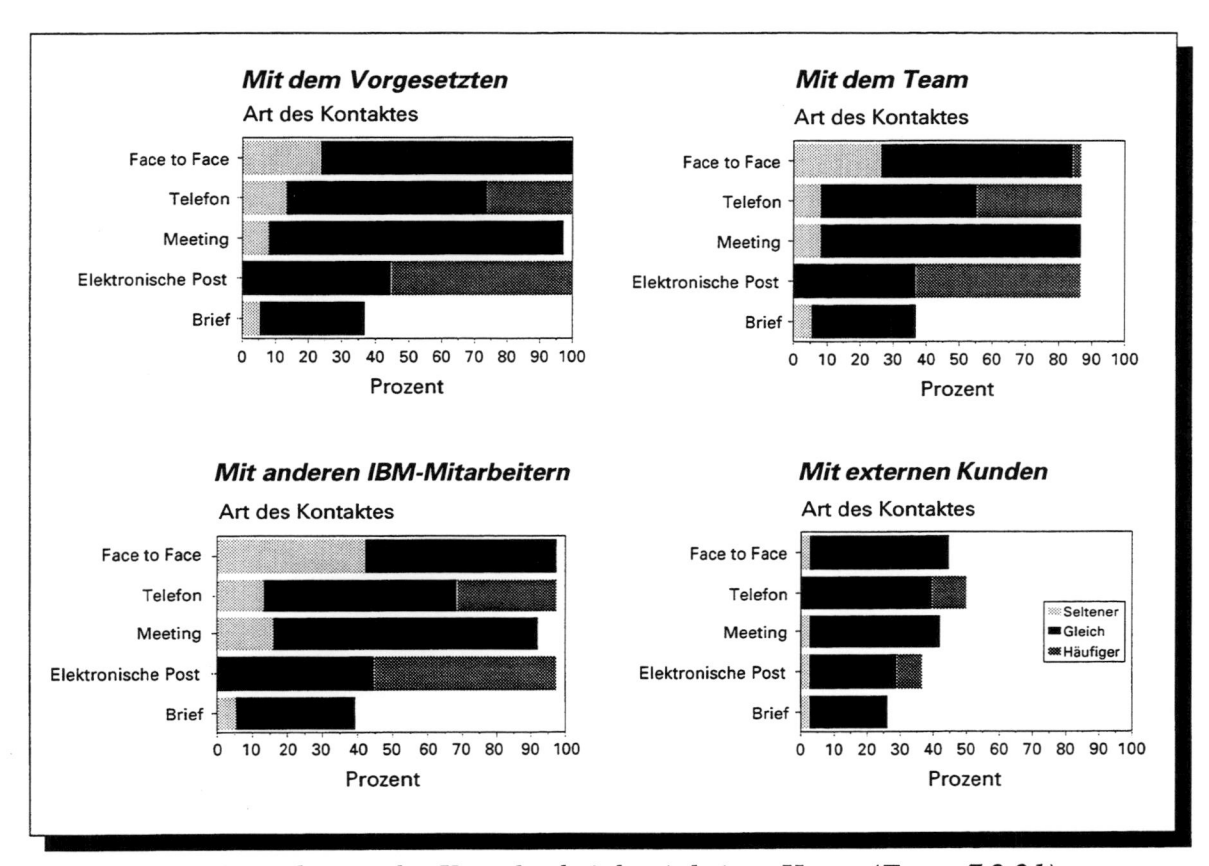

Abb. 4. Die Veränderung der Kontakte bei der Arbeit zu Hause (Frage 7.2.21)

Die geringsten Veränderungen gab es bei der Anzahl der Meetings: Für 89.5 % aller Mitarbeiter war die Zahl der Meetings mit dem Vorgesetzten unverändert, für 78.9 % die mit dem Team und für 76.3 % die mit sonstigen IBMern. Dies ist nicht weiter verwunderlich: Meetings werden generell als wichtig für den Fortlauf der Arbeit angesehen, und sie werden normalerweise im voraus vereinbart. Dabei ist dann der Aufenthaltsort des Gesprächspartners, mit dem eine Terminabsprache getroffen werden muß, von untergeordneter Bedeutung. Die Flexibilität, auch dann an einem Meeting teilzunehmen, wenn es zu einer Zeit stattfindet, zu der man üblicherweise zu Hause arbeitet, war für unsere Befragten selbstverständlich.

Deutlich häufiger geworden sind generell die telefonischen Kontakte bei der Arbeit: Mit nur geringen Unterschieden gegenüber den einzelnen Kommunikationspartnern telefonieren ca. 30 % der Mitarbeiter heute mehr als früher mit ihrem Vorgesetzten, ihrem Team und mit sonstigen IBMern. Fast alle diese Angaben stammen von wohnungszentrierten ABA-Mitarbeitern.

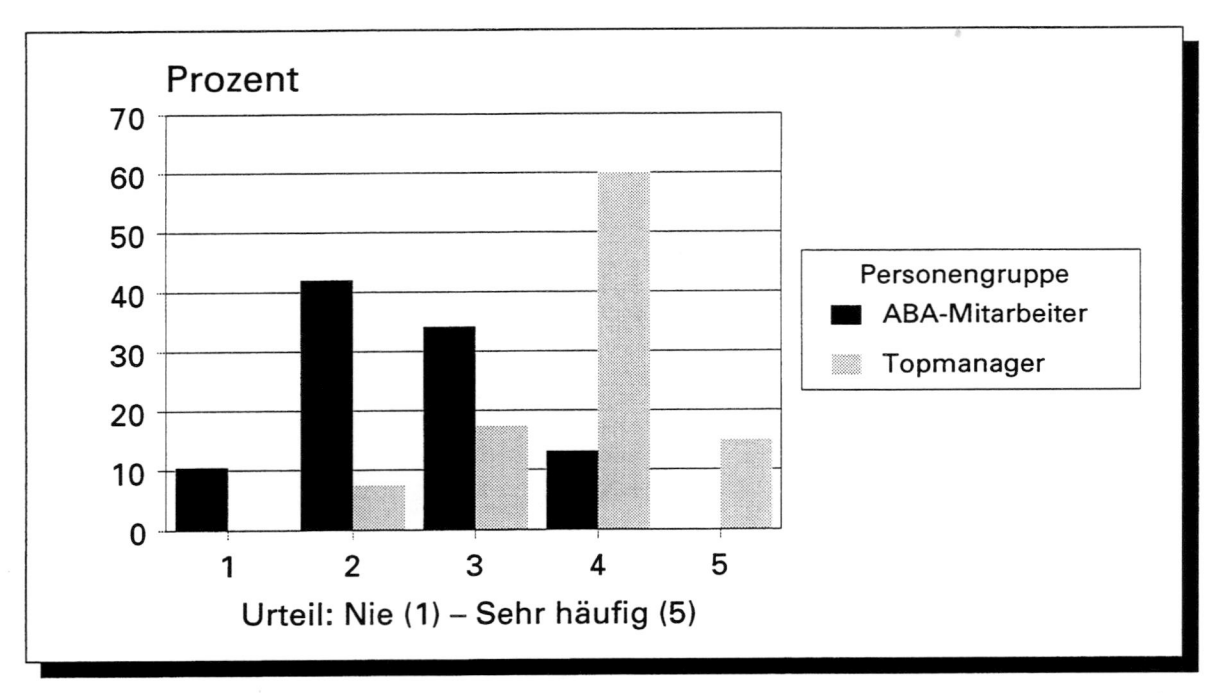

[Bar chart: Prozent vs. Urteil: Nie (1) – Sehr häufig (5); Personengruppe: ABA-Mitarbeiter, Topmanager]

Abb. 5. Die Behinderung durch das Nichterreichen eines Gesprächspartners am Telefon bei ABA-Mitarbeitern (n = 38) und bei Topmanagern (n = 40; aus Glaser & Glaser, 1991) im Vergleich

Am markantesten, aber ebenfalls nicht unerwartet, ist die von ca. 50 % berichtete häufigere Kommunikation über elektronische Post. Dieses Kommunikationssystem wird generell von den Mitarbeitern extrem geschätzt und intensiv genutzt. Der Hauptvorteil ist dabei weniger die Geschwindigkeit des Systems, denn in diesem Punkt ist das Telefon unübertroffen. Er liegt vielmehr in zwei Systemeigenschaften: der zeitlichen Pufferung und der Speicherung der Nachricht (asynchrone Kommunikation). Da der Gesprächspartner nicht zu jedem Zeitpunkt erreichbar ist, müssen Aufgaben, die telefonisch erledigt werden sollen, oft aufgeschoben und später wieder aufgegriffen werden. Das bedeutet eine von der Hauptarbeit ablenkende Gedächtnisbelastung. Außerdem erzeugen solche unabgeschlossenen Handlungen psychische Spannungen, die als relativ unangenehm erlebt werden. Die Möglichkeit, dem Kommunikationspartner eine Nachricht über elektronische Post zu senden, reduziert diese *Telefonfrustration* ganz erheblich. Dies wurde von den Befragten immer wieder spontan im Gespräch erwähnt und durch ihre Antwort auf die Frage danach bestätigt, wie oft sie sich bei ihrer Arbeit dadurch behindert fühlen, daß sie einen wichtigen Gesprächspartner nicht erreichen können. Die Verteilung der Antworten zeigt Abbildung 5.

Nur 5 (13.2 %) der Befragten fühlen sich *häufig* behindert, 4 (10.5 %) fühlen sich *nie* behindert; der Mittelwert liegt bei 2.5. Zum Vergleich sind in Abbildung 5 die Antworten von 40 hochrangigen Führungskräften der Wirtschaft eingetragen, denen wir bei einer Befragung zum Thema Telekommunikation im Jahre 1990 die gleiche Frage gestellt hatten (Glaser & Glaser, 1991). Von diesen Führungskräften verfügten nur wenige über elektronische Post. Hier gaben 75 % an, sich *häufig* bis *sehr häufig* durch die Nichterreichbarkeit eines Gesprächspartner am Telefon behindert zu fühlen. Der Mittelwert liegt mit 3.8 deutlich über dem der ABA-Mitarbeiter der IBM.

5.4 Kommunikation während der Arbeit

Erwünschte formelle Kommunikation

Partner
- Manager
- Team
- Andere IBMer
- Externe Kunden

(0 – 20 – 40 – 60 – 80 – 100 Prozent)

Erwünschte informelle Kommunikation

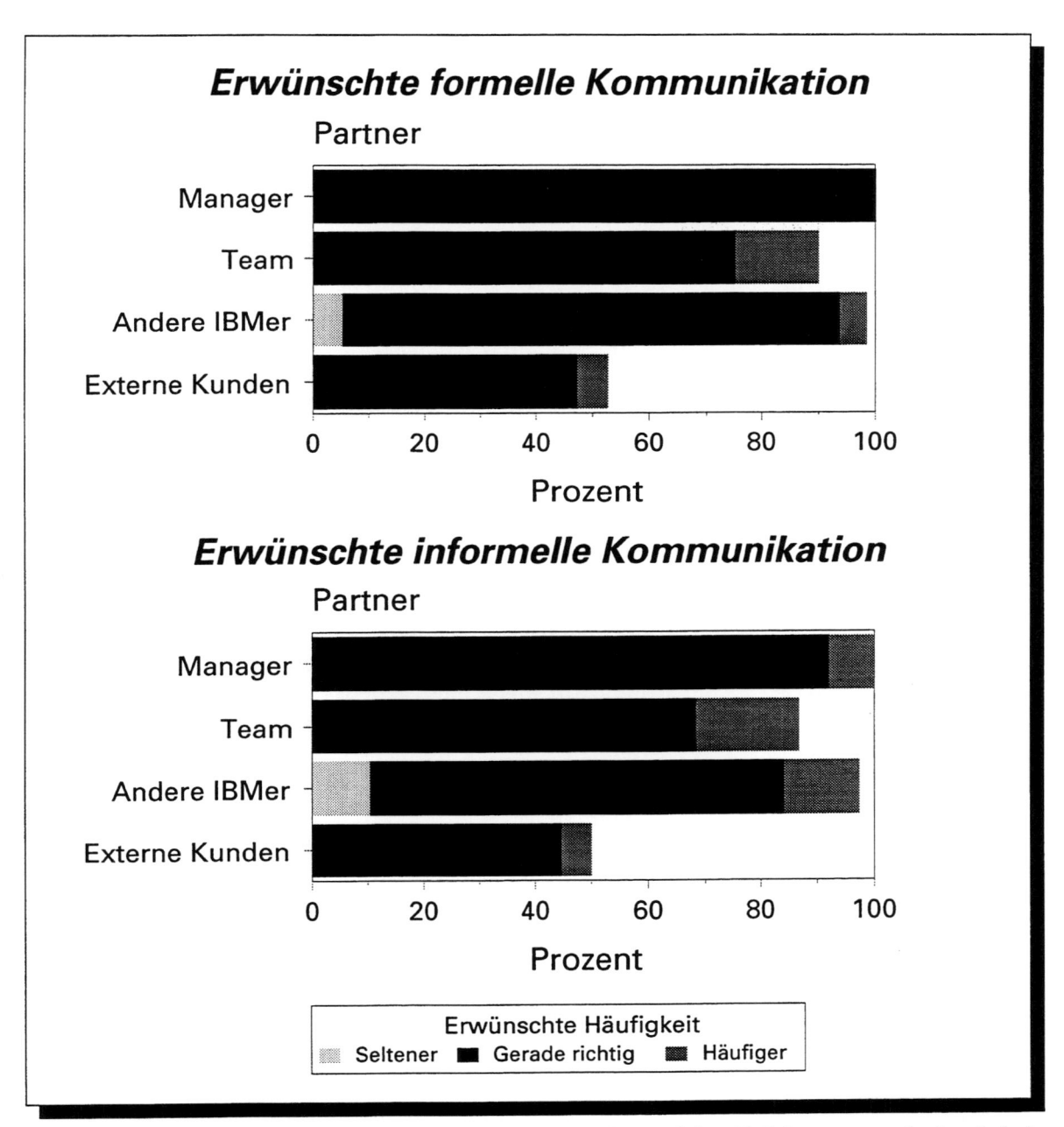

Partner
- Manager
- Team
- Andere IBMer
- Externe Kunden

(0 – 20 – 40 – 60 – 80 – 100 Prozent)

Erwünschte Häufigkeit: Seltener — Gerade richtig — Häufiger

Abb. 6. Das erwünschte Ausmaß an Kontakten aufgrund der Erfahrungen mit der Arbeit zu Hause (Frage 7.2.22)

Allerdings könnte der Unterschied zwischen beiden Gruppen schlicht daran liegen, daß der Kommunikationsbedarf von Topmanagern generell höher ist als der der interviewten ABA-Mitarbeiter, die ja eher der Gruppe der Fachexperten zuzurechnen sind. Die Angaben zur Häufigkeit dienstlicher Kontakte, die von den IBM-Mitarbeitern genannt wurden, sprechen jedoch gegen eine solche Interpretation (Frage 7.2.20).

Daß durch die elektronische Post bei vielen IBM-Mitarbeitern bereits der *papierlose* Bürobetrieb realisiert ist, zeigt die Frage nach der Veränderung der brieflichen Kommunikation durch die ABA. Diese stellte sich als relativ bedeutungslos heraus, da 65.2 % der Befragten angaben, daß Briefe bei ihrer Arbeit, unabhängig vom Kommunikationspartner, überhaupt nicht vorkommen. Viele konnten sich gar nicht mehr erinnern, wann sie das letzte Mal einen formellen Brief geschrieben haben.

Der Zunahme der Kommunikation über Telefon und elektronische Post steht eine Verringerung der Häufigkeit der persönlichen Treffen gegenüber, und zwar ausschließlich in der Gruppe der wohnungszentrierten ABA-Mitarbeiter: 9 (37.5 %) Befragte dieser Gruppe treffen ihren Vorgesetzten seltener als früher, 10 (41.7 %) die Mitglieder ihres Teams und 15 (62.5 %) haben bei der Arbeit weniger persönlichen Kontakt zu sonstigen IBMern als früher. Wichtiger als die Verringerung der persönlichen Kontakte, die ja bei wohnungszentrierten ABA-Mitarbeitern notgedrungen auftritt, ist die Bewertung dieser Tatsache. Sie wurde durch die Frage ermittelt, welche – formellen oder informellen – Kontakte man sich für eine effektive Arbeit häufiger bzw. seltener wünschen würde. Das Ergebnis (Abb. 6) zeigt eine generell hohe Zufriedenheit mit der derzeitigen Kommunikationssituation: Kein Mitarbeiter wünschte sich mehr formelle Kontakte mit seinem Vorgesetzten, nur 3 wohnungszentrierte ABA-Mitarbeiter würden mit ihrem Vorgesetzten auf informellen Wege gerne häufiger in Kontakt treten. Zwei Mitarbeiter wünschten sich mehr formellen, 5 Mitarbeiter mehr informellen Kontakt mit sonstigen IBMern. Dem stehen die Aussagen von 6 Befragten gegenüber, die sich hier sogar noch eine Verringerung wünschten. Dabei handelte es sich vor allem um Mitarbeiter, die recht häufig telefonisch um Hilfe gebeten werden, was immer eine Störung der eigenen Arbeit mit sich bringt. Am ausgeprägtesten ist der Wunsch nach mehr Kontakt mit dem eigenen Team: Im ganzen 13 Befragte, davon 9 auf wohnungszentrierten ABA-Stellen, äußerten sich in diesem Sinne.

Zur Kommunikation während der Arbeit wurde noch erhoben, in welchem Umfang die Personen, mit denen dienstliche Kontakte bestehen, *unbekannt* (häufigste Antwort: *selten*, 47.4 %), *bekannt* (häufigste Antwort: *oft*, 47.4 %) oder *vertraut* (häufigste Antwort: *oft*, 44.7 %) sind. Diese Information könnte beim Vergleich mit anderen Mitarbeitergruppen von Bedeutung sein.

Zum Thema *Kommunikation* wurden schließlich den Befragten zwei extrem formulierte Ansichten vorgelegt: *Man sollte heutzutage Informationen und nicht Personen transportieren* und *Auch die modernste Kommunikationstechnik kann die persönliche Anwesenheit nie ersetzen*. Damit sollte erfaßt werden, inwieweit Möglichkeiten einer Verringerung der Verkehrsprobleme durch das Ausweichen auf die Telekommunikation bewußt sind. Die häufigste Antwort (4; 44.7 %) ging deutlich in Richtung *Unersetzbarkeit der persönlichen Nähe*, der Mittelwert der Antworten war 3.26. Die Häufigkeitsverteilung der Antworten zeigt Abbildung 7; zum Vergleich wurden die Daten von 40 Topmanagern beigefügt, denen wir im Rahmen einer anderen Untersuchung die gleiche Frage gestellt hatten (Glaser & Glaser, 1991).

Bei den Topmanagern ist die Verteilung breitgipflig (deutlich negative Kurtosis der Verteilung), was eine schwach ausgeprägte Mitte und deutliche Stellungnahmen zu jeweils einem der Extreme ausdrückt. Offensichtlich sind etwa gleich viele davon überzeugt, daß es für die Face-to-face-Kommunikation keinen Ersatz geben kann, wie davon, daß eine Verschiebung vom Personentransport in Richtung auf mehr Telekommunikation möglich und angesichts unserer Verkehrsprobleme auch nötig ist. Bei den ABA-Mitarbeitern wurde daraus eine ausgeprägt bimodale Verteilung: Fast niemand nimmt mehr die Mittelposition ein, eine Mehrheit von 22 Befragten lehnt die Verschiebung zur Telekommunikation gegenüber einer Minderheit von 13 Personen klar ab. Diese Frage wurde auch den Vorgesetzten der ABA-Mitarbeiter gestellt (Frage 8.18). Die Verteilung der Antworten ist bis auf eine stärkere Betonung der Mitte derjenigen der Mitarbeiter sehr ähnlich. Dieses Resultat ist angesichts der insgesamt so positiven Erfahrungen mit der Telearbeit besonders interessant. Wir interpretieren es dahingehend, daß hier die (gute) Erfahrung der (noch skeptischen) Einstellung vorauseilt.

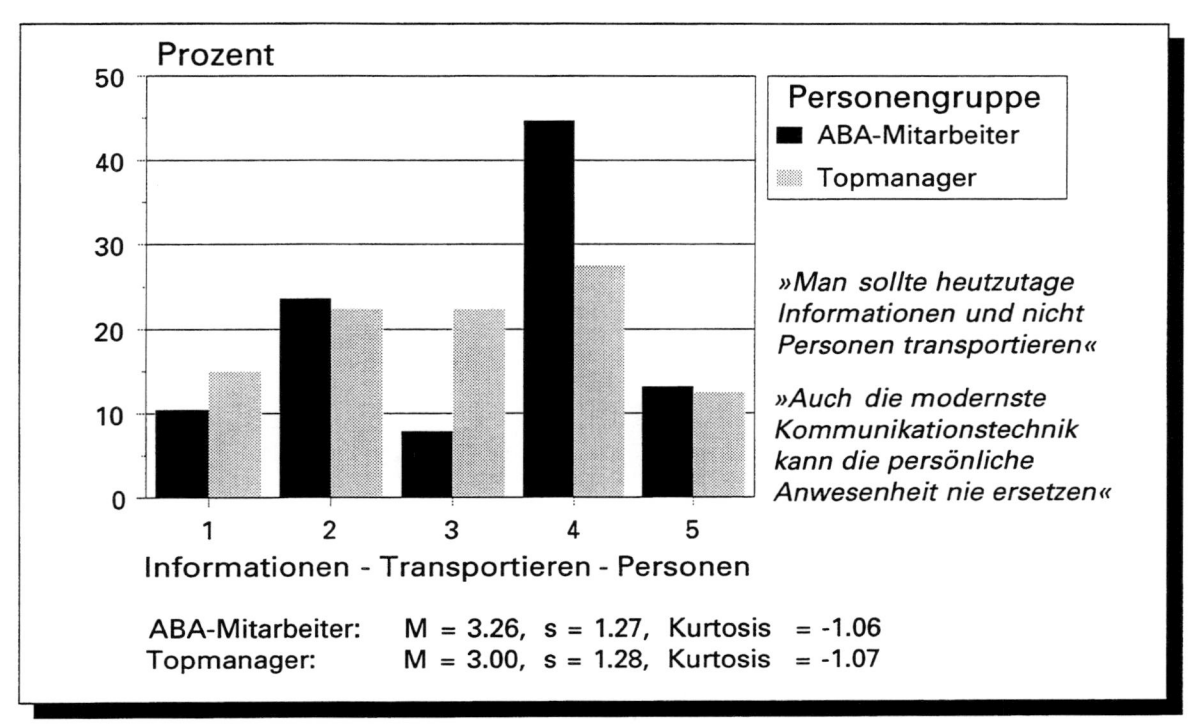

Abb. 7. Die Einstellung zum Tradeoff zwischen Informations- und Personentransport bei ABA-Mitarbeitern und Topmanagern im Vergleich

5.5 Interaktive Tätigkeiten

Mit einer weiteren Fragengruppe sollte die Struktur der interaktiven Tätigkeiten ermittelt werden. Hier wurde um eine Einschätzung auf einer fünfstufigen Ratingskala darüber gebeten, wie häufig 10 verschiedene, vorwiegend interaktive Tätigkeiten, wie z. B. *Verhandeln, Beraten, Koordinieren*, bei der beruflichen Arbeit vorkommen (Frage 7.2.23 gibt den genauen Inhalt der Fragen wieder). Die Mittelwerte der Antworten zeigt Abbildung 8.

Die größte Bedeutung in der beruflichen Interaktion haben offensichtlich *Beratung* (M = 4.1), *Problemdiskussion* (M = 3.9), *spontane Problemlösung* (M = 3.7), *Ideenfindung* (M = 3.5) und *Verhandeln* (M = 3.5). Die Bedeutung aller anderen Tätigkeiten ist geringer, die Mittelwerte liegen hier nahe bei 3.0. Eine Ausnahme bildet das *Beurteilen und Bewerten* von Angeboten bzw. Leistungen von einzelnen Mitarbeitern, Arbeitsgruppen oder Abteilungen. Mit einem Mittelwert von 2.0 ist das eine von unseren Befragten sehr selten ausgeübte Tätigkeit. Das erklärt sich daraus, daß bei dieser Teilfrage primär an die Leistungsbewertung von IBM-Mitarbeitern gedacht wurde, die generell von Vorgesetzten, aber nur von wenigen unserer Befragten ausgeübt wird.

In keiner der Tätigkeiten dieser Fragengruppe zeigte sich ein signifikanter Unterschied zwischen wohnungszentrierten und bürozentrierten ABA-Mitarbeitern. Dies bedeutet, daß auch die Arbeit der wohnungszentrierten ABA-Mitarbeiter keineswegs stärker durch Einzelarbeit gekennzeichnet ist. Fragt man jedoch nach dem Arbeitsort (zu Hause oder im Betrieb), an dem diese Tätigkeiten bevorzugt ausgeübt werden, so zeigt sich wieder ein deutlicher Unterschied zwischen beiden Gruppen (Abb. 9).

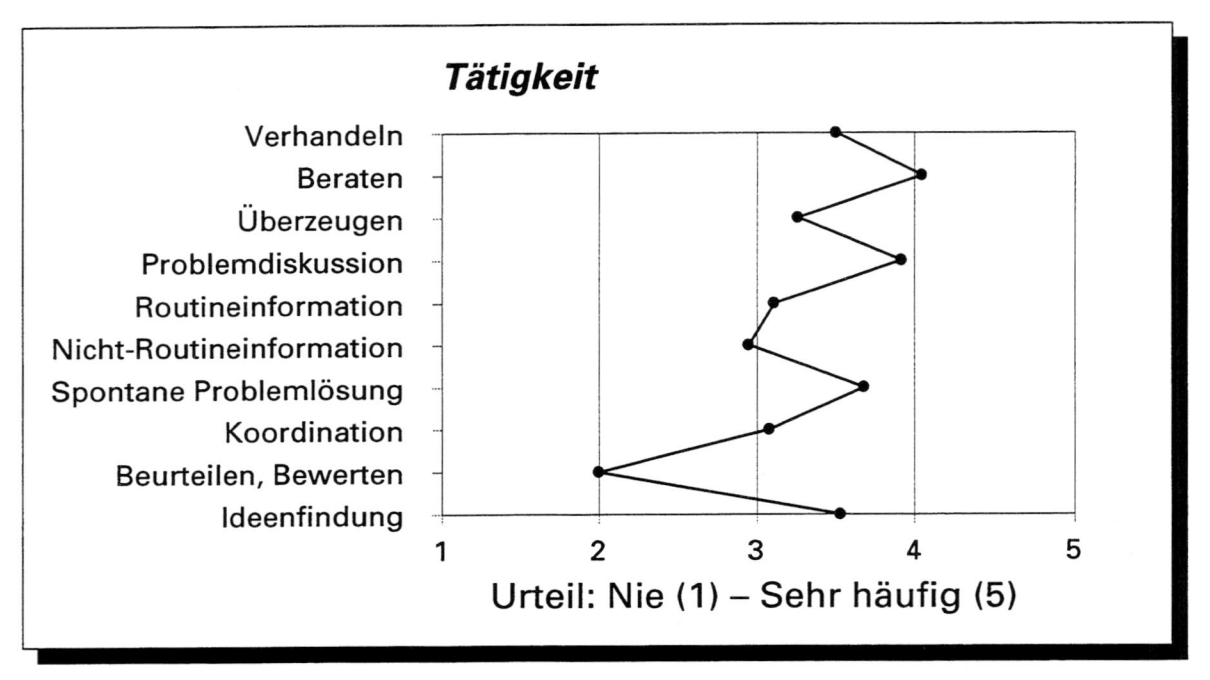

Abb. 8. Häufigkeitsurteile der ABA-Mitarbeiter über verschiedene interaktive Tätigkeiten

Alle interaktiven Tätigkeiten werden von den wohnungszentrierten ABA-Mitarbeitern häufiger zu Hause ausgeübt als von den bürozentrierten. Der Gesamtmittelwert liegt in der Gruppe der wohnungszentrierten ABA-Mitarbeiter bei 3.2, und zwar mit einer annähernd gleichwertigen Betonung beider Arbeitsorte, in der Gruppe der bürozentrierten ABA-Mitarbeiter bei 3.9, jetzt mit einer deutlichen Präferenz für den Betrieb (s. $p < 0.01$). Das heißt, daß diese Gruppe für Interaktionen den Face-to-face-Kontakt, der ja nur im Betrieb möglich ist, noch für weitgehend unverzichtbar hält, die wohnungszentrierten ABA-Mitarbeiter aber bereits stärker – und erfolgreich – auf technisch vermittelte Kommunikation zurückgreifen.

Drei Tätigkeiten werden von den wohnungszentrierten ABA-Mitarbeitern sogar bevorzugt zu Hause ausgeführt: *spontane Problemlösung, Beurteilen, Bewerten* und *Ideenfindung*. Bei den beiden letzteren ist dies nicht allzu verwunderlich, da darin ein hoher Anteil konzentrierter Einzelarbeit enthalten ist. *Spontane Problemlösung* dagegen kann sich sowohl auf einen nicht vorher geplanten Kontakt zur Klärung eines Problems als auch darauf beziehen, sich

5.5 Interaktive Tätigkeiten

spontan in Einzelarbeit an dessen Lösung zu versuchen. Letzteres dürfte nach allen Äußerungen der Befragten die wahrscheinlichere Interpretation sein.

Ebenfalls eingetragen sind in Abbildung 9 die Antworten der Vorgesetzten auf die Frage, an welchem Arbeitsort ihrer Meinung nach ABA-Mitarbeiter die einzelnen Tätigkeiten ausführen sollten. Man sieht, daß die Meinung der Vorgesetzten teilweise der der bürozentrierten ABA-Mitarbeiter sehr ähnlich ist. Besonders bei den stark interaktiven Tätigkeiten wie *Verhandeln, Überzeugen* und *Nicht-Routineinformation* erscheint ihnen die persönliche Anwesenheit im Betrieb noch wichtiger als den bürozentrierten ABA-Mitarbeitern. Hierin spiegelt sich die, auch in unserer Befragung von 40 Führungskräften der Wirtschaft gefundene, starke Betonung des Face-to-face-Kontakts bei Managern wieder. Auf der anderen Seite zeigt sich eine hohe Übereinstimmung mit der Gruppe der wohnungszentrierten ABA-Mitarbeiter bei den Tätigkeiten *Beraten, Beurteilen-Bewerten* und *Ideenfindung*, die ja weniger Interaktion verlangen.

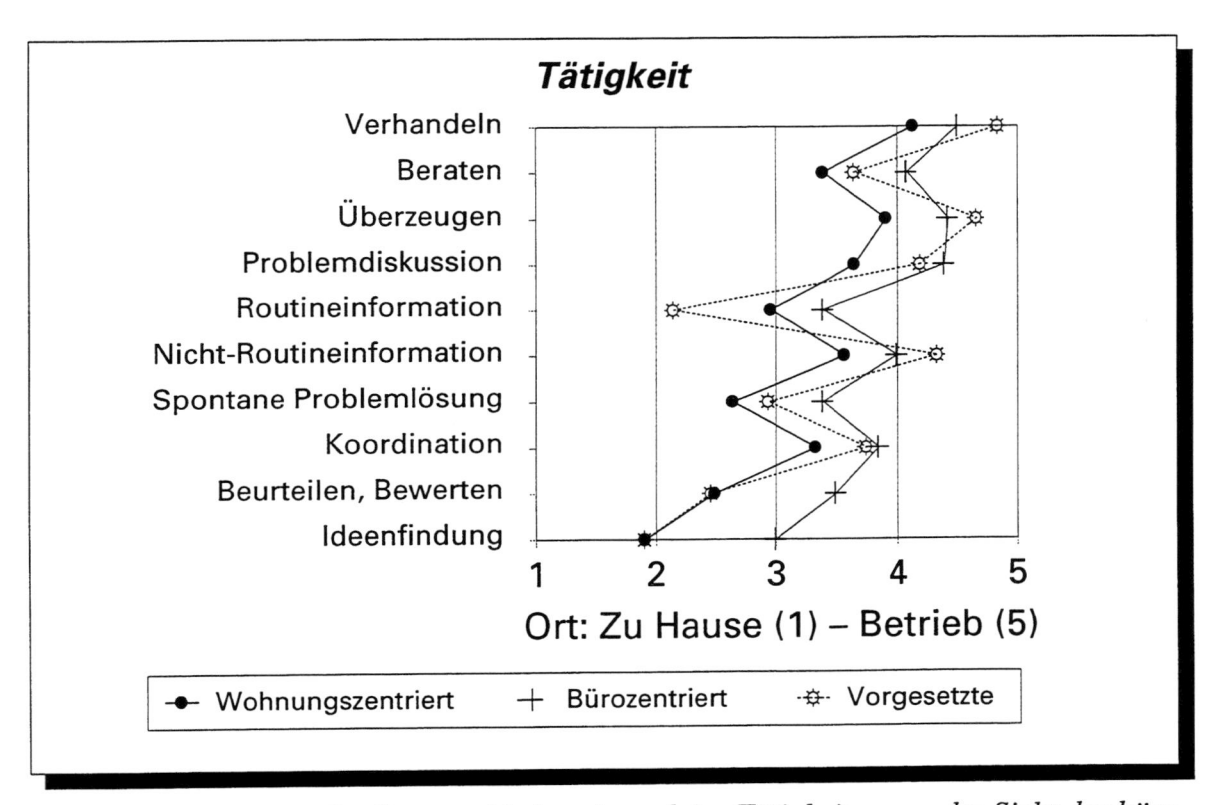

Abb. 9. Bevorzugter Ort für verschiedene interaktive Tätigkeiten aus der Sicht der bürozentrierten und wohnungszentrierten ABA-Mitarbeiter sowie der Vorgesetzten

Am stärksten würden Vorgesetzte den *Austausch routinemäßiger Information* nach Hause verlagern. Sie unterscheiden sich darin signifikant von beiden ABA-Gruppen. Möglicherweise spiegeln sich hier eigene Erfahrungen mit dem Home-Terminal wieder, das ja von vielen Führungskräften außerhalb der regulären Arbeitszeit für Routinearbeiten wie beispielsweise Posterledigung benützt wird.

Zusammengefaßt läßt sich sagen, daß bezüglich der Verlagerung interaktiver Tätigkeiten nach Hause die Gruppe der wohnungszentrierten ABA-Mitarbeiter im Moment noch eine Vorreiterrolle übernommen zu haben scheint. Man sollte ihre – bis jetzt positiven – Erfahrungen sorgfältig weiter verfolgen.

5.6 Die technische Ausstattung des häuslichen Arbeitsplatzes

Die Fragen nach der technischen Ausstattung des häuslichen Arbeitsplatzes nahmen im Interview einen relativ breiten Raum ein, da es in der Anfangsphase des Modellversuches zu Klagen über technische Unzulänglichkeiten gekommen war. Außerdem hatten wir erwartet, daß IBM-Angehörige sehr hohe Ansprüche an ihre technische Ausstattung stellen würden. Deshalb haben wir bei den Fragen nach weiteren technischen Geräten, die die ABA-Mitarbeiter benötigten, die ausdrückliche Kategorie *nicht nur ganz nützlich, sondern zwingend notwendig* vorgegeben. Vorweggenommen sei, daß sich beide Erwartungen nicht erfüllt haben. Zum einen erwiesen sich die ABA-Mitarbeiter als sehr kostenbewußt, waren also durchaus bereit, gewisse technische Unzulänglichkeiten aus Kostengründen als unvermeidlich hinzunehmen. Zum anderen wurde wiederholt bestätigt, daß bestimmte technische Probleme, vor allem aus der Anfangszeit des *Pilotprojekts Home-Terminal*, mittlerweile im wesentlichen gelöst seien. Abbildung 10 zeigt die Ergebnisse. Sie stellen sich im einzelnen folgendermaßen dar.

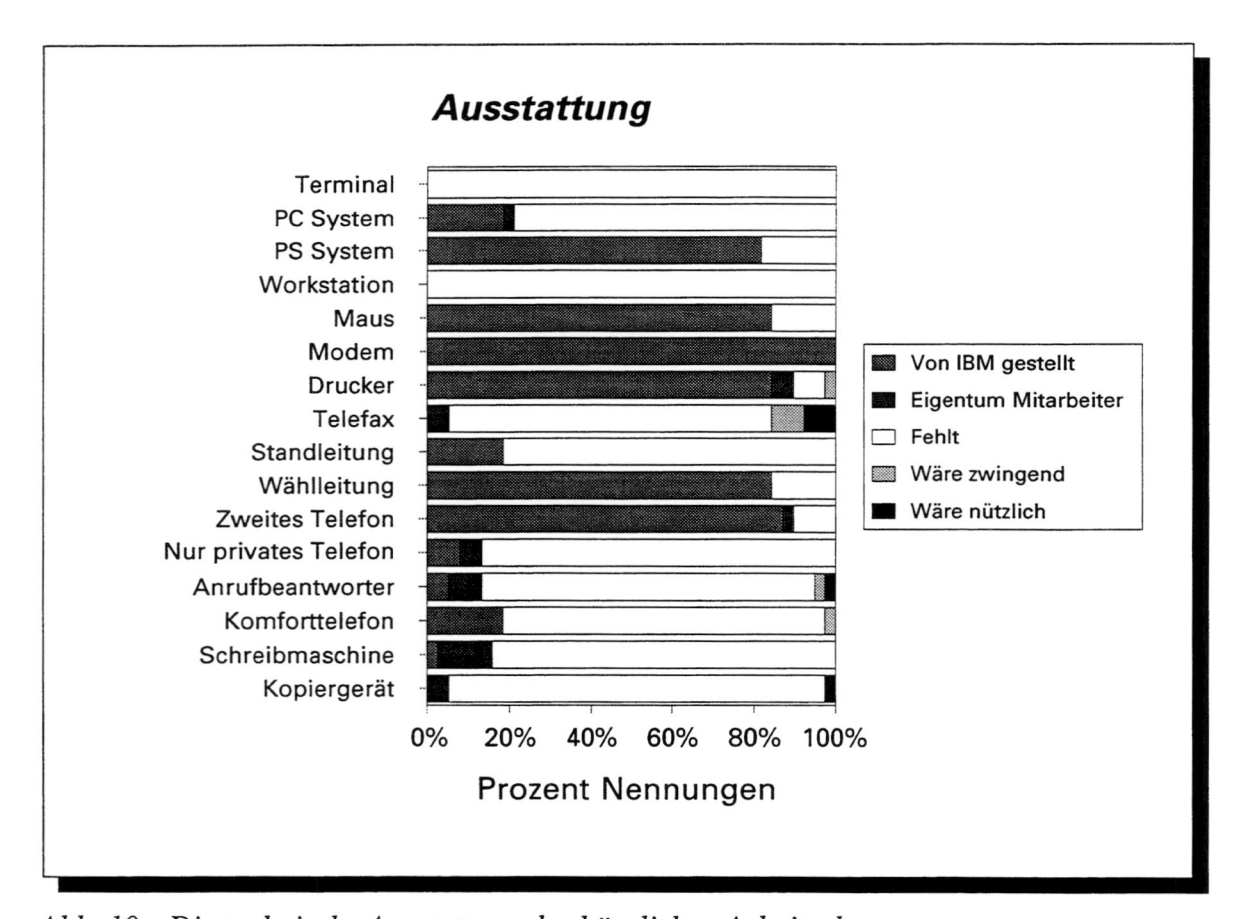

Abb. 10. Die technische Ausstattung des häuslichen Arbeitsplatzes

5.6 Die technische Ausstattung des häuslichen Arbeitsplatzes

Über 80 % der Befragten arbeiten zu Hause an einem PS-System mit Maus und Drucker und sind über eine Wählleitung (84.2 %) oder über eine Standleitung (18.4 %) mit dem IBM-Netz verbunden (s. Fragen 7.3.1 u. 7.3.2). Für 3 Mitarbeiter wäre nach eigener Einschätzung ein Faxgerät bei ihrer Arbeit *zwingend notwendig*, für 3 weitere zumindest *ganz nützlich*. Als Grund gaben alle 6 Mitarbeiter die Vereinfachung der Literaturbeschaffung aus der IBM-internen Bibliothek bzw. den Austausch von Unterlagen mit externen Kunden an.

Die Qualität des PC/PS-Systems wurde bezüglich Größe, Flimmerfreiheit, Auflösung und Farbe des Bildschirms, der lokalen Speicher- und Rechenleistung und der Peripherie in der überwiegenden Zahl der Fälle als ebenso gut wie im Betrieb oder sogar als besser bewertet. Eine geringere Qualität im einen oder anderen Punkt wurde nur in sehr wenigen (jeweils maximal 4) Fällen als eine deutliche Behinderung der Arbeit bemängelt. 3 Mitarbeiter klagten darüber, daß die Tastatur, die sie zu Hause verwenden, von derjenigen im Betrieb abweicht. Beim Wechsel zwischen der Arbeit zu Hause und im Betrieb hat das sehr viele Tippfehler zur Folge. Obwohl nur 3 Mitarbeiter von diesem Problem betroffen sind, soll es hier hervorgehoben werden. Aus psychologischer Sicht ist das ständige Schreiben auf einer Tastatur eine automatisierte Handlung, die durch *inkonsistente Zuordnung*, in diesem Falle also durch unterschiedliche Anordnung der Tasten auf verschiedenen Tastaturen, die von einer Person im Wechsel zu benutzen sind, empfindlich gestört wird. Die Folge ist eine erhebliche Verlangsamung der Arbeit und eine Erhöhung der Fehlerzahl. Sie wird als entsprechend lästig und frustrierend empfunden.

Von allen Befragten haben 9 (23.7 %) ein Modem mit 2400 Baud. Das wird generell als zu niedrig eingeschätzt. Die Zufriedenheitsurteile dieser Personen über die Baud-Rate lagen dementsprechend bei einem Mittelwert von 3.6 in Richtung *unzufrieden* auf der fünfstufigen Skala. Gerade diese Frage zeigte aber auch sehr deutlich die Bereitschaft der Mitarbeiter, sich aus Kostengründen mit ungünstigen Arbeitsbedingungen zu arrangieren. Nur 1 Mitarbeiter hält eine höhere Baud-Rate für zwingend notwendig für seine Arbeit. Zum Teil wird mit Tricks versucht, mit dieser Schwachstelle fertig zu werden, beispielsweise indem man möglichst selten »umblättert«, um den langsamen Bildschirmaufbau zu vermeiden. Dennoch sollte man aus Gründen der Arbeitseffizienz in Zukunft nicht unter 9600 Baud installieren. Die durchschnittliche Zufriedenheit ist hier mit 1.7 deutlich höher (s. $p < 0.01$) als bei 2400 Baud.

Befragt man die Mitarbeiter nach Schwachstellen ihrer Verbindung mit dem IBM-internen Netz (s. Abb. 11; Frage 7.3.7), so zeigt sich eine größere Unzufriedenheit vor allem bei den Aspekten, die eng mit der Baud-Rate zusammenhängen: der Übertragungsrate, der Geschwindigkeit des Bildschirmaufbaus und den Wartezeiten/Pausen während des Dialogs. Im Durchschnitt 47.2 % der Mitarbeiter, die mit 2400 Baud arbeiten, aber nur 8.6 % derer mit einer höheren Baud-Rate, sehen hier häufig Schwachstellen. Auf der anderen Seite tauchen Klagen über zu lange Wartezeiten und Fehler beim Wählen/Einloggen, Unterbrechungen/ Abstürze der Verbindung und Fehler beim Umschalten zwischen Tasks/Sessions nur gelegentlich auf. Als zu umständlich wird nur das Umschalten zwischen Tasks/Sessions von einer nennenswerten Zahl von Mitarbeitern empfunden.

Nicht ganz so eindeutig ist die Meinung der Befragten zu den Vorkehrungen zur Datensicherheit. Zwar empfinden über die Hälfte (57.9 %) sie als *sinnvoll und wenig hinderlich*; dem steht aber eine nicht unbeträchtliche Zahl von 39.5 % gegenüber, die sie generell als

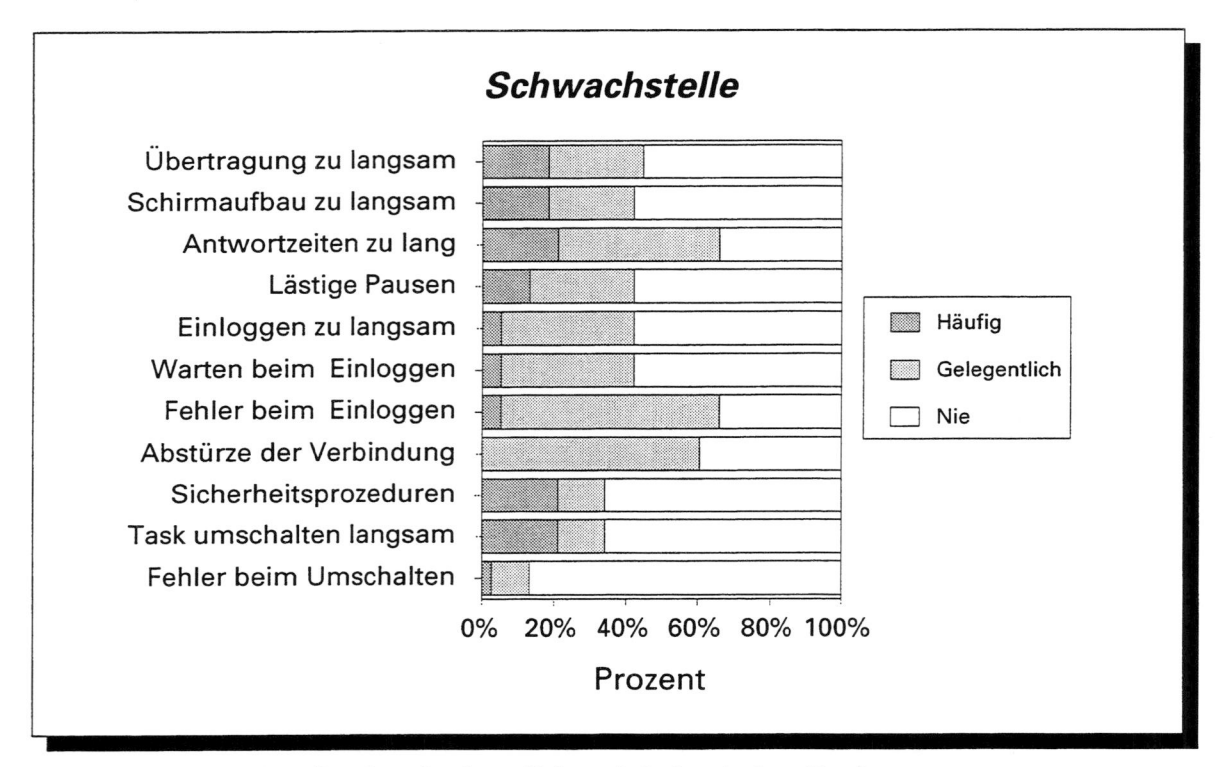

Abb. 11. Schwachstellen bei der häuslichen Arbeit mit dem Rechner

sinnvoll, aber hinderlich und 21.1 %, die sie speziell als *zu umständlich* bezeichnen. Entsprechend schwankte im Gespräch die Meinung der Befragten zwischen radikaler Ablehnung der Sicherheitsvorkehrungen als sinnlos und überflüssig, über achselzuckendes Hinnehmen des Unvermeidlichen, bis zu vollem Einverständnis. Auch in dieser Frage wurde wiederholt betont, daß seit den Anfangszeiten des *Pilotprojekts Home-Terminal* deutliche Verbesserungen eingetreten seien. Dafür spricht auch, daß von den 15 Mitarbeiten, die die Vorkehrungen zur Datensicherheit als *sinnvoll, aber hinderlich* bezeichneten, 11 keine Verbesserungsmöglichkeiten sahen und nur 4 konkrete, zum Teil sehr präzise Änderungsvorschläge machten.

Wiederum ausgehend von der eingangs erwähnten Erfahrung, daß von ABA-Mitarbeitern – zumindest in der Anfangszeit – immer wieder Klagen über technische Unzulänglichkeiten aufgetaucht waren, wurde auch die gefühlsmäßige Einstellung gegenüber der technischen Ausstattung zu Hause erfragt. Als Methode wurde das semantische Differential verwendet. Dabei war bei 19 adjektivischen Gegensatzpaaren wie zum Beispiel *angenehm-unangenehm, stark-schwach, dynamisch-statisch* jeweils anzugeben, welcher Punkt zwischen den beiden Polen in einem metaphorischen Sinne der erlebten Befindlichkeit bei der Arbeit mit der Technik zu Hause am ehesten entspricht. Die gefühlsmäßige Beurteilung wurde dabei besonders betont, weil die Befragten dazu tendierten, ihre Antworten rational abzugeben, also zum Beispiel überlegten, inwieweit ein PC in einem rein technischen Sinne *starr* oder *beweglich* sein könnte. Das resultierende Polaritätenprofil zeigt Abbildung 12 [1].

Wie schon auf den ersten Blick zu erkennen ist, kann von Frustrationen am häuslichen Arbeitsplatz nicht die Rede sein, ganz im Gegenteil: Das Polaritätenprofil zeigt eine durchgehend sehr positive Gefühlslage, alle Mittelwerte liegen über dem neutralen Wert 3.0. Am

5.6 Die technische Ausstattung des häuslichen Arbeitsplatzes

ausgeprägtesten sind die Angaben bei den Adjektivpaaren, die eine Bewertung auf der Dimension *gut-schlecht* ausdrücken wie *angenehm, gelöst, positiv* und *gut*, und bei denen, die mit Aktivität verbunden sind wie *dynamisch, beweglich, aktiv*. Nicht weiter verwunderlich ist, daß sich die Baud-Rate auf diese Urteile auswirkte. Mitarbeiter mit 2400 Baud empfanden ihre Technik als nicht ganz so *angenehm* (M = 3.7 im Vergleich zu M = 4.5 bei 9600 Baud; s. $p < 0.05$) und als eher *langsam* (M = 2.6 im Vergleich zu M = 3.7 bei 9600 Baud; s. $p < 0.01$).

Wohnungszentrierte und bürozentrierte ABA-Mitarbeiter unterscheiden sich in ihrer gefühlsmäßigen Einstellung praktisch nicht. Die Ausnahme ist, daß die wohnungszentrierten ABA-Mitarbeiter ihre Technik als deutlich *schneller* erleben als die bürozentrierten (M wohnungszentriert = 3.8, M bürozentriert = 2.7; s. $p < 0.01$), obwohl die Qualität der Ausstattung in beiden Gruppen gleich ist. Dieses Ergebnis dürfte jedoch daher kommen, daß unter den wohnungszentrierten ABA-Mitarbeitern nur 8.3 %, unter den bürozentrierten hingegen 50 % ein Modem mit 2400 Baud benutzen.

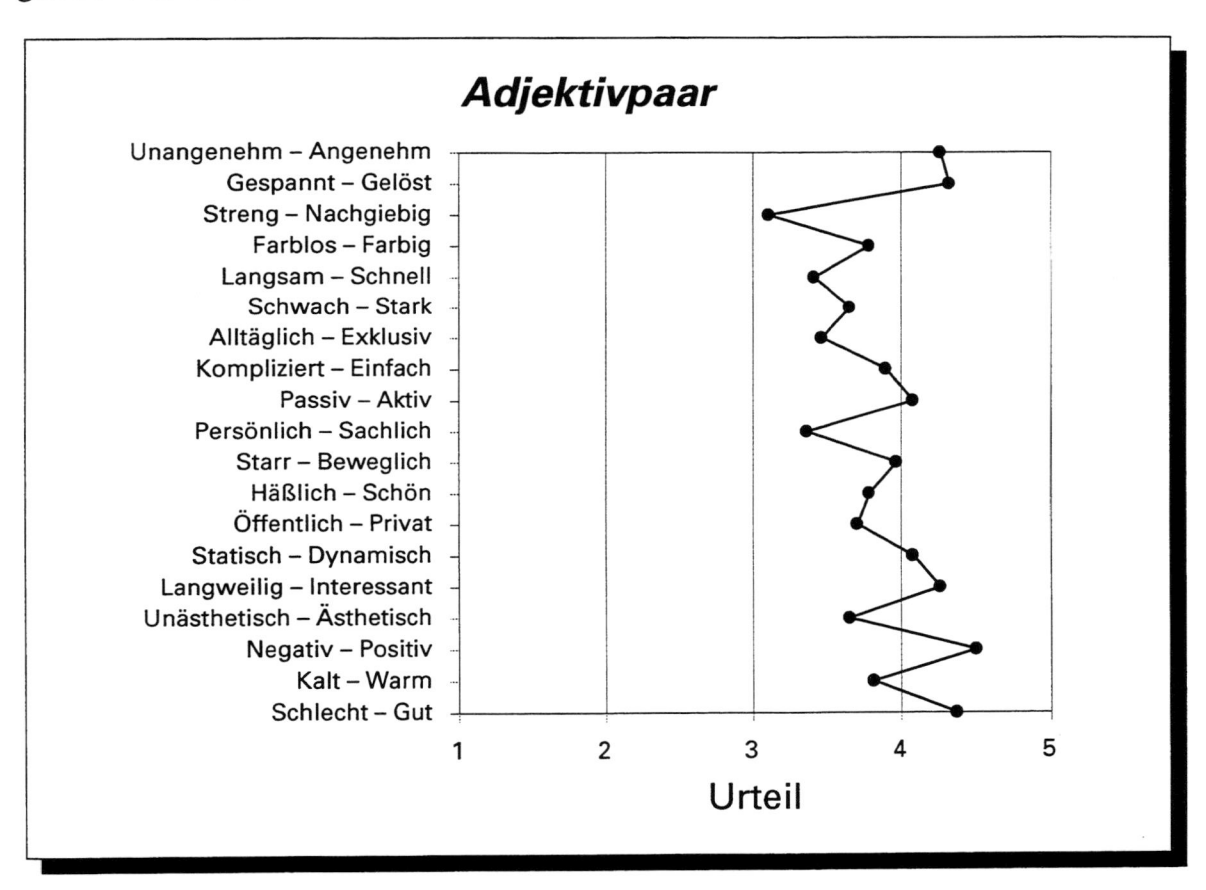

Abb. 12. Die emotionale Bewertung der Arbeit mit der Technik zu Hause

---

1 Um stereotype Antworttendenzen zu vermeiden, wurden bei der Befragung die Pole der Gegensatzpaare so variiert, daß der inhaltlich positiv bewertete Pol sowohl mit einer hohen, als auch mit einer niedrigen Zahl auf der Schätzskala verbunden sein konnte. Aus Gründen der besseren Anschaulichkeit wurden aber in Abbildung 12 alle Mittelwerte so gepolt, daß einer hohen Zahl stets eine positive Wertung entspricht.

Obwohl die Antworten explizit nur auf die technische Ausstattung bezogen werden sollten, ist anzunehmen, daß zu einem Teil auch die positive Bewertung der gesamten Situation zu Hause mit in die Urteile eingeflossen ist. Nur so ist eigentlich zu erklären, daß Frauen in ihrer Bewertung noch stärker in Richtung *gut* und *beweglich* tendieren als Männer (s. $p < 0.05$), da für die meisten Frauen eine ABA die optimale Lösung des Problems darstellt, Berufsarbeit und Kinderbetreuung flexibel miteinander zu verbinden.

Zusätzlich zur technischen Ausstattung wurden noch die wichtigsten Informationen zur Möblierung der häuslichen Arbeitsstätte erhoben (Frage 7.3.11). Praktisch alle häuslichen Arbeitsplätze verfügen über einen Schreibtisch (94.7 %), fast alle über einen ergonomischen Bürostuhl (84.2 %). Rund die Hälfte haben einen Computer-/Bildschirmtisch (57.9 %), einen Druckertisch (47.4 %), einen Hänge-, Roll- oder Standcontainer (47.4 %) und einen Schrank (55.3 %). Andere Ausstattungselemente (Ablagetisch, Pinnwand usw.) sind überwiegend nicht vorhanden.

5.7 Auswirkungen der ABA auf die Arbeit im Urteil der Mitarbeiter

5.7.1 Generelle Auswirkungen auf die Arbeitseffizienz

Im Interview wurden die Mitarbeiter zunächst nach ihren ursprünglichen Erwartungen gegenüber dem Arbeiten zu Hause und dann danach gefragt, welche dieser Erwartungen sich erfüllt haben (Fragen 7.4.8, 7.4.9 und 7.5.3; s. Abb. 13). Dabei zeigte sich zum einen ein hoher Zusammenhang zwischen Erwartungen und jetziger Situation (alle Korrelationen s. $p < 0.01$). Zum anderen bewerteten alle Befragten, also auch die, die sich aus privaten Gründen (Krankheit, Kinderbetreuung) um eine außerbetriebliche Arbeitsstätte beworben hatten, die Auswirkung des häuslichen Arbeitsplatzes auf ihre berufliche Arbeit extrem positiv. 95.8 % der wohnungszentrierten und 57.1 % der bürozentrierten ABA-Mitarbeiter gaben an, zu Hause *ungestörter* arbeiten zu können (s. $p < 0.01$) als im Betrieb. 91.7 % der wohnungszentrierten und 71.4 % der bürozentrierten ABA-Mitarbeiter gaben an, daß sie zu Hause *effektiver* arbeiten. 70.8 % der wohnungszentrierten und 42.9 % der bürozentrierten ABA-Mitarbeiter glauben, daß sie zu Hause *produktiver* (Frage 7.5.20) arbeiten können als im Betrieb (s. $p < 0.05$). Als Hauptursache für die Effektivitätssteigerung wird dabei immer wieder die Möglichkeit zu konzentrierter Einzelarbeit genannt, die im Betrieb wegen häufiger Störungen durch Telefonanrufe und persönliche Ansprache infolge der Tatsache, daß meist mehrere Kollegen in einem Büro zusammen arbeiten, erheblich eingeschränkt ist (nur 5 der 38 Befragten haben im Betrieb ein Büro für sich alleine). Bei denjenigen, die angaben, zu Hause nicht ungestörter als im Betrieb arbeiten zu können (18.4 %), lag es nahe, an Störungen aus der Privatsphäre zu denken. Dies ließ sich jedoch nicht bestätigen: Es handelt sich hier vor allem um Mitarbeiter, deren Tätigkeit durch viele Anrufe von Kollegen oder Kunden mit Bitten um Hilfe bei Problemen gekennzeichnet ist (z. B. Wartungsarbeiten).

Auf einer ABA *weniger kontrolliert zu werden,* hatte kein Mitarbeiter erwartet und nur 5 (13.2 %) Befragte fühlen sich heute tatsächlich weniger kontrolliert als früher. Ähnliches, wenn auch mit etwas höheren Zahlenangaben, gilt für das *selbständigere Arbeiten zu Hause:* 18.4 % hatten dies erwartet und 31.6 % glauben, daß sie heute selbständiger arbeiten. Dies mag auf den ersten Blick überraschend wirken, da bei der Diskussion der Probleme außerbetrieblicher Arbeitsplätze vor allem die geringere Möglichkeit zur Kontrolle des Mitarbei-

5.7 Auswirkungen der ABA auf die Arbeit im Urteil der Mitarbeiter

Erwartung/Erfahrung

- Selbständiger arbeiten
- Ungestörter arbeiten
- Später beginnen können
- Effektiver arbeiten
- Angenehmere Atmosphäre
- Persönlicher Tagesrhythmus
- Gute Einfälle aufgreifen
- Umweltschutz
- Kosten sparen
- Computer besser nutzen
- Weniger Kontrolle
- Erledigungen tagsüber

Prozent (0 – 100)

■ Erwartung
■ Erfahrung

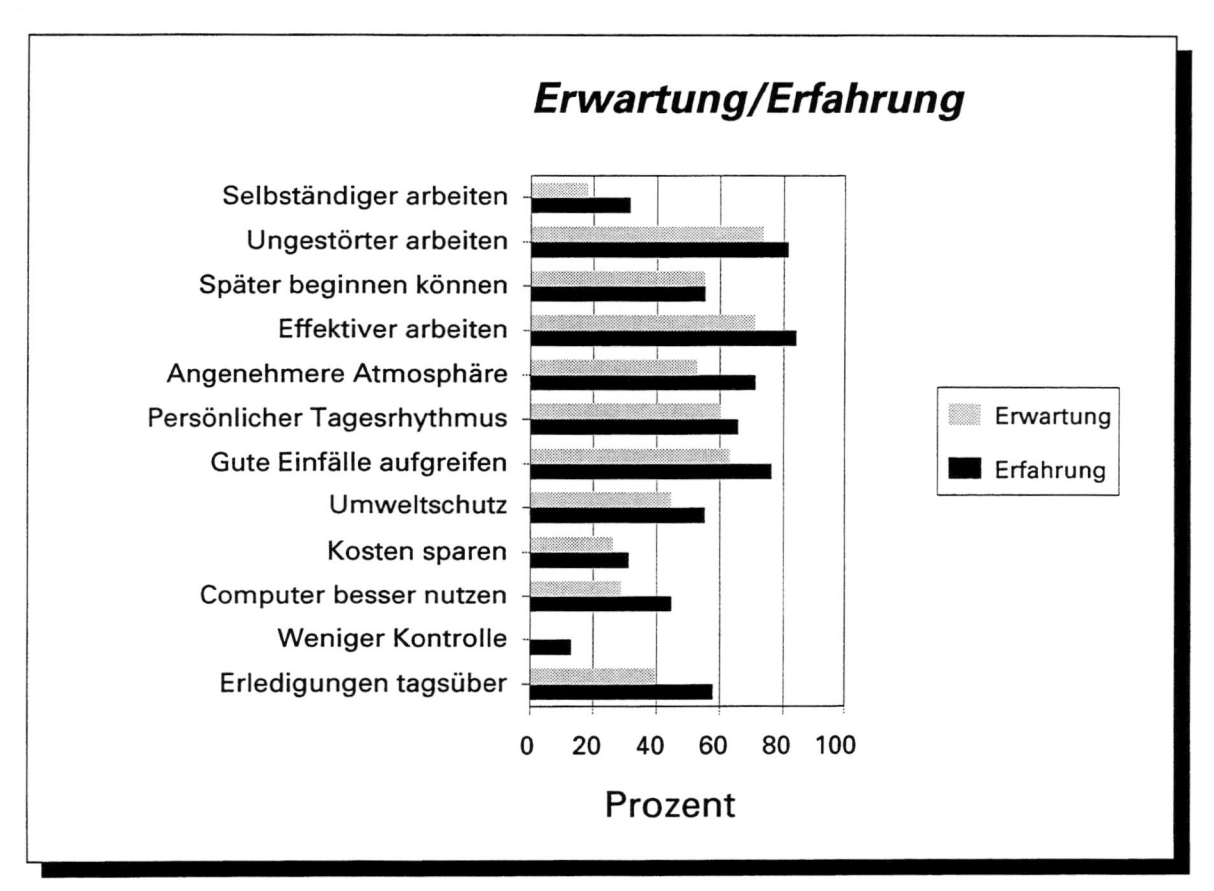

Abb. 13. Erwartungen und Erfahrungen der ABA-Mitarbeiter

ters und die Betonung der Fähigkeit zu selbständigem Arbeiten eine herausragende Rolle spielen. Die Erklärung ist jedoch in unserem Falle sehr einfach, da praktisch alle Mitarbeiter betonten, schon immer sehr selbständig gearbeitet zu haben und von ihrem Vorgesetzten nicht durch »Über-die-Schulter-Schauen«, sondern durch Bewertung ihrer Arbeitsergebnisse kontrolliert zu werden. Die niedrigen Zahlenwerte der Angaben sind also ein *Floor Effekt*, da auch die Arbeit im Betrieb schon als wenig fremdkontrolliert und sehr selbständig empfunden wird.

Eine herausragende Rolle spielte für beide Gruppen die Möglichkeit, *gute Einfälle auch außerhalb der regulären Arbeitszeit aufgreifen* zu können. Sie wurde von 76.3 % aller Befragten als Vorteil genannt. Dazu gehört es insbesondere, plötzlich auftauchende Ideen für Problemlösungen sofort am Home-Terminal ausprobieren zu können. Darüberhinaus wird ein allgemeiner Austausch oder Abruf von Informationen, wie z. B. die Lektüre von elektronischer Post, der häufig morgens vor oder abends nach der regulären Arbeitszeit zu Hause stattfindet, von vielen Mitarbeitern als Mittel der Streßverminderung für den gesamten Arbeitstag außerordentlich geschätzt. Damit lohnt sich ein Home-Terminal auch für diejenigen, die es nur stundenweise nutzen, also die bürozentrierten ABA-Mitarbeiter, da dadurch die Kernarbeitszeit im Betrieb von peripheren Informations- und Kommunikationsroutinen entlastet wird. Eine beträchtliche psychische Erleichterung geht auch davon aus, daß plötzlich bewußt werdende Kommunikationserfordernisse durch die spontane Eingabe einer elektronischen Nachricht sofort erfüllt werden können und nicht mehr als unerledigte Aufgaben auf den nächsten Tag verschoben werden müssen.

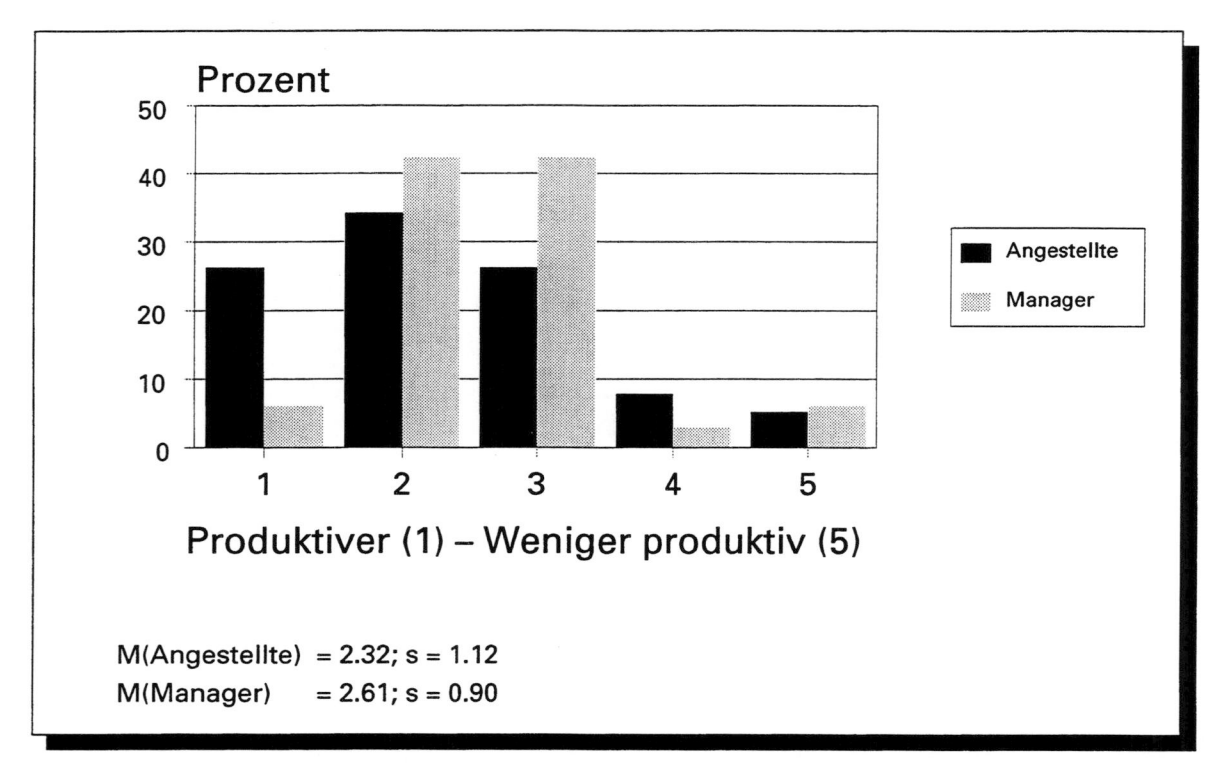

Abb. 14. Die Produktivität zu Hause verglichen mit dem Büro im Urteil der ABA-Mitarbeiter und ihrer Manager

Nach der Produktivität bei der häuslichen Berufsarbeit haben wir die ABA-Mitarbeiter auch noch an einer anderen Stelle befragt, und zwar im sinngemäß gleichen Wortlaut wie ihre Manager (Fragen 7.5.20 und 8.23). Abbildung 14 gibt die Resultate wieder. Sie bestätigen, daß die außerbetriebliche Produktivität nicht nur von den Mitarbeitern, sondern auch von ihren Vorgesetzten höher eingeschätzt wird. Allerdings sind die Manager in ihrem Urteil etwas zurückhaltender.

5.7.2 Auswirkungen der erhöhten Flexibilität auf den persönlichen Tagesablauf

Für 74.3 % der ABA-Mitarbeiter ohne feste Zeitvorgaben durch Schichtarbeit haben sich mehr oder weniger *feste häusliche Arbeitszeiten* herausgebildet. Bei 82.9 % sind die häuslichen Arbeitszeiten zumindest etwas anders über den Tag verteilt als bei der Arbeit im Betrieb (Fragen 7.5.1 und 7.5.2; s. Abb. 15). Für die Gruppe der bürozentrierten ABA-Mitarbeiter steht hierbei mit 78.6 % die Möglichkeit, ihre Arbeitszeiten stärker den beruflichen Anforderungen anpassen zu können, im Vordergrund (Frage 7.5.3). Die Gruppe der wohnungszentrierten ABA-Mitarbeiter äußerte diese Möglichkeit nur in 20.8 % der Fälle, da sie durch familiäre Anforderungen wie beispielsweise Schul- und Kindergartenzeiten stärker in einen festen Tagesablauf eingebunden ist. Für sie überwog naturgemäß mit 83.3 % der Angaben die Möglichkeit, stärker nach einem persönlich gewählten Tagesrhythmus arbeiten zu können.

5.7 Auswirkungen der ABA auf die Arbeit im Urteil der Mitarbeiter

Irrelevant
3 8%
Im wesentlichen gleich
6 16%

Etwas anders
14 37%

Deutlich anders
15 39%

»Verteilen Sie Ihre Arbeitszeiten anders als früher oder haben Sie Ihre betrieblichen Arbeitszeiten beibehalten?«

Irrelevant
3 8%
Nein
9 24%

Ja
26 68%

»Gibt es bei Ihrer Arbeit zu Hause eine typische Verteilung der täglichen Arbeitszeiten?«

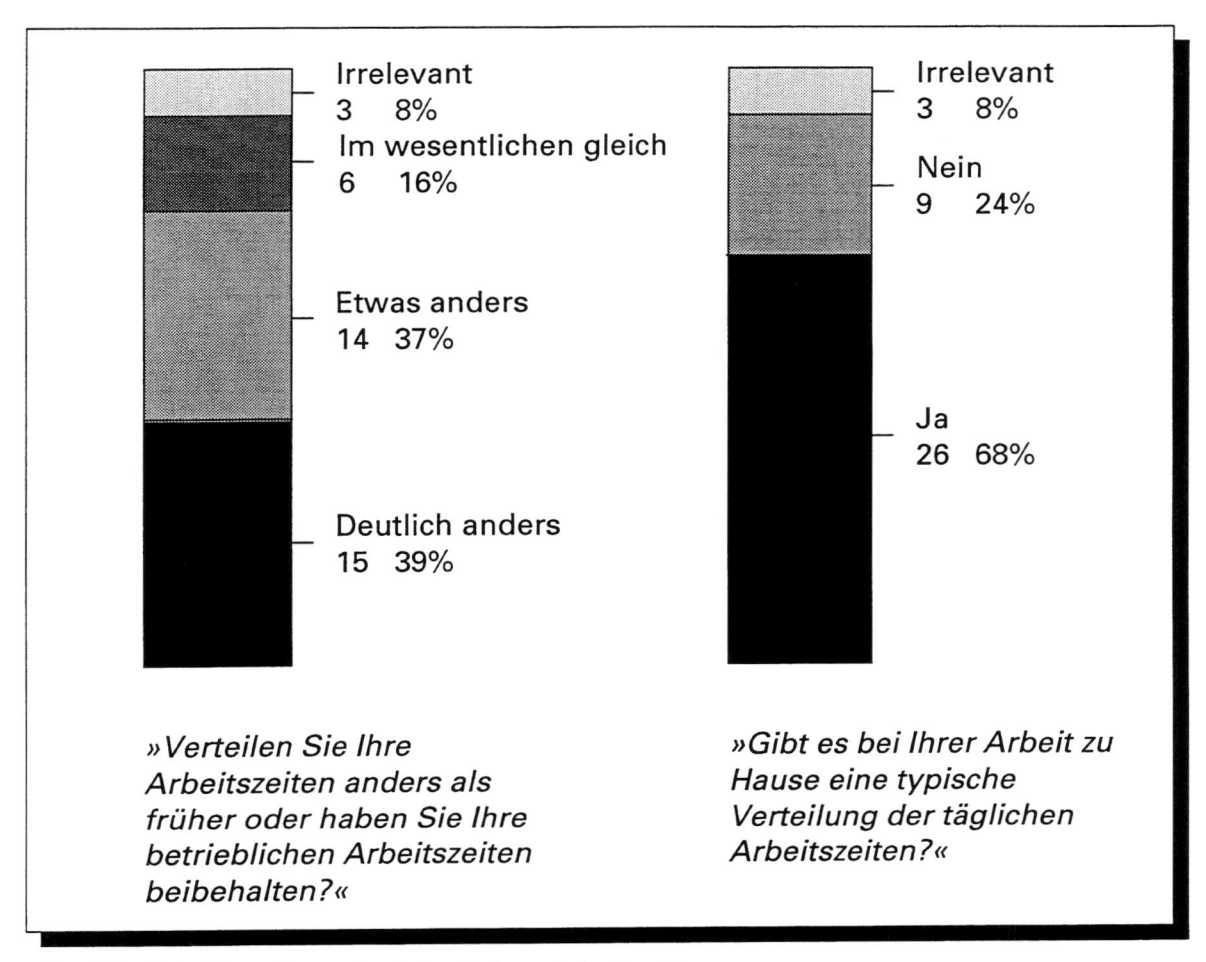

Abb. 15. Die Verteilung der häuslichen Arbeitszeit

5.7.3 Die Bewertung der erhöhten Flexibilität des Tagesablaufs

Die Möglichkeit zur flexibleren Einteilung der täglichen Arbeitszeit wurde durchgängig sehr positiv bewertet: Nur 1 bürozentrierter und 2 wohnungszentrierte ABA-Mitarbeiter fühlen sich am wohlsten, wenn sie auch zu Hause ihre früheren betrieblichen Arbeitszeiten beibehalten können.

Die Einzelfragen zur häuslichen Arbeitsweise erbrachten die folgenden Resultate (vgl. Abb. 13). 65.8 % der ABA-Mitarbeiter arbeiten stärker als früher nach ihrem persönlichen Tagesrhythmus, 55.3 % fangen speziell morgens auch einmal später – oder früher – mit der Arbeit an und 83.3 % der wohnungszentrierten sowie 50.0 % der bürozentrierten ABA-Mitarbeiter (s. $p < 0.05$) empfinden die Arbeitsatmosphäre zu Hause angenehmer als im Betrieb. 57.9 % machen von der Möglichkeit gelegentlicher Besorgungen (Einkaufen, Behördengänge, Handwerkertermine) während der üblichen Dienstzeit Gebrauch und 52.6 % legen während der Arbeit auch einmal Pausen ein, wenn sie sich müde fühlen oder mit einem Problem nicht richtig vorankommen (s. Abb.16).

Allerdings gibt es berufsbedingte Grenzen der Flexibilität im Tagesablauf: Immerhin 44.7 % der Mitarbeiter gaben an, daß es *einige* bis *viele* berufliche Notwendigkeiten gibt, durch die

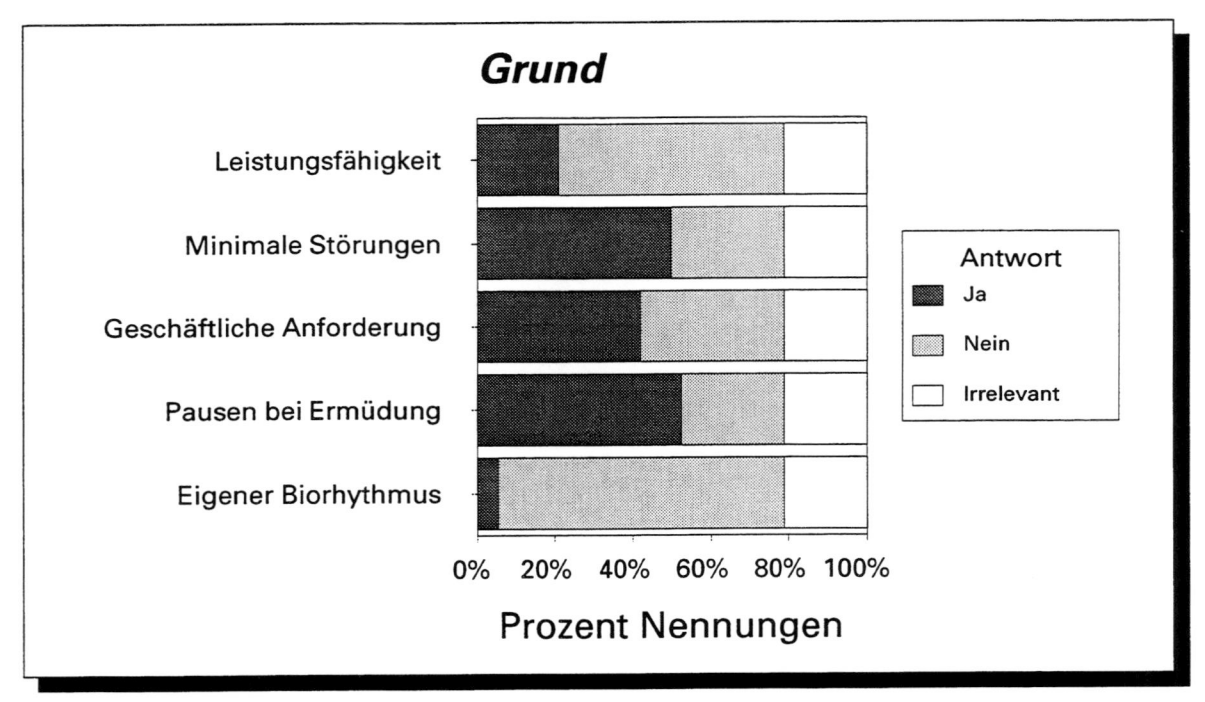

Abb. 16. Die Gründe für die Verteilung der häuslichen Arbeitszeit

sie auf bestimmte Arbeitszeiten festgelegt werden, und für 23.7 % der Befragten war die Erreichbarkeit zu Hause während der Kernarbeitszeit von großer Bedeutung. Daher ist es auch nicht verwunderlich, daß nur 21.1 % angaben, vermehrt dann zu arbeiten, wenn sie sich am leistungsfähigsten fühlen. Damit steht sicher auch in Zusammenhang, daß sich die nach eigener Einschätzung ausgeprägten *Morgenmenschen* in ihren Antworten auf die verschiedenen Flexibilitätsfragen nicht signifikant von den ausgeprägten *Nachtmenschen* unterschieden. Gerade für Nachtmenschen wäre ja ein Tageslauf mit einer deutlichen Verlagerung der Arbeitszeit in die späten Abendstunden von Interesse. Bemerkenswert war aber an dieser Frage, bei der die Mitarbeiter ihre Selbsteinschätzung auf einer fünfstufigen Schätzskala zwischen *Morgenmensch* und *Nachtmensch* abzugeben hatten, daß alle Antworten praktisch ohne Zögern gegeben wurden, fast jeder der Befragten sich also sehr leicht einer der beiden Gruppen zuordnen konnte. Nur 4 Mitarbeiter gaben den Wert 3 an, waren also in keine Richtung besonders ausgeprägt bzw. in ihrem Urteil unentschieden. Es wurde auch im Gespräch oft betont, daß man die Arbeitszeit gerne über das bei gleitender Arbeitszeit hinaus Mögliche in Richtung Morgen- oder Abendarbeit verlagern würde.

Bemerkenswert ist noch, daß der *eigene Biorhythmus* als Grund für die Wahl der häuslichen Arbeitszeit in Frage 7.5.3 kaum genannt wurde (5.3 %, vgl. Abb. 16), während das Arbeiten nach dem *persönlichen Tagesrhythmus* in den Antworten zu Frage 7.4.9 mit 65.8 % der Nennungen (vgl. Abb. 13) eine beträchtliche Rolle spielte. Als Grund für diesen Unterschied vermuten wir, daß das Wort *Biorhythmus* unseren Befragten weniger geläufig sein könnte.

Ein deutlicher Geschlechtsunterschied zeigte sich bei der Frage, inwieweit man auf einer ABA nicht nur generell ungestörter arbeiten, sondern gezielt seine Arbeit auch auf die Zeiten verlegen kann, zu denen man nicht gestört wird. 9 von 12 Frauen (75 %) bejahten dies, wobei sie ganz offensichtlich an die Zeiten dachten, an denen sie nicht durch Kinder angesprochen

5.7 Auswirkungen der ABA auf die Arbeit im Urteil der Mitarbeiter

werden können. Bei den Männern lag der Anteil derer, die vermehrt störungsfreie Zeiten für die Arbeit nutzen, bei nur 38.5 % (s. $p < 0.05$) Dabei wurde offensichtlich an Zeiten gedacht, bei denen keine Störungen durch Anrufe u. ä. zu erwarten sind.

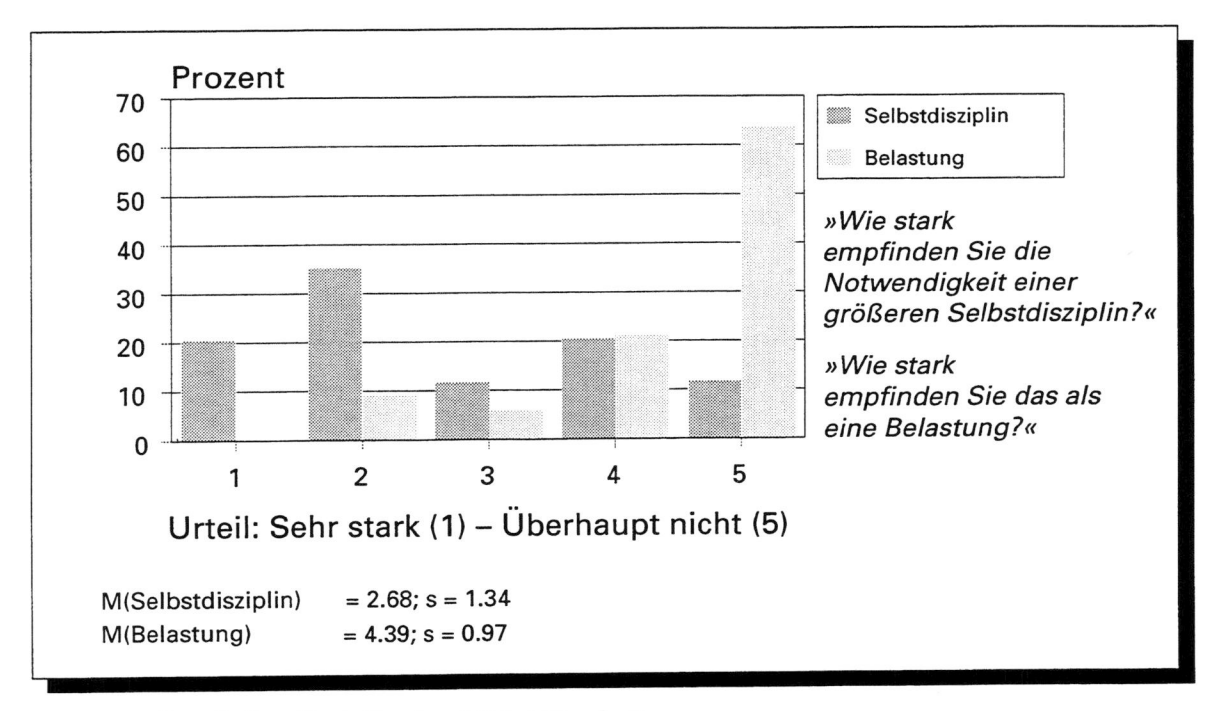

Abb. 17. Die Selbstdisziplin der ABA-Mitarbeiter

Eine interessante Frage galt der Selbstdisziplin bei häuslicher Berufsarbeit (Abb. 17). Daß damit ein höheres Maß an Selbstdisziplin verbunden ist, wird zwar von 50.0 % der Mitarbeiter *sehr stark* oder *stark* empfunden. Andererseits aber sehen 55.3 % das *überhaupt nicht* als Belastung. In die gleiche Richtung weist, daß 89.5 % angaben, zu Hause *nie* oder nur *selten* das Problem zu haben, *schwerer in Schwung zu kommen* als im Betrieb. Das kann sicher als besonderer Indikator für Mündigkeit und Souveränität bei der Gestaltung des eigenen Lebens interpretiert werden.

Bei dieser extrem positiven Einschätzung der Arbeit auf außerbetrieblichen Arbeitsstätten durch die Mitarbeiter erhebt sich natürlich die Frage, ob hier nicht Verzerrungen im Sinne einer sozialen Erwünschtheit erhoben worden sein könnten. Immerhin gaben 71.1 % der Befragten an, daß sie die Teilnahme am Modellversuch als Privileg betrachteten, und von diesen glaubten wiederum 70.4 %, daß sie von ihren Kollegen zumindest etwas darum beneidet würden. Darüberhinaus glaubten 44.7 % der Befragten, daß sich zumindest einige Kollegen in erster Linie wegen des Prestiges um eine ABA beworben hätten (Frage 7.4.24). Dies könnte zu der Vermutung führen, daß ein Home-Terminal als Statussymbol betrachtet wird und deshalb der Nutzen für die Arbeit übertrieben positiv dargestellt wird. Gegen dieses Verständnis von *Privileg* spricht allerdings die durchgängig sehr hohe intrinsische, d. h. an der Arbeit selbst und weniger an Statussymbolen orientierte Leistungsmotivation der Befragten. So gaben 76.3 % von ihnen an, sie würden im Zweifelsfall eine Arbeit, die Ihnen Spaß macht, gegenüber einem beruflichen Aufstieg mit einer Arbeit, die ihnen weniger liegt, bevorzugen. 52.6 % wünschen sich einen Vorgesetzten, der seine Mitarbeiter primär durch Freude an der Sache und weniger durch äußere Anreize (Geld, Statussymbole) motiviert. Natürlich könnten diese Antworten noch immer Ausdruck einer Antworttendenz in Richtung auf soziale Erwünschtheit sein. Dagegen spricht aber, daß immerhin 20.7 % derer, die sich für das Beibehalten der ursprünglichen Arbeit entschieden hatten, spontan berichteten, auch in Wirklichkeit aus diesem Grunde bereits einmal einen beruflichen Aufstieg ausgeschlagen zu haben.

Zwei weitere Ergebnisse belegen das generell sehr offene und selbstbewußte Antwortverhalten der Interviewten: Auf die Frage, ob ihnen die beruflichen Aufgaben oft wichtiger seien als viel Freizeit oder interessante Hobbys, entsprach der Durchschnitt der Antworten exakt dem Mittelwert der fünfstufigen Skala. Dies bedeutet, daß Beruf und Freizeit als durchaus gleichwertig angesehen werden. Wären die Antworten stark durch soziale Erwünschtheit geprägt gewesen, wäre eine Verschiebung in Richtung *berufliche Aufgaben* zu erwarten gewesen. Das gleiche Bild ergibt sich bei der Frage nach dem Einsatz für den Beruf. Zwar glauben 81.6 %, daß *man mehr tun muß als von einem verlangt wird*, wenn man seinen Beruf ernst nimmt, aber nur ungefähr die Hälfte gab an, sich *oft* stärker einzusetzen als erwartet, während die andere Hälfte in dieser Frage *manchmal* äußerte. Auch hier hätte bei einem Antwortverhalten in Richtung sozialer Erwünschtheit sehr viel häufiger die Antwort *oft* gegeben werden müssen.

Dies alles spricht dafür, daß die Mitarbeiter den Begriff *Privileg* im Zusammenhang mit der Teilnahme am Modellversuch der außerbetrieblichen Arbeitsstätten nicht als Statussymbol, sondern eher im Sinne eines Vorrechtes verstehen, das ihnen von der IBM gewährt wird. Besonders Mitarbeiter, die aus privaten Gründen einen Großteil ihrer Arbeitszeit zu Hause verbringen, waren sich des hohen Ausmaßes an Vertrauen, das damit in sie gesetzt wurde, sehr stark bewußt. Dies erklärt auch das bereits erwähnte hohe Kostenbewußtsein der Interviewten bezüglich der technischen Ausstattung zu Hause.

5.8 Anfängliche Befürchtungen der ABA-Mitarbeiter

Nach den generell positiven Erwartungen der ABA-Mitarbeiter ist es nicht weiter verwunderlich, daß nur relativ wenige von ihnen angaben, auch gewisse Befürchtungen bezüglich des Arbeitens zu Hause gehabt zu haben (Frage 7.4.10; Abb. 18). Die Zahl angegebener Befürchtungen, die sich auch bewahrheitet haben, ist auffallend gering. Sie betreffen hauptsächlich die Gruppe der wohnungszentrierten ABA-Mitarbeiter und geben daher trotz ihrer geringen Häufigkeit wichtige Hinweise für die zukünftige Entwicklung.

Am größten waren die Befürchtungen unter den wohnungszentrierten ABA-Mitarbeitern, die betriebliche Kommunikation könnte sich verschlechtern, wenn man nicht mehr täglich im Betrieb anwesend ist: 50.0 % hatten diese Befürchtung und für 25.0 % hat sie sich auch bewahrheitet. Zudem fühlten sich 9 wohnungszentrierte ABA-Mitarbeiter (37.5 %) *schlechter informiert als früher,* wenn sie zu einer Besprechung in den Betrieb fahren (Frage 7.5.25). Nach allem, was später noch über die Bedeutung der informellen Kommunikation erhoben wurde, ist dies nicht verwunderlich. Für die bürozentrierten ABA-Mitarbeiter, die ja praktisch täglich im Betrieb sind, hatte diese Frage erwartungsgemäß kaum Bedeutung. Interessant ist hier ein deutlicher Geschlechtsunterschied: Innerhalb der Gruppe der wohnungszentrierten ABA-Mitarbeiter sind es primär die Frauen, die diese Befürchtung hatten (80.0 % im

5.8 Anfängliche Befürchtungen der ABA-Mitarbeiter

Befürchtung/Erfahrung

- Technik schlechter
- Kommunikationsprobleme
- Weniger Anerkennung
- Beförderung schlechter
- Geringere Effizienz

(Legende: Befürchtung, Erfahrung)

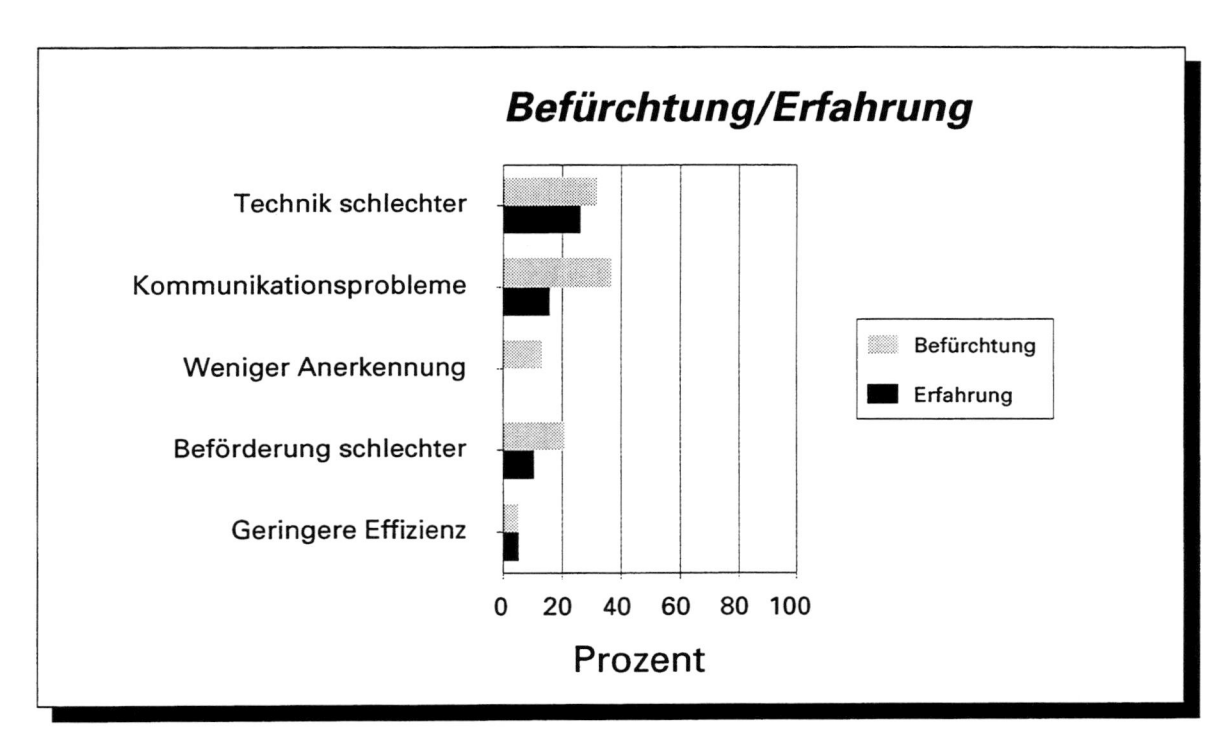

Prozent: 0, 20, 40, 60, 80, 100

Abb. 18. Befürchtungen und Erfahrungen der ABA-Mitarbeiter

Vergleich zu 28.6 % bei den Männern; s. $p < 0.01$) und für die diese Befürchtung auch eingetreten ist (50.0 % im Vergleich zu 7.1 % bei den Männern; s. $p < 0.01$). Wenn man weiterhin bedenkt, daß für die weiblichen Mitarbeiter bei ihrer ursprünglichen Berufswahl nach eigenen Angaben die Möglichkeit, Kontakt mit Menschen zu haben, signifikant wichtiger war als für Männer, daß sie es generell wichtiger finden als Männer, sich bei ihrem Vorgesetzten informell *in Erinnerung zu bringen,* und daß sie sich in stärkerem Maße einen Vorgesetzten wünschen, der die persönliche Nähe zum Mitarbeiter betont als Männer, so spricht dies für eine stärker auf Sozialbeziehungen ausgerichtete Berufsarbeit bei Frauen. Von daher läßt sich das Empfinden einer schlechteren betrieblichen Kommunikation auf der außerbetrieblichen Arbeitsstätte durchaus als eine bei Frauen deutlicher als bei Männern ausgeprägte Angst, *zu Hause vergessen zu werden,* interpretieren.

Damit mag auch in Zusammenhang stehen, daß 5 (50.0 %) der wohnungszentrierten weiblichen ABA-Mitarbeiter, aber nur 3 (21.4 %) der wohnungszentrierten männlichen ABA-Mitarbeiter ursprünglich auf einer ABA verringerte Beförderungschancen befürchteten. 4 der 8 Mitarbeiter, die diese Befürchtung vor der Einrichtung ihrer ABA hatten, glauben, daß sich ihre Beförderungschancen tatsächlich verringert haben. Allerdings sind diese Unterschiede wegen der geringen Zahlen statistisch nicht signifikant. Man sollte sie auch deshalb nicht überinterpretieren, weil die möglichen Nachteile in den anderen Fragen in diesem Zusammenhang nur noch weniger ausgeprägt genannt wurden. So hatten nur 5 wohnungszentrierte ABA-Mitarbeiter befürchtet, daß ihre Leistung weniger anerkannt werden könnte als früher. Diese Befürchtung wurde jedoch von keinem Mitarbeiter als bestätigt empfunden. Allerdings betonten viele, daß sie aufgrund der relativ kurzen Laufzeit ihrer ABA in diesen beiden Punkten noch kein zuverlässiges Urteil abgeben könnten.

In der ursprünglichen Erwartung, zu Hause mit einer schlechteren technischen Ausstattung zurecht kommen zu müssen als im Betrieb, unterschieden sich wohnungszentrierte und bürozentrierte ABA-Mitarbeiter praktisch nicht; im Durchschnitt sahen sich 26.3 % darin bestätigt. Hier ist es vor allem die zu geringe Baud-Rate und – in noch stärkerem Maße – die Unzufriedenheit damit (beides s. $p < 0.01$), die zu diesem Urteil geführt hat.

Bemerkenswert ist jedoch auf alle Fälle, daß sich sowohl gegenüber den Hoffnungen, als auch gegenüber den Befürchtungen die Erfahrungen als durchgängig besser herausgestellt haben. Ein Vergleich der Abbildungen 13 und 18 belegt das eindrucksvoll.

5.9 Die Verteilung der Wochenarbeitszeit

Von allen Befragten gaben 94.7 % an, daß sich bei ihnen im Laufe der Zeit so etwas wie eine typische Aufteilung der Wochenarbeitszeit in Tage, an denen sie bevorzugt zu Hause arbeiten und in Tage, an denen sie im Betrieb anwesend sind, herausgebildet habe. Allerdings ist diese Angabe mit Vorsicht zu bewerten, da die Befragten oft lange zögerten, ob sie tatsächlich von einer *typischen* Woche sprechen könnten. Es wurde im Gespräch immer wieder betont, daß die Aufteilung zwischen zu Hause und Betrieb extrem flexibel in Abstimmung mit den Vorgesetzten und Kollegen und unter Berücksichtigung betrieblicher Notwendigkeiten gehandhabt werde. Die exakte vertragliche ABA-Vereinbarung, deren Rigidität von vielen Mitarbeitern beklagt wurde, ist dadurch für die praktische Arbeit von untergeordneter Bedeutung.

Diese flexible Handhabung der ABA erklärt, warum 73.7 % der Mitarbeiter mit der Aufteilung ihrer Wochenarbeitszeit voll zufrieden sind und nur 5 wohnungszentrierte und 5 bürozentrierte ABA-Mitarbeiter Wünsche in Richtung *mehr zu Hause arbeiten* oder nach einer etwas anderen Aufteilung äußerten.

Die Frage danach, ob sie es für sinnvoll hielten, einen festen Arbeitstag im Betrieb einzurichten, an dem sie und alle für sie relevanten Kollegen und Mitarbeiter dort anwesend wären, bejahten andererseits knapp die Hälfte der ABA-Mitarbeiter. Bei dieser Zahl ist allerdings die Datenbasis sehr klein (17), da sie für alle, die nur stundenweise zu Hause arbeiten oder die die einzigen ABA-Mitarbeiter in der Abteilung sind, irrelevant war.

Die positive Bewertung der ABA-Situation zeigt sich am deutlichsten darin, daß mit Ausnahme von 2 Mitarbeiterinnen alle Befragten sich ihre ABA als eine Dauereinrichtung und nicht nur vorübergehend wünschten. Obwohl diese Zahl klein ist, zeigt sich daran doch deutlich die unterschiedliche Motivstruktur von Männern im Gegensatz zu Frauen mit Kindern: 6 von 10 Frauen würden, wenn sie keine Kinder zu betreuen hätten, lieber ganz im Betrieb arbeiten, ungeachtet dessen, daß sie eine ABA für die (momentan) optimale Lösung halten. 4 Frauen hätten ohne ABA aus dem Beruf ausscheiden müssen und 3 Frauen bot sich mit einer ABA die Möglichkeit, früher, d. h. bereits nach Ablauf der Mutterschutzfrist, wieder in den Beruf zurückzukehren.

Auch wenn ein Mitarbeiter auf Dauer seine ABA beibehält, könnte es sinnvoll erscheinen, immer wieder Phasen einzuschieben, in denen er ausschließlich im Betrieb arbeitet. Dies wurde von drei wohnungszentrierten ABA-Mitarbeitern bei einem Tätigkeitswechsel und von zweien zur Verhinderung eines Informationsdefizits bestätigt. Ansonsten war es den Reaktionen der Mitarbeiter zu entnehmen, daß diese Frage als nicht allzu bedeutsam angesehen wurde, und zwar vor allem wohl wegen der hohen Flexibilität, mit der sie auch jetzt schon ihre betriebliche und häusliche Arbeitszeit verteilen. Zum anderen spielt sicher die bisher erst kurze Laufzeit des ABA-Modells eine Rolle. Hier könnten sich im Laufe der Jahre noch Einstellungsänderungen ergeben.

5.10 Die Planung der Arbeit

Ein Mitarbeiter, der nicht mehr dauernd im Betrieb anwesend ist, muß sicherlich manches, was er früher spontan erledigen konnte, sei es durch direktes Ansprechen eines Kollegen oder Vorgesetzten, sei es durch ein sich zufällig ergebendes Gespräch, stärker planen als früher. So berichteten z. B. einzelne Mitarbeiter, daß vor allem beim gemeinsamen Mittagessen mit Kollegen berufliche Probleme diskutiert und ihre Lösung vorangebracht würden.

Die ABA-Mitarbeiter wurden daher befragt, ob sie das persönliche Zweiergespräch bzw. die Meetings mit Vorgesetzten, Teamkollegen, sonstigen IBMern, internen und externen Kunden heute *etwas mehr* oder *viel mehr* planen müssen als früher. Seine Arbeit stärker planen zu müssen, muß nicht notgedrungen hinderlich sein, sondern kann sich auch positiv dahingehend auswirken, daß man gezwungen ist, sie besser zu strukturieren. Deshalb wurde auch eine Bewertung des eventuell erhöhten Planungsbedarfs in den Kategorien *positiv, teils/teils* und *negativ* erhoben.

Generell läßt sich sagen, daß der Planungsbedarf als nicht sehr hoch eingeschätzt wurde. Im Durchschnitt gaben jeweils 42.6 % der Mitarbeiter an, daß sie die entsprechenden beruflichen Kontakte *nicht mehr,* 37.6 %, daß sie sie nur *etwas mehr* planen müssen als früher. In der Regel nur 2 bis maximal 3 Befragte gaben die Antwort *viel mehr.* Ein Grund ist sicher, daß zur Zeit mehrere wohnungszentrierte ABA-Mitarbeiter in der Abteilung die Ausnahme sind. Würde sich deren Zahl erhöhen, so dürfte dies sicher mit einem erheblich höheren Koordinationsaufwand verbunden sein.

Am stärksten wirkt sich eine ABA auf die Meetings mit Teamkollegen aus, bei denen sicher mehr gegenseitige Terminabstimmung nötig ist als früher. Auch das persönliche Zweiergespräch mit dem Vorgesetzten oder den Teamkollegen erfordert mehr Absprachen, da ja, speziell in der Gruppe der wohnungszentrierten ABA-Mitarbeiter, die Möglichkeiten zu zufälligen oder spontanen Begegnungen reduziert sind.

Da der Planungsbedarf dafür jedoch von den ABA-Mitarbeitern eher gering eingeschätzt wurde, ist es verständlich, daß auch die Bewertung dieser Sachlage meist neutral ausfiel. In allen Fällen dominierten die *Teils/teils*-Urteile.

Eine Ausnahme bildet die Frage nach dem Zugriff auf Unterlagen, die sich in den Geschäftsräumen befinden. Immerhin 29 (76.3 %) Mitarbeiter gaben hier an, daß sie dabei zumindest *etwas mehr* planen müssen als früher. 8 von ihnen (27.6 %) bewerten diese Tatsache negativ. Auf der anderen Seite sollte man, insbesondere angesichts der generellen Dominanz der Arbeit am PC, die Bedeutung schriftlicher Unterlagen für die ABA-Mitarbeiter nicht überschätzen: Nur 4 (10.5 %) Befragte gaben an, daß die Menge an Unterlagen, die sie zwischen zu Hause und dem Betrieb hin- und her transportieren müssen, *sehr groß* oder *groß* sei, und nur einer fühlte sich in seiner Arbeit dadurch stark behindert. Dabei handelt es sich in erster Linie um Mitarbeiter, die bei ihrer Arbeit in nennenswertem Umfang auf das Studium von Fachliteratur angewiesen sind. Die Mehrzahl betonte demgegenüber, daß ihre Unterlagen in der

Regel aus Disketten bestünden, die hin und her zu transportieren kein Problem darstelle. Von daher sahen auch 68.4 % keinerlei Verbesserungsnotwendigkeiten in dieser Frage.

5.11 Der eigene Schreibtisch im Betrieb

Wie bereits erwähnt, zeigten die ABA-Mitarbeiter im allgemeinen ein hohes Kostenbewußtsein. Dies galt auch für die Frage nach den Kosten, die damit verbunden sind, daß ihr Schreibtisch im Unternehmen leersteht, wenn sie zu Hause arbeiten. Immerhin 6 wohnungszentrierte ABA-Mitarbeiter haben ihren eigenen Schreibtisch im Betrieb bereits aufgegeben, entweder weil sie ausschließlich zu Hause arbeiten, oder weil sie so selten im Betrieb sind, daß es ausreicht, sich in Absprache mit Kollegen einen Schreibtisch zu teilen. Bei den restlichen Interviewpartnern reichten die Reaktionen auf die Frage nach einem möglichen Verzicht auf den eigenen Schreibtisch im Betrieb von spontaner Zustimmung (30.0 %), über deutliches Unbehagen (30.0 % *ungern*, 20.0 % *sehr ungern*) bis zu dezidierter Ablehnung (20.0 %).

Die Befragten wurden anschließend um ihre Zustimmung/Ablehnung zu 6 Argumenten für den eigenen Schreibtisch im Betrieb auf einer fünfstufigen Schätzskala gebeten. Die Mittelwerte der Antworten zeigt Abbildung 19.

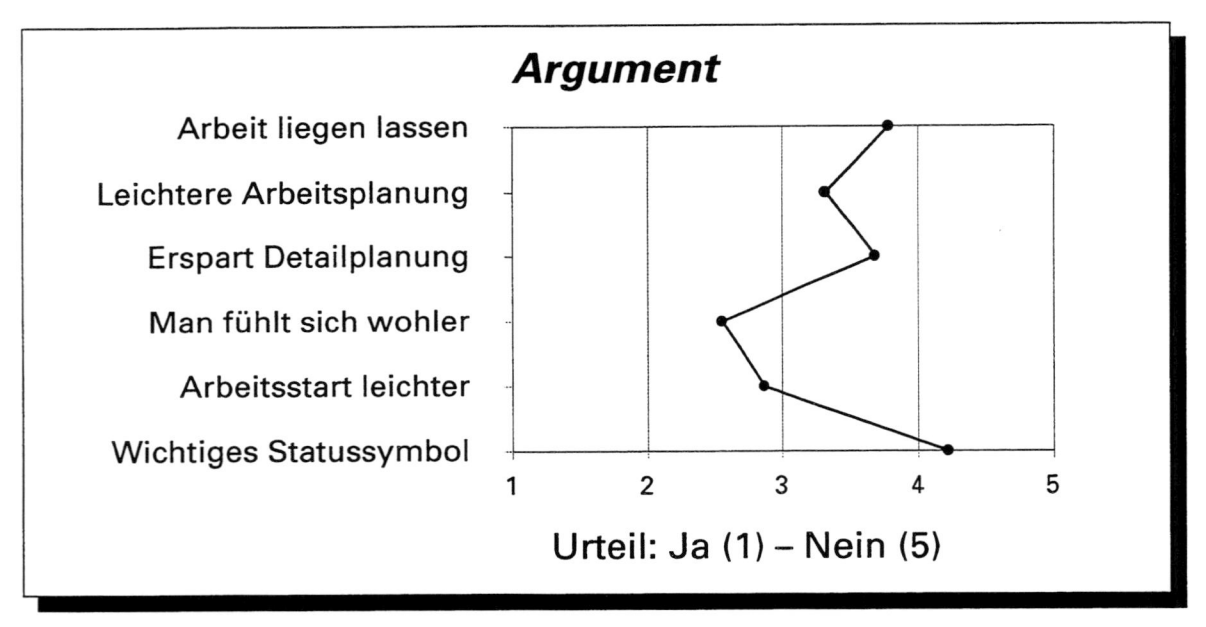

Abb. 19. Argumente für den eigenen Schreibtisch im Betrieb aus der Sicht der ABA-Mitarbeiter

Man sieht, daß die ersten 3 Behauptungen ((1) *Man kann die im Betrieb zu erledigende Arbeit so liegen lassen, daß man sie jederzeit schnell wieder aufnehmen kann*, (2) *Die Art und Weise, wie man seine Arbeitsunterlagen auf dem Schreibtisch verteilt, hilft einem, seine Arbeit zu planen*, (3) *Der eigene Schreibtisch im Betrieb erspart einem Detailplanungen, was man genau in welchem Moment benötigt*), die sich primär mit Sachgründen befassen und re-

5.11 Der eigene Schreibtisch im Betrieb

lativ ähnliche Aspekte abdecken, kaum besondere Zustimmung fanden. Das liegt zum großen Teil an den uns vor dem Interview nicht bekannten betriebsinternen *Clean-desk*-Vorschriften, wonach jeden Abend alle Unterlagen zu verschließen sind.

Bei Behauptung 5 *(Unabhängig von allem anderen ist es einfach leichter, eine unterbrochene Arbeit am gleichen Platz wieder aufzunehmen als an einem anderen)* hatten wir an das aus der Psychologie bekannte Phänomen der Encodierungsspezifität (s. z. B. Baddeley, 1990, S. 285-289) gedacht. Untersuchungen haben gezeigt, daß die räumliche Umgebung bei geistiger Arbeit mit den relevanten Gedächtnisinhalten zusammen so codiert wird, daß gemerktes Material in derjenigen Umgebung am besten genutzt und wiedergegeben werden kann, in der es auch gelernt wurde. Dies sollte im Falle des Arbeitsplatzes bedeuten, daß das Wiederanknüpfen an eine unterbrochene Arbeit am alten Platz entsprechend leichter fallen sollte. Der Mittelwert der Antworten liegt bei dieser Frage zwar etwas unterhalb der Mitte der Skala, die Zustimmung war aber generell nicht so hoch wie wir erwartet hatten. Auf der anderen Seite zeigte sich im Gespräch eine deutliche Zustimmung, beinahe im Sinne eines Aha-Erlebnisses, wenn das Phänomen explizit erklärt wurde. So fand eine Mitarbeiterin damit eine Erklärung dafür, warum sie den Versuch aufgegeben hatte, zu Hause die PC-freie Arbeit am eigenen Schreibtisch, die PC-Arbeit an einem zweiten Schreibtisch abwechselnd mit einer anderen Person zu erledigen. Beide arbeiten jetzt wieder konstant am eigenen Schreibtisch und ziehen sich an einem Schwenkarm den PC heran, wenn sie ihn brauchen.

Am ausgeprägtesten war die Zustimmung zu der Behauptung, daß man sich am eigenen Schreibtisch einfach wohler fühle als einem beliebigen Platz. Am deutlichsten abgelehnt wurde der Charakter des eigenen Schreibtischs als Statussymbol. Dies ist einerseits plausibel, da die Mitarbeiter zu recht behaupteten, daß alle ihre Schreibtische im wesentlichen gleich aussähen und sich von daher nur schlecht als Statussymbol eigneten. Auf der anderen Seite wird die Empfänglichkeit für Statussymbole eher anderen unterstellt, während man sich selbst für immun dagegen hält. Das haben wir auch selbst in der bereits erwähnten Befragung von Führungskräften, und zwar insbesondere am Beispiel des Autotelefons, gefunden (Glaser & Glaser, 1991). Die ABA-Mitarbeiter glaubten, daß der eigene Schreibtisch, und noch mehr das eigene Dienstzimmer, im höheren Management stärker als Statussymbole bewertet würden.

Da die einzelnen Reaktionen auf die 6 Behauptungen relativ hoch korrelierten, bot es sich an, sie einer Faktorenanalyse zu unterziehen. Mit der Faktorenanalyse lassen sich aus der Interkorrelationsmatrix statistisch voneinander unabhängige Komponenten *(Faktoren)*, die den Antworten zugrundeliegen, isolieren. Sie zeigt somit besonders typische Grundtendenzen hinter den manifesten Antworten auf. Mit einbezogen wurde auch das Ausmaß der Bereitschaft zum Verzicht auf den eigenen Schreibtisch im Betrieb. Im vorliegenden Fall ergaben sich zwei Faktoren.

Der erste Faktor repräsentiert primär Sachargumente. Er ist vor allem durch Behauptung 2 *(generell leichteres Planen der Arbeit)* und Behauptung 3 *(das Ersparen von Detailplanungen)* charakterisiert. Der zweite Faktor repräsentiert die emotionale Seite. Eng zusammen liegen hier Behauptung 4 *(am eigenen Schreibtisch fühlt man sich wohler)*, die Ablehnung des Verzichts auf den eigenen Schreibtisch und – wie zu erwarten – der Statussymbolcharakter des Schreibtisches. Da der zweite Faktor unabhängig vom ersten ist, heißt das, daß bei der Ablehnung des Verzichts auf den eigenen Schreibtisch primär gefühlsmäßige Vorbehalte eine Rolle spielen. Interessant ist, daß Behauptung 5, die wir hinsichtlich der Encodierungsspezifität formuliert hatten, auf beiden Faktoren in gleichem Ausmaß repräsentiert ist. Demnach sind hierbei in die Urteile der Mitarbeiter sowohl sachrationale als auch emotionale Momente eingeflossen.

In einem anschließenden Gespräch wurden mit den Befragten noch Möglichkeiten der Gestaltung eines variablen Arbeitsortes im Betrieb diskutiert. Dabei zeigte sich, daß auch bei den 9 Mitarbeitern, die spontan geantwortet hatten, *ein Verzicht auf den eigenen Schreibtisch würde mir nichts ausmachen,* oft keine präzisen Vorstellungen darüber bestanden, was das in der Praxis bedeuten würde. Nur 3 Mitarbeiter, die sich selbst als ausgesprochene »Einzelkämpfer« bezeichneten, waren letztlich mit der extremsten Lösung des Problems, nämlich seinen Schreibtisch in einem täglich beliebig wechselnden Raum irgendwo im Gebäude zugewiesen zu erhalten, einverstanden. Für die Mehrzahl der Befragten war diese Vorstellung tendentiell unangenehm. Es gibt einige psychologische Gründe für die Beibehaltung der persönlichen Nahumgebung. Dazu gehören *Personalisierung* und *Territorialität.* Sie bedeutet, daß ein Mensch einen ihm persönlich zugeteilten Ort als »seinen Platz« benötigt, um sich innerhalb eines Gebäudes, in dem er mit vielen anderen zusammenarbeitet, *sicher* und *wohl* zu fühlen (s. z. B. Sundstrom, 1987, insbesondere S. 754-755). Für die Praxis heißt das, daß ein Mitarbeiter seine Arbeitszeit im Betrieb möglichst immer an einem *festen Platz* verbringen sollte, der für die Zeit seiner häuslichen Arbeit gut der *feste Platz* eines anderen Mitarbeiters sein könnte. Hierbei müßte dann noch das Problem der gemeinsamen Benutzung der Arbeitsmittel gelöst werden. So haben z. B. viele Mitarbeiter die Benutzeroberfläche ihres PC auf ihre individuellen Bedürfnisse zugeschnitten.

Noch wichtiger als ein fester Arbeitsort ist für die meisten Mitarbeiter die räumliche Nähe zu den Kollegen in der Abteilung. So störend sich deren Anwesenheit bei konzentrierter Einzelarbeit im Betrieb auswirken kann, so positiv wird die Möglichkeit zur spontanen Interaktion bei auftauchenden Problemen bewertet. Informell einen Kollegen um Unterstützung bitten zu können, wird daher auch von 84.2 % als *wichtig* bis *sehr wichtig* angesehen. Deshalb sollten aus der Sicht der meisten Mitarbeiter die Schreibtische nur innerhalb der eigenen Abteilung geteilt werden, wenn der eigene Schreibtisch aus Kostengründen aufgegeben werden muß.

5.12 Mögliche psychosoziale Probleme der ABA-Mitarbeiter

Studiert man die Literatur zum Thema *Berufsarbeit zu Hause,* so stößt man auf eine Fülle von Bedenken, die den sozialen Bereich des Mitarbeiters betreffen. Dazu gehören beispielsweise der Mangel an informellen Kontakten zu anderen Betriebsangehörigen, stärkere private Vereinsamung, Tendenz zur Selbstüberlastung, zum Nicht-Aufhörenkönnen, Hineintragen von Belastungen des Berufes in die Familie oder Partnerschaft und Störungen bei der Arbeit aus dem privaten Raum heraus. Diese Fragen nahmen daher auch in dem Interview einen großen Raum ein. Vorweggenommen sei, daß die befragten ABA-Mitarbeiter hier ein gut entwickeltes Problembewußtsein zeigten und die meisten denkbaren Schwierigkeiten durch ein hohes Maß an bewußter, flexibler Gestaltung ihrer häuslichen Berufsarbeit entweder ganz vermeiden oder sehr gut meistern konnten. Darüberhinaus ließen fast alle Mitarbeiter ein ausgeprägtes Selbstbewußtsein bezüglich der Qualität ihrer Arbeit und der Einschätzung ihrer beruflichen Leistungsmotivation durch Kollegen und Vorgesetzte erkennen. So mußte beispielsweise einige Male im Interview bei der Frage *Wäre es ihnen als ABA-Mitarbeiter unangenehm, durch ein dienstliches Telefonat aus dem Bett geklingelt zu werden?* erst darauf hingewiesen werden, daß mit *unangenehm* nicht gemeint war, aus dem Schlaf gerissen zu werden, sondern daß *unangenehm* im Sinne von *peinlich* zu verstehen sei. Eher wird vermutet, daß andere Personen Hemmungen haben, einen ABA-Mitarbeiter durch Telefonate zu Hause zu stören: 39.5 % glauben, daß es solche Hemmungen gibt. Diese werden am ehesten bei Kollegen und am wenigsten bei Vorgesetzten und externen Kunden, die oft nicht wissen, daß es sich um eine Privatnummer handelt, vermutet.

5.12.1 Die Arbeitsbelastung bei häuslicher Arbeit

Bei Skeptikern gegenüber häuslichen Arbeitsplätzen wird immer wieder als Problem angesehen, daß die größere Freiheit in der Wahl der Arbeitszeit dazu führen könnte, daß Mitarbeiter zu Hause das richtige Maß für die Arbeit nicht finden. Entweder wird befürchtet, daß sie weniger arbeiten als im Betrieb und speziell dazu tendieren, unangenehme Arbeiten liegen zu lassen, da die äußeren Zwänge und Kontrollen geringer sind, oder es wird gemutmaßt, daß sie – im Gegenteil – sich zu sehr in die Arbeit festbeißen, ohne sich die nötigen Pausen zu gönnen, und die reguläre Arbeitszeit ständig überschreiten. Letzteres könnte einerseits eine geringere Kreativität zur Folge haben, da kreatives Handeln auch Phasen der Erholung benötigt, andererseits aber auch zur einer dauerhaften Überlastung und »Selbstausbeutung« des Mitarbeiters führen.

Nur 5, davon 4 wohnungszentrierte, ABA-Mitarbeiter gaben an, daß sie sich in den letzten Wochen beim Arbeiten zu Hause einmal zu sehr in ein berufliches Problem verbissen hätten. Obwohl diese Zahl objektiv gesehen recht klein ist, wurde in Hintergrundgesprächen gelegentlich deutlich, daß vor allem die Möglichkeit, zu Hause jederzeit die Arbeit wiederaufzunehmen, auch nachteilige Aspekte hat, und der Zwang, im Betrieb seine Arbeit irgendwann liegen zu lassen und nach Hause zu gehen, auch als angenehm erlebt wird. So berichtete ein ABA-Mitarbeiter, daß er deswegen auf Dauer wieder ausschließlich im Betrieb arbeiten möchte, um sich zu mehr Freizeit zu »zwingen«. Vor allem Ehefrauen scheinen gelegentlich darüber zu klagen, daß ihre Ehemänner auch in der Freizeit nicht mehr immer völlig »freie Zeit« haben.

Von den befragten ABA-Mitarbeitern gaben 3, davon 2 wohnungszentrierte, an, in den letzten Wochen einmal die Neigung gehabt zu haben, ihre Arbeit vor sich herzuschieben. Nur 1 Mitarbeiter glaubte, daß ihm dabei die Arbeit im Betrieb leichter gefallen wäre. Bei solchen Fragen, obwohl sie im Interview sehr vorsichtig formuliert waren, kann man natürlich bei allem Selbstbewußtsein der Mitarbeiter keine völlige Offenheit erwarten. Von daher sind diese geringen Zahlenangaben möglicherweise etwas nach oben zu korrigieren. Auf der anderen Seite ist den Mitarbeitern aber durchaus zu glauben, daß bei ihrem Tätigkeitsniveau eine ständige Kontrolle, wie intensiv sie arbeiten, auch im Betrieb praktisch nicht möglich ist und nichts leichter wäre, als speziell dem Vorgesetzten gegenüber »Arbeit vorzutäuschen«.

Ebenso vorsichtig sind die Antworten auf die Frage zu interpretieren, wie die Mitarbeiter ihre Arbeitsbelastung auf einer fünfstufigen Skala zwischen *viel zu hoch* bis *viel zu gering* einschätzen. Immerhin 22 (57.9 %) Mitarbeiter empfanden aber ihre Arbeitsbelastung als *in etwa richtig*, 15 (39.5 %) empfanden sie als *zu hoch* und nur 1 Mitarbeiter als *viel zu hoch*.

Bei dieser Frage, die die Arbeitsbelastung auf lange Sicht zum Inhalt hatte, zeigte sich kein Unterschied zwischen wohnungszentrierten und bürozentrierten ABA-Mitarbeitern. Andererseits gaben 11 wohnungszentrierte, aber nur 2 bürozentrierte ABA-Mitarbeiter an, daß sie sich in den letzten Wochen einmal beruflich extrem belastet gefühlt hätten, also *bis zum Umfallen* gearbeitet hätten (s. $p < 0.05$). Allerdings ist es sicher voreilig, daraus bereits eine generelle Gefahr der Arbeitsüberlastung bei vermehrter häuslicher Arbeit abzuleiten. Zur stark projektbezogenen Arbeit vieler ABA-Mitarbeiter gehört ein gewisser Wechsel zwischen mehr und weniger arbeitsintensiven Phasen, und somit mag es sich bei dem Unterschied beider Gruppen, der sich ja nur auf die letzten Wochen vor dem Interview bezieht, um ein Zufallsergebnis handeln. Dementsprechend glaubten zwar 6 (25.0 %) der wohnungszentrierten ABA-Mitarbeiter, daß man beim Arbeiten zu Hause generell zu einem extremeren Arbeitseinsatz tendiert als im Betrieb, aber für 16 (66.7 %) hatte dies keinen Einfluß, und 2 (8.3%) glaubten sogar an die gegenteilige Tendenz. Dasselbe Bild ergab sich bei der expliziten Frage danach, ob man beim Arbeiten zu Hause dazu tendiert, zum »Workaholic« zu werden. Der Mittelwert der Antworten lag auf einer fünfstufigen Skala bei 4.1, was einem durchschnittlichen *trifft wenig zu* entspricht.

Zusammenfassend läßt sich sagen, daß das Problem einer dauerhaften Arbeitsüberlastung durch häusliches Arbeiten im Moment nur von wenigen und dann in einem nicht gravierenden Ausmaß erlebt wird. Der Vorteil einer flexiblen Gestaltung der Arbeit überwiegt die gelegentlich berichteten Nachteile.

5.12.2 Das Problem der sozialen Isolation und der Zusammenhang mit der Persönlichkeitsvariablen *Introversion-Extraversion*

In der Literatur zur häuslichen Arbeit wird oft unterstellt, daß sich nur introvertierte Mitarbeiter mit einem eher geringen sozialen Kontaktbedürfnis, vorwiegend befaßt mit konzentrierter Einzelarbeit, für diese Arbeitsform eignen, während extravertierte Menschen, bei denen Berufsarbeit immer auch mit einem starken Bedürfnis nach Sozialbeziehungen einhergehe, dabei schnell unter einem Gefühl der Vereinsamung zu leiden hätten.

Da aus Diskretions- und Zeitgründen kein Persönlichkeitstest zur Variablen *Introversion-Extraversion* durchgeführt werden konnte, wurden die Mitarbeiter direkt danach gefragt, ob sie sich eher als *zurückhaltend, ruhig und ernst (introvertiert)* oder eher als *gesellig, impulsiv und unternehmungslustig (extravertiert)* bezeichnen würden. Es wurde dabei, wie im Freiburger Persönlichkeitsinventar (FPI), eine 9-punktige Schätzskala verwendet. Dieses Vorgehen schien auch deshalb vertretbar, weil sich in Untersuchungen zum FPI gezeigt hat, daß die Selbsteinschätzung der Probanden durchaus hoch mit dem Ergebnis eines ausführlichen Tests korrelieren kann (Fahrenberg, Hampel & Selg, 1984). Die Interviewerin hatte den Eindruck, daß die Mitarbeiter kaum Schwierigkeiten hatten, sich auf dieser Dimension einzuordnen, sich also in ihrem Urteil sehr sicher waren. Zudem läßt sich die Gesprächssituation in den Interviews als sehr offen charakterisieren. Keiner der beiden Pole, Intro- und Extraversion, wurde dabei dem anderen wertend entgegengesetzt.

Obwohl die Stichprobe zur Messung dieser Persönlichkeitsdimension mit 38 Befragten sehr klein war, war der Mittelwert der Antworten mit 5.2 praktisch identisch mit dem Skalenmittelwert von 5.0. Die Differenz zwischen wohnungszentrierten und bürozentrierten ABA-Mitarbeitern (M wohnungszentriert = 5.5, M bürozentriert = 4.6; hohe Zahl entspricht Extra-

5.12 Mögliche psychosoziale Probleme der ABA-Mitarbeiter

version) erreichte zwar nicht die statistische Signifikanzgrenze, ihre Richtung deutet aber an, daß das Stereotyp des introvertierten wohnungszentrierten ABA-Mitarbeiters zumindest für unsere Gruppe nicht zutrifft.

Keine Unterschiede zwischen wohnungszentrierten und bürozentrierten ABA-Mitarbeitern zeigten sich auch im generellen Kontaktbedürfnis zu Kollegen, bei dem eine Beziehung zur Selbsteinschätzung der *Introversion-Extraversion* erwartet werden könnte: Die wohnungszentrierten ABA-Mitarbeiter sprechen nicht seltener mit Kollegen über private Themen und sie treffen sich auch nicht seltener mit ihnen auf privater Basis als die bürozentrierten. Zudem sind für keinen der Befragten diese Kontakte seltener geworden, seitdem er vermehrt zu Hause arbeitet. Allerdings ist dabei die bisher erst geringe Laufzeit des Modellversuchs zu berücksichtigen. Bei längerer Arbeit auf einer ABA könnten doch noch Veränderungen auftreten.

Die Frauen unserer Stichprobe waren mit einem Mittelwert von 6.2 etwas extravertierter als die Männer mit einem Mittelwert von 4.8, wobei die Differenz knapp die Signifikanzgrenze verfehlte. Deutlicher war der Unterschied bei einer weiteren Frage, die wir noch als Indikator für die Persönlichkeitsvariable *Introversion-Extraversion* verwendeten. Sie zielte darauf ab, wie wichtig bei der ursprünglichen Berufswahl die Möglichkeit war, mit Menschen Kontakt zu haben. Die Antworten der Frauen gingen hier deutlich stärker in Richtung *wichtiger Aspekt* als die der Männer (s. $p < 0.05$), waren aber doch noch in der Nähe der Skalenmitte. Dennoch fühlten sich die Frauen bei der häuslichen Berufsarbeit generell nicht isolierter als die Männer in unserer Untersuchung. Beide Gruppen empfanden es als sehr positiv, zu Hause in Ruhe und ungestört arbeiten zu können.

Nur 2 wohnungszentrierte ABA-Mitarbeiter gaben an, daß sie beim Arbeiten zu Hause deutlich das Gefühl hätten, von anderen getrennt zu sein, 5 weitere empfanden dies wenigstens teilweise so. Aber auch sie bewerteten diese Tatsache als nicht besonders negativ.

Sehr viel höher war die Zustimmung aller ABA-Mitarbeiter auf die folgende Frage, bei der eine mögliche soziale Vereinsamung zu Hause an einem Beispiel geschildert wurde: *Jeder Betrieb, den ich kenne, hat irgendwo einen Kaffeeautomaten stehen. Holt man sich einen Kaffee, ergibt sich oft ein kurzes, ungeplantes Gespräch mit anderen Mitarbeitern, sei es über berufliche Fragen, über private Themen oder auch nur über die neuesten Gerüchte. Natürlich gibt es noch viele andere Anlässe, der Kaffeeautomat soll hier nur als Beispiel dienen. Wenn man zu Hause arbeitet, trinkt man – im übertragenen Sinne gemeint – »seinen Kaffee allein«. Bedauern Sie dies?*

Obwohl Beispiele im Gegensatz zu allgemeinen Fragen immer mit dem Problem behaftet sind, möglicherweise nicht repräsentativ zu sein, zeigte die Reaktion der Mitarbeiter, die schon beim Vorlesen der Frage oft amüsiert zustimmten, daß sie sie nicht als irrelevant empfanden. Immerhin 17 (70.8 %) der wohnungszentrierten ABA-Mitarbeiter gaben demnach auch an, daß sie diese Kontaktmöglichkeit zumindest etwas vermissen, während eine solche Einschränkung von den bürozentrierten ABA-Mitarbeitern, die ja beinahe täglich im Betrieb anwesend sind, kaum erlebt wird. Der hohe Prozentsatz an Zustimmung bei den wohnungszentrierten ABA-Mitarbeitern sollte allerdings nicht als ausgeprägte Tendenz zur sozialen Vereinsamung bei häuslicher Arbeit interpretiert werden, da der »gemeinsame Kaffee im Betrieb« nicht nur ein allgemeines Kontaktbedürfnis befriedigt, sondern – wie in der Frage auch angesprochen – oft außerdem dem informellen Informationsaustausch über betriebliche und berufliche Fragen dient.

Zusammenfassend läßt sich sagen, daß von einer nennenswerten sozialen Isolation der wohnungszentrierten ABA-Mitarbeiter nicht gesprochen werden kann. Wo die Gefahr besteht, haben die Mitarbeiter Strategien entwickelt, um dem entgegenzuwirken. Auch waren wohnungszentrierte ABA-Mitarbeiter nicht introvertierter als der Durchschnitt der Gesamtbevölkerung. In den Interviews gab es etliche Hinweise darauf, daß es gerade die extravertierten Mitarbeiter sein könnten, die sich für vermehrtes häusliches Arbeiten eignen: Sie verfügen über genügend Selbstvertrauen, die Intensität ihrer Sozialbeziehungen durch Eigeninitiative nach ihren Wünschen gestalten zu können und haben bei eingeschränkten beruflichen Kontakten mehr Kompensationsmöglichkeiten im privaten Bereich. Die introvertierten Mitarbeiter könnten dagegen stärker auf die sich aus der gemeinsamen Arbeit zwangsläufig ergebenden Kontakte angewiesen sein. So mag ein Mitarbeiter recht haben, der als Begründung für die negative Einstellung mancher seiner Kollegen zur häuslichen Arbeit meinte: »Für viele Mitarbeiter ist der Betrieb eine zweite Heimat, ohne die sie sich einsam fühlen würden.«

5.12.3 Die Bedeutung der informellen Kommunikation

Viele Jahre lang haben Fragen nach dem »richtigen« Führungsstil von Vorgesetzten und dessen Einfluß auf das Arbeitsverhalten der Mitarbeiter in der organisationspsychologischen Forschung dominiert. Erst in letzter Zeit wendet man sich, unter Bezeichnungen wie »upward influence« oder »how to get one's way«, verstärkt den Strategien zu, mit denen der Mitarbeiter seinerseits auf das Verhalten und die Einstellung von Vorgesetzten und Kollegen Einfluß zu nehmen versucht, sei es um seines persönlichen Vorankommens willen oder im Interesse einer effektiven Arbeit. Diese Interessenwahrnehmung kann natürlich über offizielle, formelle Beziehungen innerhalb der Organisation ausgeübt werden. In der Praxis verläuft sie aber auch oft über informelle, zufällige Kontakte zu Kollegen und Vorgesetzten.

Eine wichtige Frage der Untersuchung galt daher der Meinung der ABA-Mitarbeiter zur Bedeutung der informellen Kommunikation für ihre Berufsarbeit. Wie schon erwähnt, war es ja gerade die Befürchtung einer schlechteren betrieblichen Kommunikation von zu Hause aus, die bis zur Furcht, »vergessen zu werden« gehen konnte, die von den ABA-Mitarbeitern am häufigsten geäußert wurde. Auch gaben viele der Befragten dies als Grund für eine negative Einstellung ihrer Kollegen gegenüber häuslicher Arbeit an.

Den Befragten wurden daher beispielhaft 10 kommunikative, primär auf informellem Wege stattfindende Tätigkeiten vorgelegt. Sie wurden um eine Einschätzung darüber gebeten, für wie wichtig sie sie persönlich bei ihrer beruflichen Arbeit hielten und inwieweit sie zu Hause eine Erschwerung empfanden.

Den Wortlaut der einzelnen Statements und die erhaltenen Mittelwerte der Antworten auf der fünfstufigen Schätzskala zeigt Abbildung 20. Der Gesamtmittelwert liegt genau in der Mitte der Skala (M = 3.1), also bei einem *Teils/teils*-Urteil, und zeigt demnach generell eine recht souveräne Einstellung der ABA-Mitarbeiter gegenüber der Bedeutung der informellen Kommunikation für ihre Arbeit. Zu einer genaueren Interpretation dieses Wertes fehlt allerdings der Vergleich mit einer entsprechenden Kontrollgruppe. Eine gewisse eingeschränkte Vergleichsmöglichkeit bietet der Unterschied zwischen wohnungszentrierten und bürozentrierten ABA-Mitarbeitern, da ja letztere praktisch täglich im Betrieb anwesend sind: Beide

5.12 Mögliche psychosoziale Probleme der ABA-Mitarbeiter

Prozent »Schwieriger«-Antworten

Inhalt der Kommunikation:
- Unterstützung erbitten
- Zeitpunkt für Vorhaben
- In Erinnerung bringen
- Gerüchte erfahren
- Ins rechte Licht setzen
- Arbeitnehmerinteressen
- Koalitionen bilden
- Entwicklungstendenzen
- Persönliche Nähe
- Intrigen abwehren

Unwichtig (1) – Sehr wichtig (5)

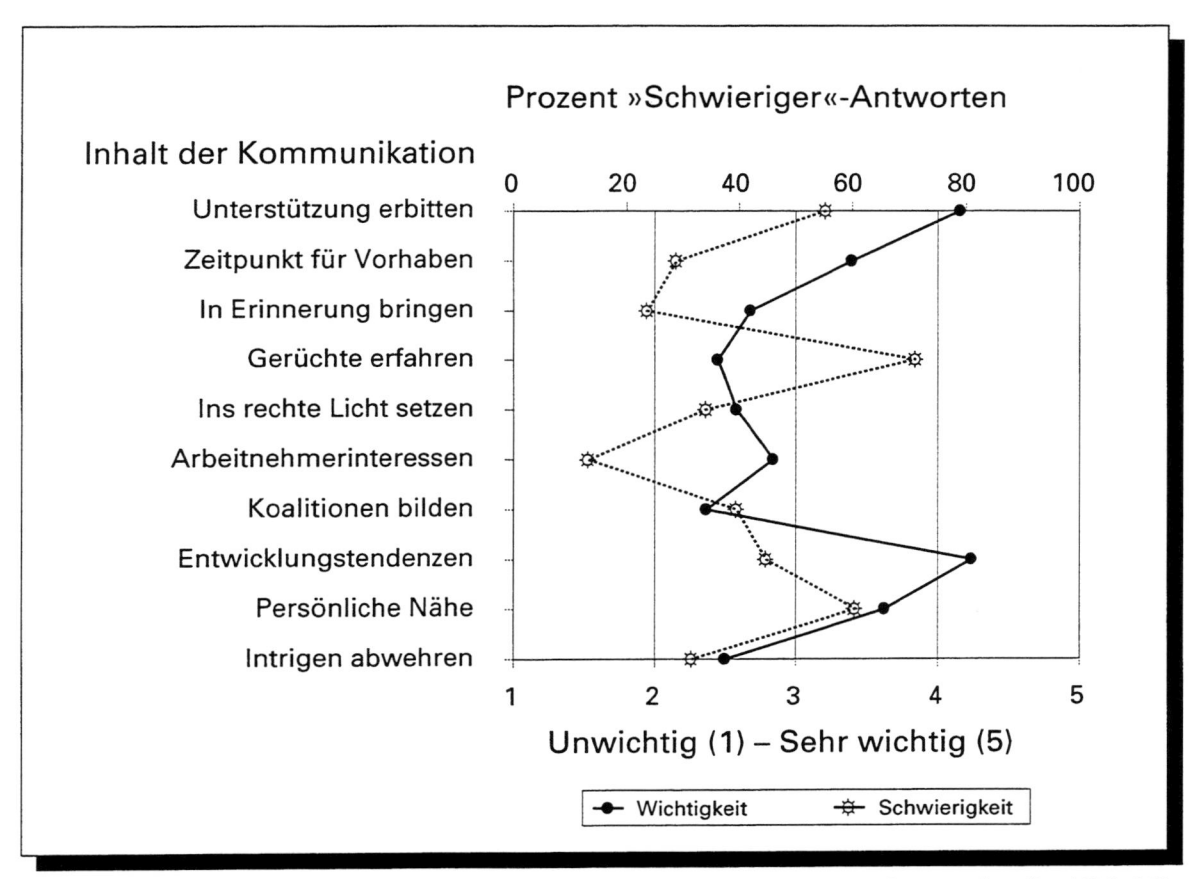

—●— Wichtigkeit   ⋯☆⋯ Schwierigkeit

Abb. 20. Die Bedeutung einzelner Inhalte der informellen Kommunikation für die ABA-Mitarbeiter. Die einzelnen Behauptungen lauten unverkürzt wie folgt: Informell ... (1) ... einen Kollegen um Unterstützung bitten, (2) ... den günstigsten Zeitpunkt für seine eigenen Vorhaben in Erfahrung bringen, (3) ... sich bei seinem Vorgesetzten in Erinnerung bringen, (4) ... von Kollegen die neuesten Gerüchte erfahren, (5) ... sich im richtigen Moment ins rechte Licht setzen, (6) ... Arbeitnehmerinteressen wahren, (7) ... mit Kollegen Koalitionen bilden, (8) ... die neuesten Entwicklungstendenzen in Erfahrung bringen, (9) ... persönliche Nähe zu Kollegen bzw. Vorgesetzten herstellen und (10) ... Intrigen abwehren.

Gruppen unterschieden sich in ihrem Gesamturteil nicht. Ein weiterer Vergleich zeigte aber einen markanten Einstellungsunterschied: Die Vorgesetzten, die bei der schriftlichen Befragung ein globales Urteil über die generelle Bedeutung der informellen Kommunikation für ihre ABA-Mitarbeiter abzugeben hatten, gaben im Durchschnitt den Wert 4.3 an, hielten demnach die informelle Kommunikation für deutlich wichtiger als die ABA-Mitarbeiter selbst.

Falls die Meinung der Vorgesetzten repräsentativ ist für die generelle Stimmung im Unternehmen, spräche dies tatsächlich für eine größere Unabhängigkeit der ABA-Mitarbeiter von informeller Kommunikation. Genauso wahrscheinlich ist allerdings eine andere Möglichkeit: In unserer Befragung von Führungskräften der Wirtschaft hatten wir eine extreme Wertschätzung informeller Kontakte gefunden. Möglicherweise projizierten demnach die befragten Vorgesetzten die Bedeutung, die die informelle Kommunikation für sie selber hat, auf ihre ABA-Mitarbeiter.

Betrachtet man die Mittelwerte im einzelnen, so zeigt sich die höchste Zustimmung bei Frage 1 *(einen Kollegen informell um Unterstützung bitten)*. Diese enge Anbindung an die Kollegen und an das Team in beruflichen Fragen wurde bereits bei dem Problem des Verzichts auf den eigenen Schreibtisch erwähnt. Die Möglichkeit zur schnellen, informellen gegenseitigen Hilfe wird sogar von den bürozentrierten ABA-Mitarbeitern noch stärker geschätzt (M = 4.6) als von den wohnungszentrierten (M = 3.9; s. $p < 0.05$).

Ebenfalls als sehr wichtig wird das *Erfahren neuester Entwicklungstendenzen* (Frage 8) betrachtet. Am unwichtigsten werden Frage 7 *(Koalitionen bilden)* und Frage 10 *(Intrigen abwehren)* eingeschätzt, wobei letztere oft ein gewisses Amüsement bei den Mitarbeitern hervorrief. Auf die Zusatzfrage der Interviewerin, ob die Befragten das Arbeitsklima im Unternehmen als so gut empfänden, daß keine Intrigen aufträten, wurde dies zum Teil bestätigt und die kollegiale Zusammenarbeit im Team betont, zum Teil aber auch – ähnlich wie beim Statussymbol – behauptet, daß es sicher im Unternehmen sehr viele Intrigen gäbe, man selber aber davon glücklicherweise nicht betroffen sei.

Da die Antworten auf die 10 Statements zum Teil miteinander korrelierten, wurden sie, einschließlich der Variablen *Introversion-Extraversion,* einer Faktorenanalyse unterzogen. Es ergaben sich im wesentlichen 3 voneinander unabhängige, gut interpretierbare Dimensionen.

Auf dem ersten Faktor zeigen die Fragen, die primär der eigenen Interessenwahrnehmung dienen, hohe Ladungen: Frage 2 *(günstigster Zeitpunkt für eigene Vorhaben)*, Frage 7 *(mit Kollegen Koalitionen bilden)*, Frage 5 *(sich ins rechte Licht setzen)* und Frage 6, in der die *Wahrnehmung von Arbeitnehmerinteressen* explizit angesprochen ist. Da in diesen Fragen die Bedeutung der informellen Kommunikation generell als nicht sehr hoch angesehen wird, heißt das, daß ein ausgeprägtes Bedürfnis, auf diesem Wege seine Interessen zu wahren, bei den ABA-Mitarbeitern nicht vorhanden ist. Es wurde auch im Gespräch immer wieder betont, daß man genügend Selbstbewußtsein besäße, seine Interessen bei offiziellen Anlässen zu vertreten und dabei nicht unbedingt auf informelle Gespräche angewiesen sei.

Faktor 2 gibt die Bedeutung der informellen Kommunikation für die (emotionale) Bindung an das Unternehmen wieder. Hohe Ladungen zeigen Frage 9 *(persönliche Nähe herstellen)* und Frage 8 *(neueste Entwicklungstendenzen erfahren)*. In beiden Fragen lagen die Antworten deutlich über dem Mittelwert in Richtung *wichtig*. Interessanterweise zeigten Frage 1 *(Kollegen um Unterstützung bitten)*, die die höchste Zustimmung aufwies, und Frage 3 *(sich in Erinnerung bringen)* mittlere Ladungen auf beiden Faktoren. Es ist demnach in diesen Urteilen sowohl ein emotionaler Aspekt als auch ein Aspekt der beruflichen Interessenwahrnehmung enthalten.

Die Variable *Introversion-Extraversion* bildete einen eigenen Faktor, auf dem nur noch Frage 9 *(persönliche Nähe herstellen)* eine hohe Ladung zeigte. Dies bedeutet, daß für die extravertierten Mitarbeiter – und hier besonders für die Frauen – die persönliche Nähe zu Kollegen und Vorgesetzten deutlich wichtiger ist als für die introvertierten.

Mindestens so wichtig wie die *Bedeutung* der informellen Kommunikation ist die Frage danach, welche *Auswirkungen* das Arbeiten zu Hause darauf hat. Die Befragten wurden daher für die gleichen 10 Statements um eine Einschätzung darüber gebeten, ob diese informellen

5.12 Mögliche psychosoziale Probleme der ABA-Mitarbeiter

Kontakte von zu Hause aus schwerer wahrgenommen werden können als früher im Betrieb. Die Resultate zeigt die gestrichelte Linie in Abbildung 20. Generell ergab sich kein statistischer Zusammenhang zwischen beiden Fragen. Es ist also keineswegs so, daß die Mitarbeiter diejenigen informellen Kontakte, die sie für besonders wichtig halten, auch als besonders gefährdet ansehen, wenn sie vermehrt zu Hause arbeiten. Im Gegenteil betonten die Befragten immer wieder spontan, daß die Antwort *schwerer*, etwa bei Frage 4 *(neueste Gerüchte erfahren)*, nicht bedeuten müsse, daß sie diese Art des Kontakts für besonders wichtig hielten. Es sollen daher nur Frage 1, 8 und 9 referiert werden, deren Wichtigkeit deutlich über dem Mittelwert 3 lag: 55.3 % empfinden es von zu Hause aus als schwerer, einen Kollegen um Unterstützung zu bitten (Frage 1). Da diese Frage die höchste Bedeutung hatte, sollte hier nach Möglichkeiten von Verbesserungen gesucht werden.

Die größten Veränderungen wurden bei Frage 9 *(persönliche Nähe)* mit 60.5 % und bei Frage 8 *(neueste Entwicklungstendenzen erfahren)* mit 44.7 % *Schwerer*-Antworten genannt, beides informelle Kontakte, die primär der persönlichen Bindung an das Unternehmen dienen. Man könnte darin durchaus die Gefahr einer informellen Abkoppelung vom Unternehmen sehen. Überraschenderweise betonten aber 2 Mitarbeiter, daß es ihnen von zu Hause aus *leichter* falle, die neuesten Entwicklungstendenzen zu erfahren, weil sie jetzt mehr Zeit hätten, offizielle, vom Unternehmen zur Verfügung gestellte Informationen am PC zu lesen, und ebenfalls 2 Mitarbeitern fällt es *leichter,* persönliche Nähe zu Kollegen/Vorgesetzten herzustellen als früher (»Man sieht sich seltener, dafür aber intensiver«). Dies zeigt wiederum, daß die ABA-Mitarbeiter durchaus Strategien entwickeln, um mit möglichen Problemen fertigzuwerden.

Neben den genannten 10 kommunikativen Tätigkeiten wurden den Mitarbeitern 8 verschiedene Vorgänge innerhalb einer Organisation vorgegeben, für die sie ebenfalls die Bedeutung der informellen Kommunikation einzuschätzen hatten.

Die Mittelwerte der Antworten zeigt Abbildung 21. Der Gesamtmittelwert lag wiederum sehr nahe bei 3.0 und bestätigt somit in gewisser Weise die bei den kommunikativen Tätigkeiten gefundene, relative Unabhängigkeit der ABA-Mitarbeiter von informeller Kommunikation. Bei der faktorenanalytischen Auswertung bildeten die Fragen 4 bis 8 einen Faktor. Diese 5 Fragen geben im wesentlichen teambezogene Aspekte der Arbeit wieder. Die größte Bedeutung haben dabei informelle Kontakte bei Frage 5 *(Koordination zwischen Abteilungen)* und Frage 8 *(Koordination und Verteilung von Tätigkeiten im Team)*. Es zeigt sich hier wiederum die informelle Anbindung der ABA-Mitarbeiter an die Kollegen und an ihr Team. Interessanterweise werden auch *Beschwerden und Klagen* (Frage 7) als Problem der Teamarbeit erlebt. Als ein eher individuelles Problem wird dagegen Frage 3 *(Zuteilung von Mitteln und Ausstattung)* gesehen, die einen isolierten Faktor darstellt, wobei aber die Notwendigkeit zur informellen Einflußnahme als eher gering angesehen wird. Ebenfalls einen eigenen Faktor bildet Frage 1 *(Beförderung und Versetzung)*. Der Mittelwert der Antworten liegt hier ebenfalls nahe bei 3, was mit der generell hohen Zufriedenheit der ABA-Mitarbeiter mit der Leistungsbewertung im Unternehmen übereinstimmt.

5.12.4 Die Auswirkungen auf das Privatleben

Die Meinungen in der Literatur zur Auswirkung eines häuslichen Arbeitsplatzes auf die Lebensqualität im ganzen sind zwiespältig. Zum einen herrscht beinahe Euphorie vor: bessere

Vorgang

- Beförderung/Versetzung
- Bezahlung
- Zuteilung von Mitteln
- Delegation von Verantwortung
- Koordination zwischen Abteilungen
- Feedback über Arbeit
- Beschwerden/Klagen
- Koordination im Team

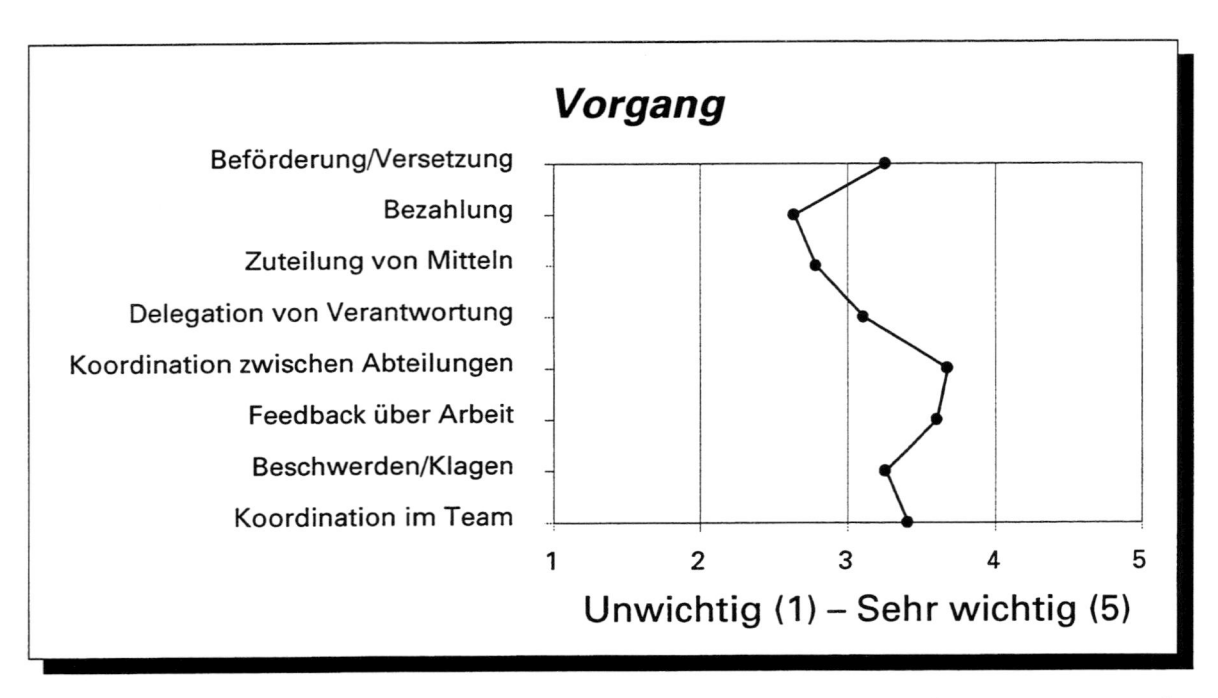

Unwichtig (1) – Sehr wichtig (5)

Abb. 21. Die Wichtigkeit der informellen Kommunikation für verschiedene Vorgänge in der Organisation

Vereinbarkeit von Familie und Beruf, mehr Teilnahme am Leben der Kinder, Aufhebung der Trennung von Beruf und Privatleben. Zum anderen wird aber befürchtet, daß der Berufsstreß in die Familie getragen wird, daß die Familie unter einer dauernden Selbstüberlastung des arbeitenden Partners zu leiden hat und daß sich Alleinlebende durch den reduzierten Kontakt zu Kollegen isoliert fühlen. Hinsichtlich der Effektivität der Arbeit werden negative Auswirkungen durch Störungen aus dem familiären Raum heraus nicht ausgeschlossen.

Zu diesem gesamten Themenkomplex wurden daher den ABA-Mitarbeitern 23 Statements vorgelesen, 8 mit positiven Folgen einer ABA für die Familie und das Privatleben (Abb. 22) und 15 mit negativen Folgen (Abb. 23). Die Befragten hatten auf einer fünfstufigen Skala anzugeben, inwieweit jedes Statement ihre eigene Erfahrung wiedergibt. Schon ein erster Blick auf die beiden Abbildungen zeigt, daß die positiven Behauptungen überwiegend mit den eigenen Erfahrungen übereinstimmten (Gesamtmittelwert = 2.6), während man die negativen Erfahrungen eher nicht gemacht hatte (Gesamtmittelwert = 3.9). Bei letzteren kann wohl eine gewisse Tendenz, auch problematische Auswirkungen einer sehr geschätzten Arbeitsform nicht allzu negativ darzustellen, angenommen werden. So gab es einige Kommentare, daß schon die 4 auf der fünfstufigen Skala *(5 = trifft nicht zu)* in Bezug auf die negativen Behauptungen das Eingeständnis sei, die entsprechende Erfahrung doch hin und wieder gemacht zu haben.

Bei den positiven Auswirkungen fand Behauptung 1 *(mehr Zeit für die Familie)* keine allzugroße Zustimmung. Dies liegt aber vor allem an einem deutlichen Unterschied zwischen wohnungszentrierten und bürozentrierten ABA-Mitarbeitern. Wohnungszentrierte ABA-Mitarbeiter haben durchaus das Gefühl, heute mehr Zeit ihre Familie zu haben als früher (M wohnungszentriert = 2.4, M bürozentriert = 3.6; s. $p < 0.01$). Dieses Mehr an Zeit kommt vor

5.12 Mögliche psychosoziale Probleme der ABA-Mitarbeiter

allem der Familie zugute, die Auswirkungen auf das eigene Privatleben (Behauptung 3) sind etwas geringer. Am deutlichsten erleben beide Gruppen die Möglichkeit zur flexiblen Einteilung ihrer freien Zeit (Behauptung 2). Schon im Interview, in dem Behauptung 1 vor Behauptung 2 vorgelesen wurde, wurde dies an den Reaktionen der Befragten deutlich: Viele Mitarbeiter zögerten bei Behauptung 1 *(mehr Zeit für die Familie)*, wie sie antworten sollten, und waren dann sichtlich erleichtert, daß Behauptung 2 *(im richtigen Moment Zeit für die Familie)* genau das ausdrückte, was sie eigentlich empfanden. Diese Erfahrung von mehr Freiheit bei der Zeiteinteilung führte auch zu einer mäßigen Zustimmung zu Behauptung 8 *(kann man spontan private Besuche machen und empfangen)* und einer massiven Zustimmung zu Behauptung 4 *(kann man besser am Leben der Kinder teilnehmen)*. Daß dies vor allem für weibliche ABA-Mitarbeiter gilt (M = 1.3), die ja traditionellerweise für die Kindererziehung zuständig sind, ist nicht erstaunlich. Aber auch bei männlichen ABA-Mitarbeitern war die Zustimmung sehr hoch (M = 2.1). So berichtete ein ABA-Mitarbeiter, daß er es genieße, heute sein Kind zu einem Kindergartenfest begleiten und die entsprechende Arbeitszeit morgens oder abends nachholen zu können.

Relativ gering ist die Zustimmung zu Behauptung 6 *(mehr Verständnis für Kindererziehung)* und Behauptung 7 *(mehr Verständnis der Familie für die Arbeit)*. Dabei wurde allerdings im Interview deutlich, daß die meisten der Befragten schon vor der ABA nicht über allzuviel Unverständnis zu klagen hatten und deshalb keine großen Veränderungen erwarteten.

Bei dieser positiven Bewertung der Auswirkung auf das Familienleben ist es nicht verwunderlich, daß eine *Vernachlässigung der Familie* (Behauptung 11), eine *Vernachlässigung der privaten Kontakte* (Behauptung 12) oder sogar – im Extremfall – eine *Tendenz, zum »Workaholic« zu werden*, (Behauptung 13) nur in einem geringen Ausmaß erlebt werden. Etwas stärker wird nur die Gefahr gesehen, *den Berufsstreß in die Familie zu tragen* (Behauptung 9). Hier kommt die negative Seite der Möglichkeit, seine Arbeit jederzeit wieder aufnehmen zu können, doch ein wenig zum Ausdruck.

Störungen durch die Familie bei der Arbeit werden nur *gelegentlich* erlebt (Behauptungen 10, 17, 18, 20). Die höchste Zustimmung findet Behauptung 17 *(muß man die Kinder dazu erziehen, einen nicht dauernd anzusprechen)*. Dies ist nicht verwunderlich, da hier nichts darüber ausgesagt ist, ob der Versuch auch gelingt. Die Interviewerin hatte allerdings nicht den Eindruck, daß die Befragten hier große Probleme erlebten; der Respekt speziell vor einem Vater, der zu Hause arbeitet, scheint in den meisten Familien sehr ausgeprägt zu sein.

Zwischen wohnungszentrierten und bürozentrierten ABA-Mitarbeitern fanden sich 3 signifikante Unterschiede (s. $p < 0.05$), und zwar bei Behauptung 15 *(zu enges Aufeinanderhängen)*, Behauptung 16 *(weniger »Erholung« von der Familie im Betrieb)* und Behauptung 19 *(kommt man weniger »aus dem Haus« als einem lieb ist)*. Obwohl auch die Mittelwerte der wohnungszentrierten ABA-Mitarbeiter in allen 3 Fällen noch oberhalb der Skalenmitte, zwischen 3.5 und 4.4 liegen, sollte man dies nach dem oben Gesagten immerhin als ein gewisses Eingeständnis, die entsprechende negative Erfahrung zu kennen, interpretieren. Für die bürozentrierten ABA-Mitarbeiter sind diese drei Behauptungen natürlich praktisch irrelevant. Von einer ausgeprägten sozialen Isolation der wohnungszentrierten ABA-Mitarbeiter kann allerdings trotzdem nicht die Rede sein, betrachtet man die Antworten auf Behauptung 21 *(kann man Erfolgserlebnisse nicht spontan mit jemandem teilen)*, Behauptung 22 *(fehlt einem oft der Ansprechpartner)* und Behauptung 23 *(kann man sich ganz schön alleine fühlen)*.

Positive Auswirkung

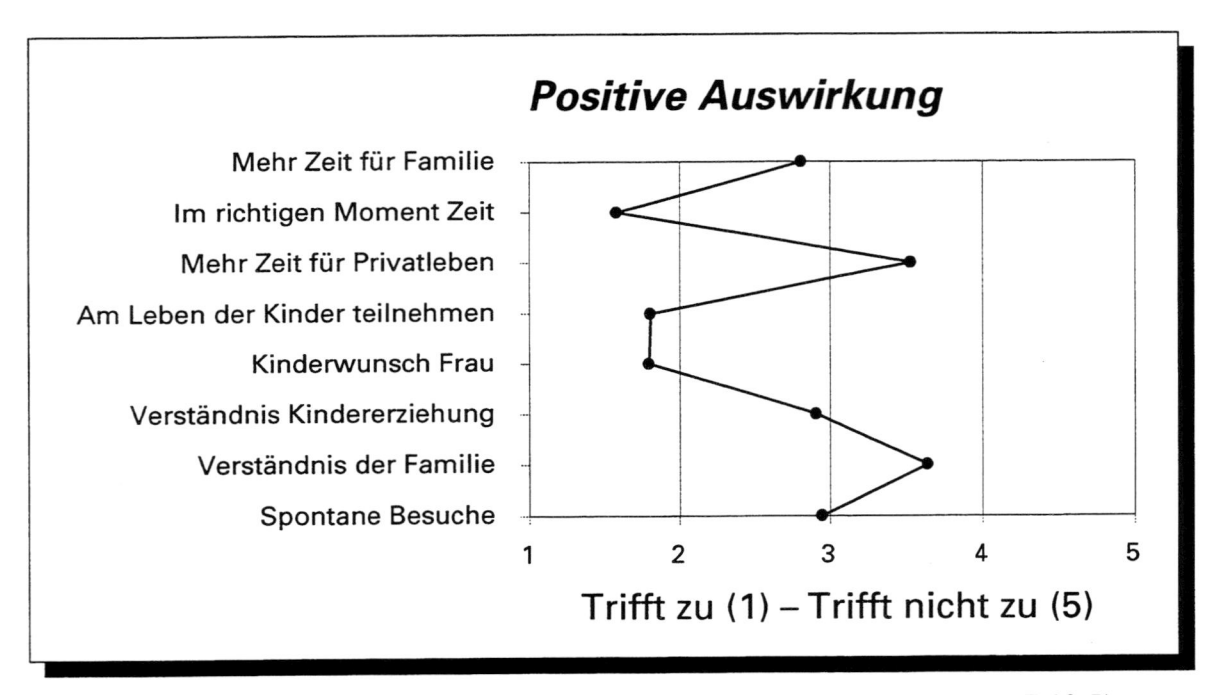

- Mehr Zeit für Familie
- Im richtigen Moment Zeit
- Mehr Zeit für Privatleben
- Am Leben der Kinder teilnehmen
- Kinderwunsch Frau
- Verständnis Kindererziehung
- Verständnis der Familie
- Spontane Besuche

Trifft zu (1) – Trifft nicht zu (5)

Abb. 22. Die positiven Auswirkungen einer ABA auf das Privatleben (Frage 7.10.5)

In allen drei Fällen liegen die Werte für wohnungszentrierte und bürozentrierte ABA-Mitarbeiter nahe beieinander, sind die wohnungszentrierten also nicht stärker betroffen.

Interessant war die Antwort auf Behauptung 14 *(erlebt man eine vermehrte Doppelbelastung durch Familie und Beruf)*. Nach der klassischen Rollenverteilung sollten vor allem weibliche Mitarbeiter davon betroffen sein, und in der Diskussion um häusliche Arbeitsplätze wird eine mögliche Überlastung der Frauen als eine Hauptgefahr gesehen. In unserer Befragung unterschieden sich aber die Antworten von Männern und Frauen hier nicht, der Mittelwert beider Gruppen lag bei 4.6, drückt also schon die extreme Verneinung einer solchen Erfahrung aus. Für Männer ist dies nicht verwunderlich, da ihnen unterstellt werden kann, daß sie die Kindererziehung im wesentlichen ihren Frauen überlassen. Dies wird auch dadurch nahegelegt, daß nur wenige Partnerinnen der befragten männlichen ABA-Mitarbeiter – überwiegend in Teilzeit – berufstätig sind. Überraschend ist vielmehr, daß die Frauen keine höhere Belastung angaben. Zur Erklärung liegt es nahe, daß praktisch alle Frauen auch ohne ABA weiterhin berufstätig wären. Bei der Beantwortung dieser Frage haben sie deshalb wohl die Berufstätigkeit zu Hause mit der Berufstätigkeit im Betrieb verglichen. Bei diesem Vergleich kann demnach eine *vermehrte Doppelbelastung* wirklich ausgeschlossen werden.

5.13 Die Vorgesetztenbefragung

5.13.1 Die Einstellung der Vorgesetzten

Befragt nach ihrer ursprünglichen Einstellung zu den außerbetrieblichen Arbeitsstätten am Beginn des Modellversuchs, gaben 42.4 % der Vorgesetzten eine sehr positive, 33.3 % eine positive, 21.2 % eine abwartende und nur ein Vorgesetzter eine negative Antwort. Diese ursprünglich positive Grundeinstellung der Befragten ist natürlich nicht verwunderlich, da

5.13 Die Vorgesetztenbefragung

Negative Auswirkung

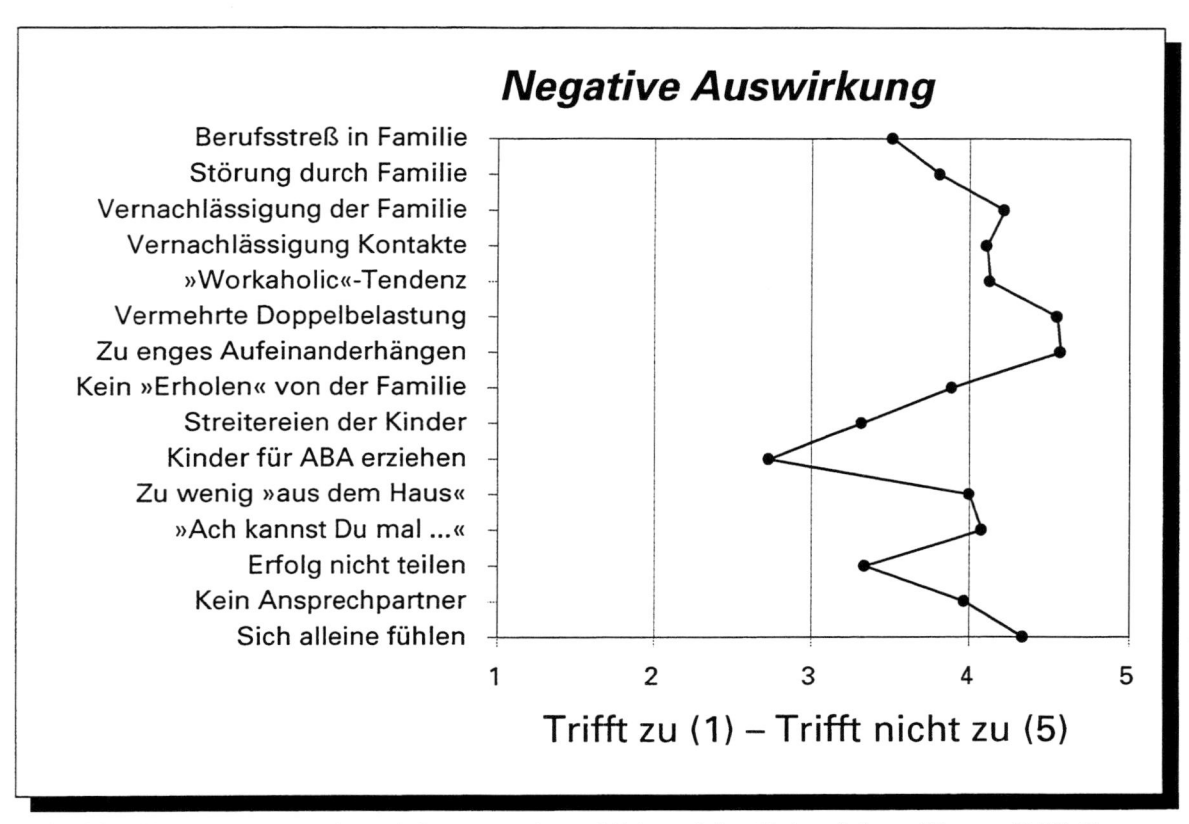

Item	
Berufsstreß in Familie	
Störung durch Familie	
Vernachlässigung der Familie	
Vernachlässigung Kontakte	
»Workaholic«-Tendenz	
Vermehrte Doppelbelastung	
Zu enges Aufeinanderhängen	
Kein »Erholen« von der Familie	
Streitereien der Kinder	
Kinder für ABA erziehen	
Zu wenig »aus dem Haus«	
»Ach kannst Du mal ...«	
Erfolg nicht teilen	
Kein Ansprechpartner	
Sich alleine fühlen	

Trifft zu (1) – Trifft nicht zu (5)

Abb. 23. Die negativen Auswirkungen einer ABA auf das Privatleben (Frage 7.10.5)

Vorgesetzte mit einer negativen Grundeinstellung sich nicht intensiv für die Einrichtung außerbetrieblicher Arbeitsstätten eingesetzt haben und somit kaum in die Stichprobe gekommen sein dürften. Interessanter ist in diesem Zusammenhang die Einstellungs*änderung* der Vorgesetzten infolge praktischer Erfahrung mit außerbetrieblichen Arbeitsstätten, wie sie die Tabelle 1 wiedergibt.

Frühere Einstellung	Heutige Einstellung				
	Sehr viel positiver	Positiver	Unverändert	Negativer	Insgesamt
Sehr positiv	1	3	8	2	14 42.4%
Positiv	2	2	6	1	11 33.3%
Abwartend	1	5	1		7 21.2%
Sehr negativ			1		1 3.0%
	4 12.1%	10 30.3%	16 48.5%	3 9.1%	33 100.0%

Tab. 1. Die Einstellung der Vorgesetzten von ABA-Mitarbeitern vor dem Modellversuch und ihre Änderung in dessen Verlauf

Die übergroße Mehrzahl der Vorgesetzten (84.9 %) zeigt demnach eine unverändert positive Einstellung oder sogar noch eine Verbesserung im Vergleich mit dem Beginn des Modellversuchs. Als Begründung für eine positivere Einstellung wird vor allem angegeben, daß befürchtete Probleme bezüglich der Erreichbarkeit der Mitarbeiter, der erschwerten Kommunikation und der geringeren Kontrolle nicht aufgetreten seien oder sich als leicht lösbar erwiesen hätten. Dies steht im Einklang mit den Aussagen der interviewten Mitarbeiter, die praktisch ausnahmslos angaben, sie würden trotz relativ starrer Regelungen in den vertraglichen Vereinbarungen ihre betrieblichen und häuslichen Arbeitszeiten eher flexibel mit ihrem Team und ihrem Vorgesetzten individuell absprechen.

Nur 3 Vorgesetzte gaben einen *negativen* Einstellungswandel an, und zwar ausgehend von einem *sehr positiven* bzw. *positiven* Ausgangsniveau. In allen diesen Fällen wurden aber als Ursache nicht etwa Probleme mit den Mitarbeitern, sondern der hohe bürokratische Aufwand bei der Einrichtung einer außerbetrieblichen Arbeitsstätte, zu umständliche Genehmigungsverfahren und eine zu starre Administration angegeben. Daß dies auch von den Vorgesetzten mit einer unverändert positiven Einstellung als Problem empfunden wird, zeigen die Antworten auf die Frage nach dem organisatorischen Aufwand zur Einrichtung einer außerbetrieblichen Arbeitsstätte: 63.6 % gaben an, daß dieser *hoch* oder *sehr hoch* gewesen sei.

Um einen Vergleich ihrer eigenen Einstellung zu dem Modellversuch mit der ihrer Kollegen gebeten, gaben 36.4 % der Vorgesetzten an, daß diese *gleich* sei, aber mehr als die Hälfte (54.5 %) hält die eigene Einstellung für *positiver*. Dies stimmt wiederum mit der Meinung der ABA-Mitarbeiter überein, die zwar nicht bei ihren eigenen, aber bei vielen anderen Vorgesetzten ein hohes Maß an Skepsis vermuteten.

5.13.2 Kriterien für die Mitarbeiterauswahl

Die Antworten der Vorgesetzten auf einer fünfstufigen Skala zur Bedeutung von 10 verschiedenen Auswahlkriterien für eine ABA zeigt Abbildung 24.

Die wichtigsten Gesichtspunkte bei der Auswahl von Mitarbeitern für eine außerbetriebliche Arbeitsstätte waren demnach die *Art der Tätigkeit* (für 78.8 % der Vorgesetzten *wichtig* bis *sehr wichtig*) und – im Zusammenhang damit – *betriebliche Notwendigkeiten* (für 51.6 % der Vorgesetzten *wichtig* bis *sehr wichtig*). Betriebliche Interessen waren nur dann von etwas untergeordneter Bedeutung, wenn als Auswahlgesichtspunkt eine *Erkrankung* des Mitarbeiters oder eines Familienmitglieds ausschlaggebend war. Der zweitwichtigste Gesichtspunkt war die *Motiviertheit der Mitarbeiter* (für 66.7 % der Vorgesetzten *wichtig* bis *sehr wichtig*). Betrachtet man die generell hohe Leistungsmotivation der interviewten Mitarbeiter, so dürfte dieser Gesichtspunkt wohl auch realisiert worden sein.

Die *Vereinbarkeit von Familie und Beruf* stand für 45.5 % der Vorgesetzten im Vordergrund. Bei diesem Auswahlkriterium war dann vor allem die *Vertrauenswürdigkeit* des Mitarbeiters und die Möglichkeit des *Gewinnens bzw. Haltens guter Mitarbeiter* von Bedeutung. Besonders bei letzterem Gesichtspunkt haben sich die Vorgesetzten von sich aus aktiv um die Einrichtung einer ABA bemüht, während ansonsten die Initiative vom Mitarbeiter (39.4 %) oder von Vorgesetztem und Mitarbeiter zusammen ausging (51.5 %). Da, wie aus der Mitarbeiterbefragung hervorging, Vereinbarkeit von Familie und Beruf vor allem für weibliche Mitarbeiter von Bedeutung ist und diese dann in der Regel auch mehr zu Hause arbeiten als ihre

5.13 Die Vorgesetztenbefragung

männlichen Kollegen, zeigt die Betonung der Vertrauenswürdigkeit, daß auch bei diesem Auswahlkriterium die betrieblichen Interessen stark berücksichtigt wurden.

Auswahlkriterium

- Art der Tätigkeit
- Gewinnen/Halten guter Mitarbeiter
- Berufserfahrung des Mitarbeiters
- Betriebswirtschaftliche Kenntnisse
- Betriebliche Notwendigkeiten
- Vertrauenswürdigkeit
- Vereinbarkeit Familie/Beruf
- Krankheit Mitarbeiter/Familie
- Reduktion Berufsverkehr
- Motiviertheit des Mitarbeiters

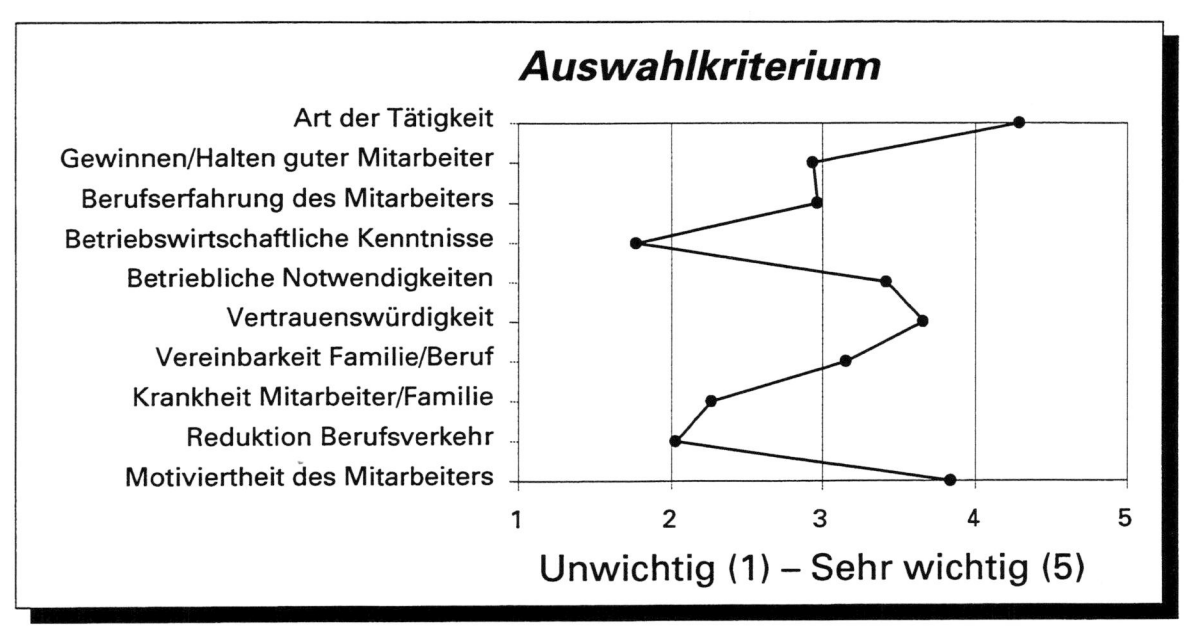

Unwichtig (1) – Sehr wichtig (5)

Abb. 24. *Die Auswahlkriterien der Vorgesetzten für eine ABA*

Knapp die Hälfte der Vorgesetzten (48.5 %) hat als Auswahlkriterium die *Berufserfahrung des Mitarbeiters* berücksichtigt, aber nur 9.1 % dachten dabei primär an *betriebswirtschaftlich-organisatorische Kenntnisse*.

Angesichts der Bedeutung, die der *Reduktion des Berufsverkehrs* in der bisherigen öffentlichen Diskussion der außerbetrieblichen Arbeitsstätten beigemessen wurde, erstaunt deren untergeordnete Rolle in der Befragung. Nur für 12.2 % der Vorgesetzten war dies ein *wichtiger* bis *sehr wichtiger* Aspekt. Im Mitarbeiterinterview wurde die Reduktion der Fahrten zum Arbeitsplatz immerhin von 47.4 % als einer der wichtigen Gründe für das Interesse an der ABA genannt. Auch diese Zahl erscheint relativ gering.

5.13.3 Auswirkungen einer ABA für die Mitarbeiter aus der Sicht der Vorgesetzten

Die durchschnittlichen Antworten der Vorgesetzten zu einer Reihe von Auswirkungen eines häuslichen Arbeitsplatzes sind in Abbildung 25 wiedergegeben.

Generell läßt sich sagen, daß die Meinung der Vorgesetzten zu den positiven Auswirkungen eines häuslichen Arbeitsplatzes auf die Arbeit auffallend mit der Meinung der interviewten Mitarbeiter übereinstimmt. Vorgesetzte glauben ebenfalls, daß Mitarbeiter zu Hause ungestörter arbeiten, daß sie gute Einfälle außerhalb der Arbeitszeit aufgreifen und daß sie ihre Arbeitszeiten stärker den beruflichen Anforderungen anpassen. Besonders gut vergleichbar sind die Zahlenangaben für die Beurteilung der Produktivität und der bei häuslichem Arbeiten benötigten Selbstdisziplin, da hierbei Vorgesetzten und Mitarbeitern die gleiche fünfstufige Schätzskala vorgelegt wurde. Der Mittelwert für die Produktivität liegt für die Vorge-

Auswirkung der ABA

- Selbständigere Arbeit
- Ungestörtere Arbeit
- Einfälle außerhalb Arbeitszeit
- Weniger Beförderungschancen
- Stärkere Arbeitsplanung
- Produktiveres Arbeiten
- Anpassung an Beruf
- Mehr Selbstdisziplin
- Mehr Zeit für Familie

Vorgesetzte: Stimmt (1) – nicht (5)

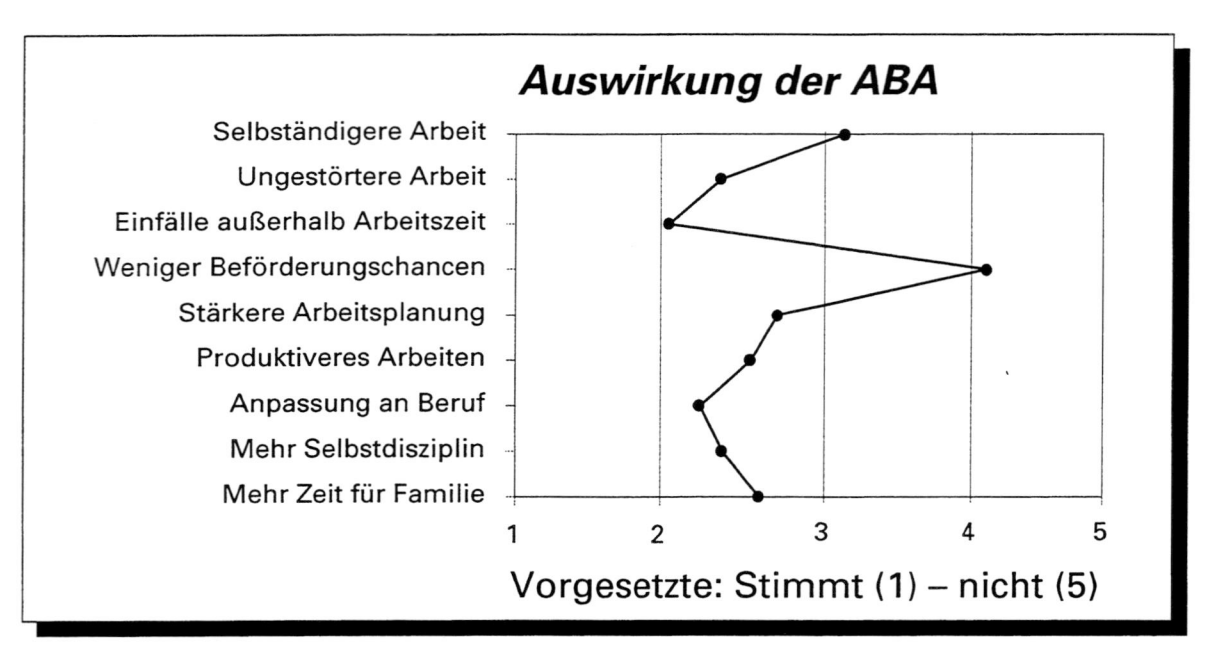

Abb. 25. *Die Auswirkungen der außerbetrieblichen Arbeit auf die ABA-Mitarbeiter im Urteil der Vorgesetzten*

setzten bei 2.6, für die Mitarbeiter bei 2.3. Auch was das Mehr an Selbstdisziplin betrifft, ist die Übereinstimmung zwischen beiden Gruppen sehr hoch: Der Mittelwert der Vorgesetzten beträgt 2.4, der der Mitarbeiter 2.7.

Das Stereotyp, daß ein ABA-Mitarbeiter prinzipiell mehr Zeit für seine Familie haben müßte, wird von den Vorgesetzten so wenig geteilt wie von den Mitarbeitern: Mit einem Mittelwert von 2.7 ist ihre Meinung praktisch identisch mit der der Mitarbeiter mit einem Mittelwert von 2.8.

Bei der Frage, ob Mitarbeiter zu Hause selbständiger arbeiten als im Betrieb und ob sie ihre Arbeit stärker planen müssen, wurden von den Vorgesetzten ebenfalls keine ausgeprägten Abweichungen gegenüber den Erfahrungen der Mitarbeiter selbst berichtet.

Geringere Beförderungschancen der Mitarbeiter durch das Arbeiten auf einer außerbetrieblichen Arbeitsstätte sahen die Vorgesetzten mit einem Mittelwert von 4.2 praktisch nicht. In diesem Wert sind nur 5 (15.2 %) skeptische Antworten enthalten.

Daß die Arbeit zu Hause für die Mitarbeiter mit verringerten Möglichkeiten zur informellen Kommunikation verbunden ist, erscheint unstrittig. In Frage 8.16 wurde daher erhoben, bei welchem Umfang dieser Arbeit die Vorgesetzten darin Nachteile für die Mitarbeiter sehen. Für den Übergang von *keine Nachteile* zu *Nachteile* ergab sich im Durchschnitt aller befragten Vorgesetzten eine Schwelle von 2.8 Tagen pro Woche. Die Abbildung 26 zeigt die Verteilungen der Nein-, Weiß-ich-nicht- und Ja-Antworten auf diese Frage und die Konstruktion der Schwelle. Der 50 %-Punkt der Nein-Antworten liegt bei T(nein) = 2.43, der 50 %-Punkt der Ja-Antworten bei T(ja) = 3.22. Ihr arithmetischer Mittelwert ist 2.82; er stimmt fast völlig mit dem Mittelwert der Verteilung der Weiß-ich-nicht-Antworten, M(?) = 2.77, überein.

5.13 Die Vorgesetztenbefragung

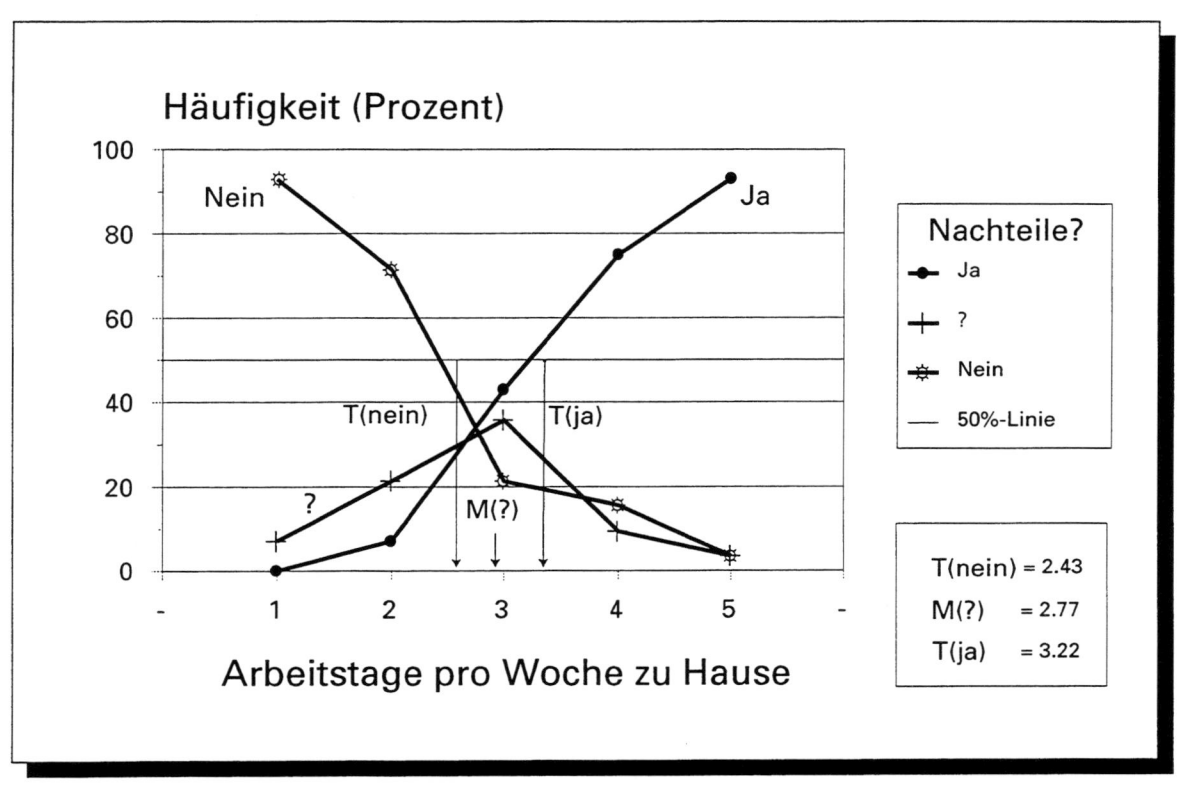

Abb. 26. *Nachteile für die Mitarbeiter aufgrund verminderter informeller Kommunikation in Abhängigkeit von der Zahl zu Hause abgeleisteter Arbeitstage im Urteil der Vorgesetzten*

Dieses Resultat bedeutet, daß die *alternierende* Telearbeit die sonst bei Telearbeit auftretenden Probleme auch aus der Sicht der Manager zu lösen vermag. Bis zu zwei Tage häuslicher Arbeit pro Woche sind gänzlich unproblematisch, vier und mehr werden durchgängig als nachteilig angesehen. Die Grenze liegt bei drei Tagen und dürfte sich bei positiven weiteren Erfahrungen sicher noch nach oben verschieben lassen.

5.13.4 Führungsstil

Den Vorgesetzten wurden 10 Gegensatzpaare zum Führungsverhalten vorgelegt und sie wurden gebeten, auf einer fünfstufigen Skala jeweils anzugeben, welche der beiden Alternativen ihrem individuellen Führungsverhalten am ehesten entspricht. Die Alternativen waren dabei möglichst wertneutral formuliert um zu vermeiden, daß sich soziale Erwünschtheit in nennenswertem Ausmaß auswirkt. Die gleichen Gegensatzpaare wurden auch den ABA-Mitarbeitern mit der Bitte vorgelegt, anzugeben, wie sie sich Ihren Vorgesetzten wünschten. Dabei war es natürlich nicht zu vermeiden, daß sich die Urteile der Mitarbeiter nicht nur auf ihre spezifische ABA-Situation, sondern teilweise auch auf ihre berufliche Situation im ganzen bezogen. Die Mittelwerte des von den ABA-Mitarbeitern gewünschten Vorgesetztenverhaltens und die Selbstbeurteilung der Vorgesetzten gibt Abbildung 27 wieder. Der Wortlaut der Fragen findet sich unter den Nummern 8.17.1 bis 8.17.10 im Abschnitt 8.

Es zeigte sich eine generell sehr hohe Übereinstimmung zwischen dem von den Mitarbeitern geäußerten Idealbild und der Selbsteinschätzung der Vorgesetzten, speziell in den Aspekten, ohne die ein Arbeiten zu Hause kaum möglich sein dürfte: Betonung von Selbständigkeit und Eigenverantwortlichkeit des Mitarbeiters sowie allgemeine Zielvorgabe anstatt präziser Vorgabe einzelner Schritte. Dabei kann natürlich aufgrund des Datenmaterials nicht entschieden werden, ob sich hierbei die Vorgesetzten von ABA-Mitarbeitern in ihrem Führungsverhalten von anderen Vorgesetzten unterscheiden, oder ob es sich dabei um eine im Unternehmen generell praktizierte Führungsphilosophie handelt.

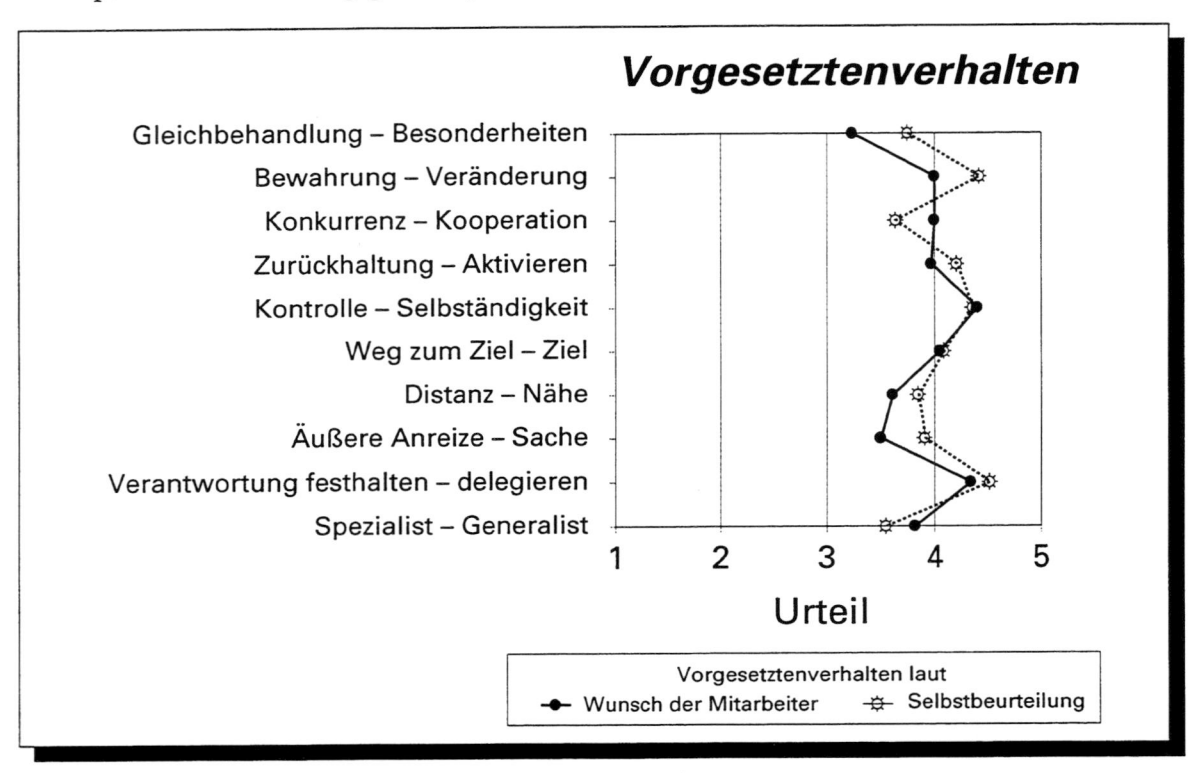

Abb. 27. Der Führungsstil im Wunschbild der ABA-Mitarbeiter und im Selbstbild ihrer Vorgesetzten

Interessant ist die hohe Übereinstimmung im Gegensatzpaar *Vorgesetzter als Spezialist versus Generalist*. Sie überrascht, weil viele Mitarbeiter den *Generalisten* explizit als Wunschvorstellung äußerten und darüber klagten, daß zu viele *Spezialisten* die Managerlaufbahn einschlagen würden, was ein Hineinregieren in Details der Sacharbeit und eine relativ schlechte Vertretung der Abteilung nach außen zur Folge habe. Als Grund dafür wurden oft zu geringe Aufstiegsmöglichkeiten auf der Fachebene bemängelt, die ehrgeizige Mitarbeiter praktisch dazu zwängen, in die Managerebene zu wechseln. Die Vorgesetzten jedoch sahen sich selbst in einem Ausmaß als Generalisten, das zwar mit dieser Klage der Mitarbeiter nicht im Einklang stand, dafür aber deren Wunschbild entsprach.

Ein signifikanter Unterschied (s. $p < 0.05$) zeigte sich noch darin, daß die Vorgesetzten den Aspekt der *Veränderung, Flexibilität und Innovation* etwas stärker betonten als ihre ABA-Mitarbeiter.

5.13 Die Vorgesetztenbefragung

5.13.5 Die Eignung der Tätigkeiten für eine ABA aus der Sicht der Vorgesetzten

Alle Einzeltätigkeiten und Tätigkeitsbereiche, die von den Mitarbeitern im Interview genannt worden waren, wurden den Vorgesetzten zur Beurteilung vorgegeben. Dabei zeigte sich, daß diejenigen Tätigkeiten als am besten geeignet beurteilt wurden, die auch am häufigsten ausgeübt werden (s. Abschnitt 5.3.1 *Die Tätigkeitsfelder).* Projektleitung, Projektkoordination, Tätigkeiten in der Rechtsabteilung und Sekretariatsarbeiten, die nur von wenigen Mitarbeitern im Interview genannt worden waren, wurden als am wenigsten geeignet angesehen. Da diese wenigen Mitarbeiter ihre Arbeit aber aus ihrer Sicht sehr erfolgreich und zur Zufriedenheit ihrer Vorgesetzten ausüben, gibt es hier sicher noch ein ungenutztes Potential. So äußerte ein Vorgesetzter: »Es läßt sich mehr zu Hause erledigen als erwartet«.

5.13.6 Vorteile und Nachteile einer ABA für die Vorgesetzten

Wenn Mitarbeiter nicht mehr täglich im Betrieb anwesend sind, so erwartet man für den Vorgesetzten einen höheren Planungs- und Organisationsaufwand bei der Zusammenarbeit. Von der Mehrzahl der befragten Vorgesetzten wurde jedoch nur ein geringer Mehraufwand für Planung angegeben und noch geringer wurde die daraus resultierende Belastung eingeschätzt. Das Gleiche gilt für eine mögliche Behinderung der Arbeit durch eine schwerere Erreichbarkeit der Mitarbeiter auf außerbetrieblichen Arbeitsstätten. Dies liegt sicher zum Teil an der zur Zeit noch kleinen Zahl von wohnungszentrierten ABA-Mitarbeitern, aber auch an deren bereits erwähnter Flexibilität. Zum anderen werden wichtige Besprechungen auch dann im voraus geplant, wenn alle Mitarbeiter im Betrieb anwesend sind. Spontane Kontakte sind schließlich fast genausogut wie im persönlichen Gespräch auch über Telefon möglich.

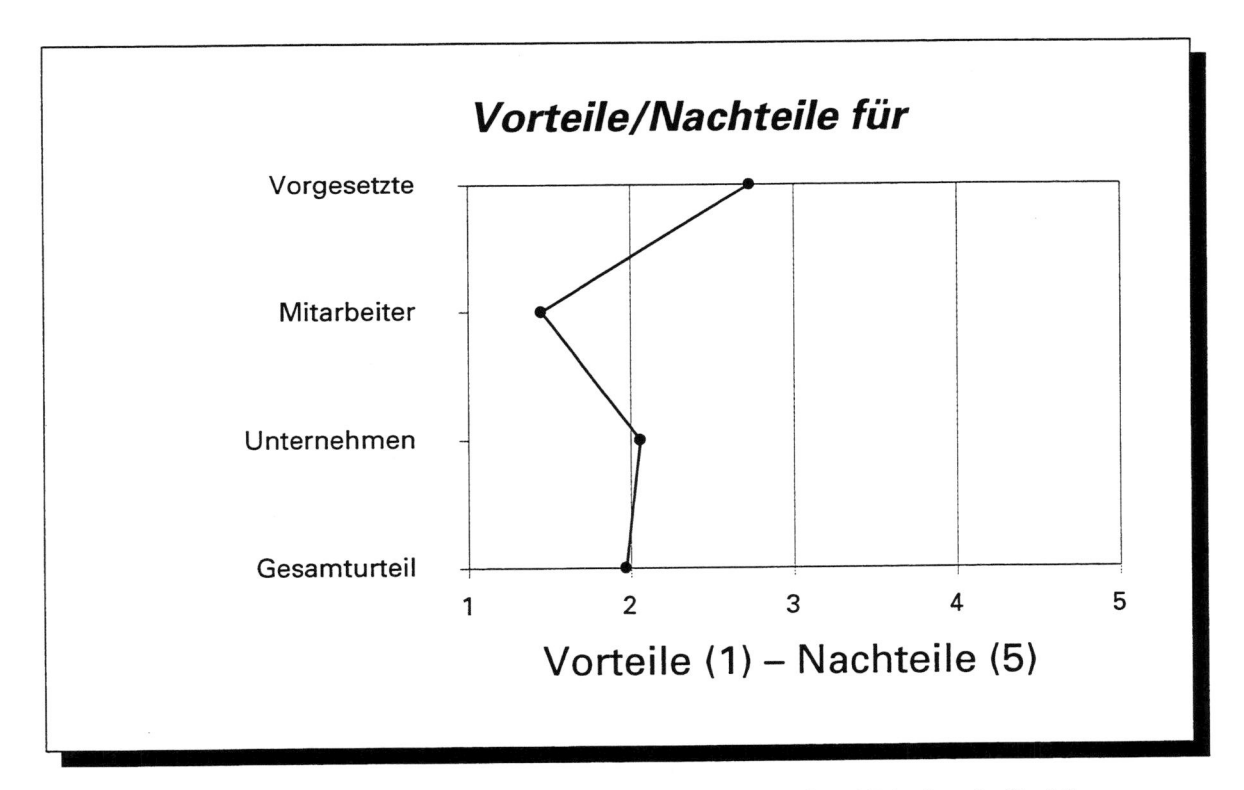

Abb. 28. Gesamtbewertung von Vorteilen und Nachteilen der ABA durch die Manager

So verwundert es nicht, daß bei Abwägung aller Vor- und Nachteile für die Mehrzahl der befragten Vorgesetzten insgesamt die Vorteile bei der Einrichtung außerbetrieblichen Arbeitsstätten überwiegen (s. Abb. 28): Der Mittelwert der Antworten lag auf der fünfstufigen Skala von 1 *(Vorteile überwiegen)* bis 5 *(Nachteile überwiegen)* bei 2.1. Die Vorteile waren dabei aus Vorgesetztensicht für die Mitarbeiter am höchsten (Mittelwert = 1.5), am zweithöchsten für die IBM (Mittelwert = 2.1) und für sie selbst in der Rolle der Vorgesetzten am geringsten (Mittelwert = 2.7). Die Hauptvorteile der ABA sehen die Vorgesetzten in einer höheren Flexibilität der Organisation im ganzen, einer besseren Vereinbarkeit von Familie und Beruf und der besseren Möglichkeit, auf die spezifische Situation einzelner Mitarbeiter einzugehen. Damit verbunden wird eine höhere Leistungsmotivation und ein Produktivitätsgewinn bei fähigen Mitarbeitern gesehen. An möglichen Nachteilen wird praktisch nur ein erhöhter Koordinationsaufwand von einer etwas größeren Zahl (18.2 %) der befragten Vorgesetzten genannt. Für den Fall allerdings, daß *sehr viel mehr Mitarbeiter als heute* auf einer ABA arbeiten würden, befürchten doch knapp die Hälfte, daß vom Koordinationsaufwand her Grenzen der Praktikabilität erreicht werden könnten. Auf der anderen Seite könnten sich 36.4 % der befragten Vorgesetzten *gut* oder *sehr gut* vorstellen, ihre eigene Tätigkeit vermehrt von zu Hause aus durchzuführen.

5.14 Die Auswirkungen auf den Straßenverkehr

Schon bei den ersten Versuchen mit Telearbeit spielte der Gedanke eine wesentliche Rolle, daß man dabei die täglichen Fahrten der Pendler ins Büro verringern oder sogar ganz vermeiden könnte. Telearbeit trägt somit ein Potential in sich, die Belastungen der Allgemeinheit durch hohes Verkehrsaufkommen mit der Folge von Staus, Behinderungen, Lärm, Abgasen und Verbrauch begrenzter natürlicher Ressourcen zu vermindern, weil ja der Transport von Personen durch den masselosen Transport von Informationen ersetzt wird. In der Wissenschaft wird diese Problematik unter dem Begriff der Substitution von physischem Verkehr durch Telekommunikation behandelt (s. Harmsen & König, 1994; Mokhtarian, 1991).

Es zeigt sich schnell, daß hier ein äußerst kompliziertes Netz von persönlichen Verhaltensweisen und deren Änderungen vorliegt, in dem ebenso verkehrsreduzierende wie verkehrsinduzierende Möglichkeiten eine Rolle spielen. Die rein rechnerische Verminderung der gefahrenen Kilometer könnte beispielsweise dadurch wieder aufgezehrt werden, daß das Familienauto während der Telearbeit von einem anderen Familienmitglied, dem es während der Büroarbeit nicht zur Verfügung steht, zu Fahrten benutzt wird, die sonst nicht oder mit öffentlichen Verkehrsmitteln stattfinden würden. Auf dem Heimweg von der Büroarbeit erledigte Besorgungen könnten bei Telearbeit eigene Fahrten veranlassen, oder Telearbeit könnte dazu führen, daß man Wohnorte wählt, die weiter vom Betrieb entfernt sind, so daß die Ersparnis bei Telearbeit durch die größere Entfernung bei den noch nötigen Fahrten in den Betrieb wieder ausgeglichen wird. Schließlich könnte es sich bei Telearbeitern auch um Mitglieder von Fahrgemeinschaften handeln, deren häusliche Berufsarbeit nur dazu führt, daß das Fahrzeug beim täglichen Pendeln mit einer Person weniger besetzt ist.

Diese Fragen sollen hier nur angedeutet werden, sie waren nicht Gegenstand der vorliegenden Untersuchung. Was unsere Befragung jedoch hergibt, ist eine Substitutionsrechnung ohne solche Kompensationseffekte. Diese Auswirkungen sind offenkundig und leicht zu be-

5.14 Die Auswirkungen auf den Straßenverkehr

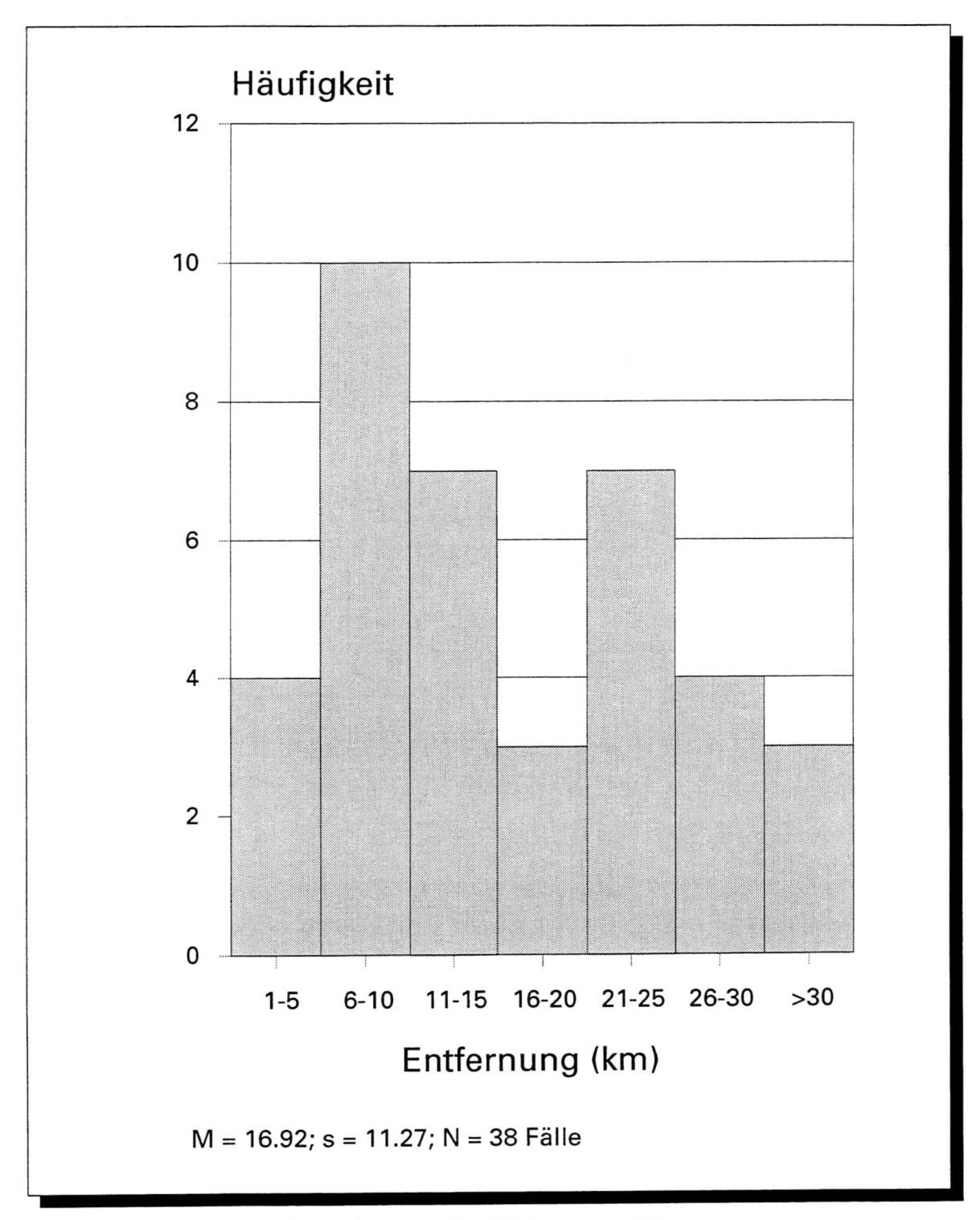

Häufigkeit

M = 16.92; s = 11.27; N = 38 Fälle

Abb. 29. Die Entfernung (einfach) zwischen Wohnung und Büro

rechnen. Jeder in der Wohnung abgeleistete Arbeitstag bedeutet im allgemeinen zwei Autofahrten weniger. Da wir von allen Befragten die Zahl der pro Woche durchschnittlich zu Hause abgeleisteten Arbeitstage, die Entfernung zwischen Wohnung und Geschäftsräumen, die Fahrtdauer innerhalb und außerhalb der Hauptverkehrszeiten und das benutzte Verkehrsmittel erhoben haben (Fragen 7.1.7 und 7.4.1 bis 7.4.4; s. Abb. 29 und 30), läßt sich die Substitution berechnen.

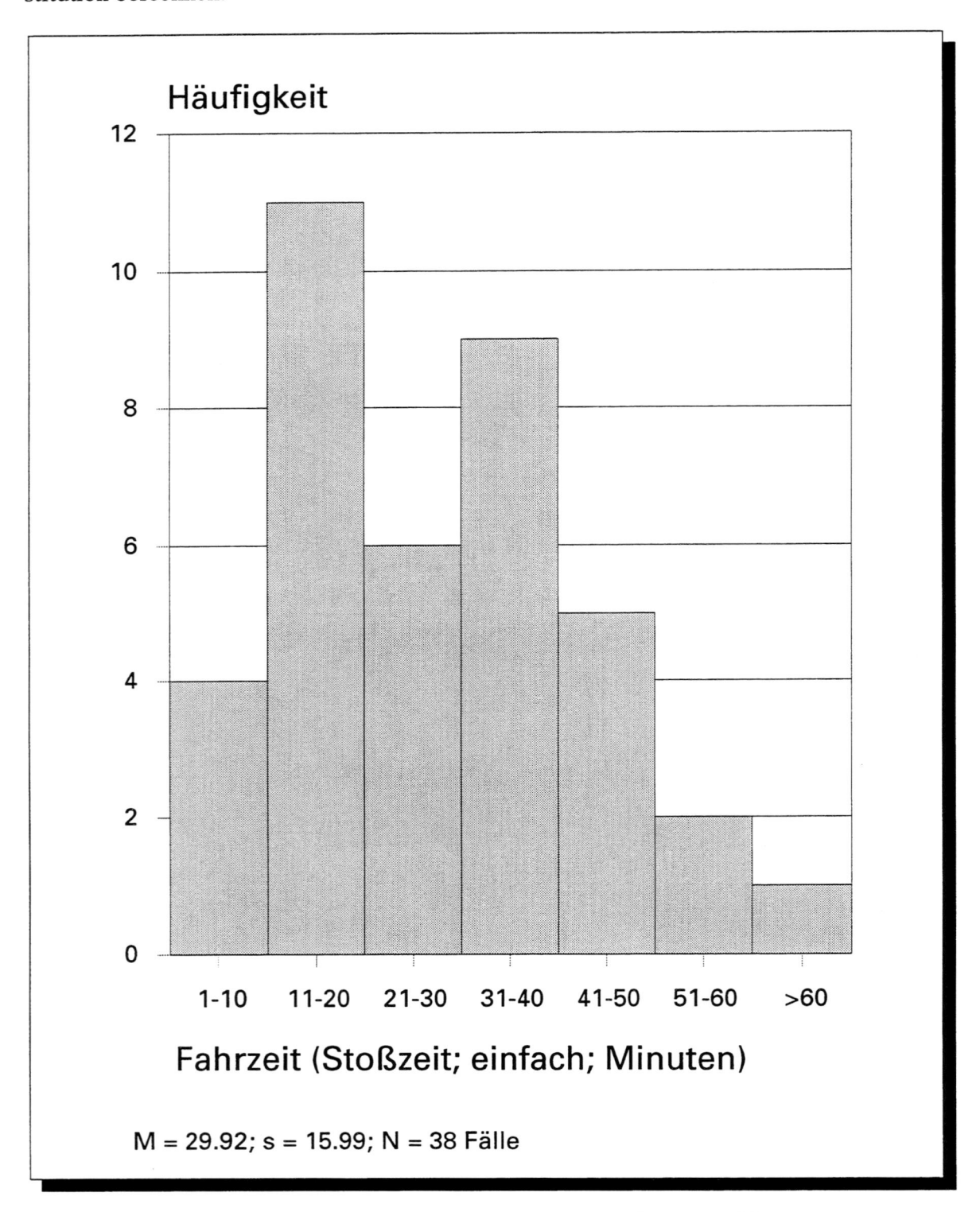

M = 29.92; s = 15.99; N = 38 Fälle

Abb. 30. Die Fahrzeit für den einfachen Weg zwischen Wohnung und Büro

5.14 Die Auswirkungen auf den Straßenverkehr

Von den 38 Befragten arbeiteten 14 bürozentriert, also nur *stundenweise oder stundenweise plus gelegentlich einen Tag* zu Hause. In die folgende Rechnung haben wir für diese Personen den Substitutionseffekt null eingesetzt, sind also davon ausgegangen, daß hier die tägliche Fahrt ins Büro immer stattfindet. Ebenso sind wir mit einer weiteren Person verfahren, die auf einer Vollzeitstelle arbeitstäglich die halbe Arbeitszeit zu Hause ableistet.

Für die Gesamtstichprobe ergaben sich im Wochendurchschnitt 1.37 Arbeitstage ohne Fahrt ins Büro. Bei den 23 Personen, die regelmäßig mindestens an einem Tag pro Woche *nicht* fuhren, betrug dieser Mittelwert 2.26 Arbeitstage. Regelmäßig mit dem Auto fuhren 31 Personen, also 81.6 % unserer Befragten. Für sie betrug die durchschnittliche Entfernung von der Wohnung zum Arbeitsplatz 17.4 km. Im Durchschnitt waren dafür 57.9 Minuten in den Hauptverkehrszeiten und sonst 38.1 Minuten täglich, und zwar für Hin- und Rückfahrt zusammen, aufzuwenden. Mit Hilfe der Verteilung der zu Hause abgeleisteten Arbeitszeit über alle Personen haben wir dann die durchschnittliche Ersparnis aller mit dem Auto fahrenden Befragten berechnet. Sie betrug, umgerechnet auf die einfache Entfernung, 5.6 km oder 32.0 %. Die durchschnittliche Zeitersparnis betrug, auf beide Fahrten und auf den Einzeltag bezogen, 17.4 Minuten (30.0 %) innnerhalb und 12.0 Minuten (31.5 %) außerhalb der Hauptverkehrszeiten. In dieser Rechnung sind 11 Befragte enthalten, bei denen, wie oben näher begründet, überhaupt keine Substitution stattfindet. Wird die Telearbeit zur Vermeidung von Personentransport gezielt eingesetzt, so kann man diese Form natürlich vernachlässigen.

Eine Substitutionsrechnung, die mit unseren Daten die Ersparnis nur auf diejenigen Telearbeiter aufteilt, die auch weniger fahren, ist daher das angemessene Modell für diesen Fall. Die Resultate lauten wie folgt. Die durchschnittliche Entfernung von der Wohnung zu den Geschäftsräumen beträgt 17.3 km, die umgerechnete Ersparnis 8.6 km (49.9 %). Die durchschnittliche tägliche Fahrzeit wird in der Hauptverkehrszeit von 55.7 Minuten um 26.9 Minuten (48.4 %) verkürzt. Außerhalb dieser Zeiten werden 37.0 Minuten durchschnittliche Fahrzeit um 18.6 Minuten (50.2 %) verkürzt.

Bei der Beurteilung dieser Zahlen sind verschiedene Gesichtspunkte zu berücksichtigen. Dazu gehört:

1.) Unsere Stichprobe enthielt einen beträchtlichen Anteil von Personen, bei deren Form der Telearbeit überhaupt keine Substitution von physischem Verkehr stattfindet. Selbst wenn man diese in die Substitutionsrechnung einbezieht, indem man die Gesamtstichprobe betrachtet, besteht ein beachtliches Substitutionspotential von rund einem Drittel. Insgesamt zeigte unsere Studie aber, daß Tendenzen zur Erhöhung der zu Hause abgeleisteten Arbeitszeit bestehen, die erfolgreich in die Praxis umgesetzt werden können. Damit würde sich der Ersparnisprozentsatz noch erhöhen. Die in neueren amerikanischen Untersuchungen genannten 50 % resultieren schließlich auch aus unserer Stichprobe, wenn man die Substitutionsrechnung auf die Personen mit verkehrsmindernder Telearbeit beschränkt.

2.) Bei der Substitution von physischem Verkehr sind nennenswerte Gesamteffekte nur als Summen vieler relativ bescheidener Einzeleffekte zu erwarten. Darauf bezogen ist der hier gefundene Prozentsatz als hoch zu bewerten.

3.) Je höher man den ökologischen Nutzen für verringerten Personentransport zusätzlich zu einer ökonomischen Kosten-Nutzen-Rechnung bewertet, desto wertvoller wird das hier gefundene Einsparpotential.

4.) Nachdem sich in der Literatur Hinweise darauf finden, daß die durch Telearbeit eingesparten Fahrten offenbar *nicht* durch mehr privat veranlaßte Fahrten des Telearbeiters oder seiner Familie kompensiert werden, kann in den gefundenen Zahlen eine echte Netto-Substitution gesehen werden.

5.) Da auch durchaus noch fraglich ist, ob die gefundene, beträchtliche Einsparung durch Telearbeit wirklich die Wahl vom Betrieb noch weiter entfernter Wohnorte in größerem Umfang anregt, kann ein Substitutionseffekt in der hier gefundenen Größenordnung realistischerweise erwartet werden.

Zusammenfassend läßt sich also sicher sagen, daß die Telearbeit ein erhebliches Substitutionspotential enthält. Solche Rechnungen sollten mit einer ökonomischen und ökologischen Bilanzierung der Telekommunikation bis hin zu Überlegungen über eine ökonomisch angemessene und ökologisch zu fordernde Tarifgestaltung der Telekom verbunden werden, was jedoch den Rahmen der vorliegenden Untersuchung sprengen würde.

6. Beispiel einer Betriebsvereinbarung und Betriebshinweise (IBM) [1]

6.1 Betriebsvereinbarung zwischen der Geschäftsführung der IBM Deutschland GmbH und dem Gesamtbetriebsrat der IBM Deutschland GmbH über außerbetriebliche Arbeitsstätten

Präambel

Eine humane, aber auch zweckmäßige Gestaltung und Organisation der Arbeit lassen auch die Einrichtung außerbetrieblicher Arbeitsstätten, die sich in der Wohnung von Mitarbeitern oder Mitarbeiterinnen befinden, in bestimmten Fällen geboten erscheinen.

Durch menschengerechte Gestaltung der Arbeits- und Leistungsbedingungen und der Arbeitszeiten soll

– die freie Entfaltung der Persönlichkeit von Mitarbeiter/innen geschützt und gefördert und

– der/m Einzelnen bei der Lage und Verteilung der Arbeitszeit im Rahmen der betrieblichen Möglichkeiten Entscheidungsspielräume eingeräumt werden,

ohne eine gesundheitliche Beeinträchtigung der Mitarbeiter/innen herbeizuführen.

Diesen Grundsätzen des § 3.2 MTV NW/NB [2] folgend, werden mit dieser Vereinbarung die bestehenden Regelungen über außerbetriebliche Arbeitsstätten ergänzt um solche, die sich in den Wohnungen der Mitarbeiter/innen befinden.

Diese Einbeziehung soll auch den Schwerbehinderten und einer besseren Vereinbarkeit von Familie und Beruf dienen sowie zu einer Entlastung der Umwelt (Rush hour) beitragen. Betriebsnahe Wohnungen werden nicht mehr im bisherigen Umfang erforderlich sein. Dies kann den Wohnungsmarkt in Ballungsräumen entlasten.

1. Allgemeines

1.1 Gegenstand

Gegenstand dieser Vereinbarung sind Rahmen- und Vergütungsbedingungen für eine außerbetriebliche Arbeitsstätte in der Wohnung von Mitarbeitern/innen.

1.2 Begriff

Eine außerbetriebliche Arbeitsstätte in der Wohnung liegt dann vor, wenn der/die Mitarbeiter/in ganz oder teilweise seine/ihre individuelle regelmäßige Arbeitszeit (vertragliche Arbeitsstunden laut PDS [3]) zu Hause leistet.

---

1 Abdruck mit freundlicher Erlaubnis der IBM Deutschland Informationssysteme GmbH. In diesem Abschnitt übernehmen wir die Dezimalnumerierung aus den Originaldokumenten der IBM, ohne unsere Abschnittsnummer (6.) voranzustellen.
2 MTV NW/NB: Manteltarifvertrag Nordwürttemberg/Nordbaden
3 PDS: Personal Data System

1.3 Geltungsbereich

Diese Vereinbarung gilt für alle festangestellten Mitarbeiter/innen der IBM Deutschland GmbH, die ihre Wohnung in der Bundesrepublik Deutschland haben und die Arbeitnehmer/innen im Sinne des BetrVG sind.

1.4 Bestehende betriebliche Regelungen

Bestehende betriebliche Regelungen gelten unverändert bzw. sinngemäß für die Mitarbeiter/innen, die eine außerbetriebliche Arbeitsstätte in ihrer Wohnung haben, sofern in dieser Betriebsvereinbarung einschließlich ihrer Anlagen nicht ausdrücklich etwas anderes geregelt ist.

2. Teilnahmevoraussetzungen

Die Teilnahme an der Einrichtung von außerbetrieblichen Arbeitsstätten ist freiwillig und unterliegt den folgenden Voraussetzungen.

2.1 Geeignete Arbeitsaufgabe

Mitarbeiter/innen, deren Arbeitsaufgabe ohne Beeinträchtigung des Betriebsablaufs und des Kontakts zum Betrieb eine außerbetriebliche Arbeitsstätte in ihrer Wohnung zuläßt oder die außerbetriebliche Arbeitsstätte in der Wohnung aus sozialen Gründen wünschenswert ist, können sich aufgrund vor genannter Grundsätze zur Teilnahme bereiterklären.

Das Unternehmen kann sowohl zur Teilnahme anregen als auch aus betrieblichen oder aus wirtschaftlichen Gründen von der Einrichtung der außerbetrieblichen Arbeitsstätte absehen.

2.2 Personelle Einzelmaßnahme

Die Einrichtung einer außerbetrieblichen Arbeitsstätte in der Wohnung eines/r Mitarbeiters/in erfolgt aufgrund nachfolgender schriftlicher Vereinbarung des Unternehmens mit dem/r Mitarbeiter/in, wobei die gesetzlichen Beteiligungsrechte des Betriebsrates einzuhalten sind.

2.3 Schriftliche Vereinbarung

Die Einrichtung der außerbetrieblichen Arbeitsstätte in seiner/ihrer Wohnung wird schriftlich mit dem/der Mitarbeiter/in vereinbart. In dieser schriftlichen Vereinbarung wird auf die Regelungen dieser Betriebsvereinbarung und auf die weitergeltenden betrieblichen Vorschriften und auf die einschlägigen gesetzlichen Bestimmungen verwiesen.

Diese als Anlage beigefügte schriftliche Vereinbarung ist Bestandteil dieser Betriebsvereinbarung.

2.4 Status der Mitarbeiter/innen

Der Status des/r festangestellten Mitarbeiters/in erfährt durch die schriftliche Vereinbarung einer außerbetrieblichen Arbeitsstätte in seiner/ihrer Wohnung keine Änderung. Zum Zwecke der Verwaltungsvereinfachung kann im PDS jedoch ein eigener Statusschlüssel für diese Mitarbeiter/innen eingerichtet werden.

3. Arbeitszeit und Arbeitsstätte

Die Gewährung von Entscheidungsspielräumen für Mitarbeiter/innen mit einer (zusätzlichen) außerbetrieblichen Arbeitsstätte erfordert hinsichtlich Auf- und Verteilung der Arbeitszeit und der damit verbundenen zeitabhängigen variablen Vergütungen klare Abgrenzungen.

Die Zuständigkeit des örtlichen Betriebsrats hinsichtlich der Verteilung der Arbeitszeit bleibt unberührt.

3.1 Umfang der Arbeitszeit
Die zu leistende Arbeitszeit ist die arbeitsvertragliche individuelle regelmäßige Arbeitszeit (vertragliche Arbeitsstunden laut PDS).

3.2 Aufteilung der Arbeitszeit auf die Arbeitsstätten
Die Arbeitszeit kann sowohl auf die betriebliche als auch auf die außerbetriebliche Arbeitsstätte aufgeteilt werden. Diese Aufteilung der Arbeitszeit auf die Arbeitsstätten wird bereits in der schriftlichen Vereinbarung (Ziffer 2.3) festgelegt und kann in gegenseitigem Einvernehmen zwischen Führungskraft und Mitarbeiter/in im Ausnahmefall für maximal einen Monat ohne neue Vereinbarung abgeändert werden.

3.3 Verteilung der außerbetrieblichen Arbeitszeit
Die Verteilung der nach Ziffer 3.2 vorgesehenen außerbetrieblichen Arbeitszeit auf die einzelnen Wochentage kann sowohl vom Unternehmen als auch von dem/r Mitarbeiter/in, in diesem Fall selbstgesteuert, vorgenommen werden.

3.3.1 Betriebsbestimmte Verteilung
Eine betriebsbestimmte Verteilung der außerbetrieblichen Arbeitszeit liegt dann vor, wenn der/die Arbeitstag/e und die Lage der Arbeitszeit an dem/diesen Tag/en dem/r Mitarbeiter/in von der Führungskraft vorgegeben oder von der Verfügbarkeit notwendiger, vom Unternehmen gestellter Arbeitsmittel bestimmt werden. Insofern gelten die betrieblichen Regelungen zur Arbeitszeit.

3.3.2 Selbstbestimmte Verteilung
Eine selbstbestimmte Verteilung der außerbetrieblichen Arbeitszeit liegt dann vor, wenn der/die Mitarbeiter/in diese Verteilung auf die einzelnen Wochentage selbst entscheiden und vornehmen kann (Eigensteuerung).

3.4 Mehrarbeit
Aufgrund der Selbstbestimmungsmöglichkeit über die Lage und Verteilung der Arbeitszeit muß Mehrarbeit unabhängig von der Arbeitsstätte im voraus von der Führungskraft entsprechend den betrieblichen Regelungen angeordnet sein, um als solche anerkannt zu werden. Eine nachträgliche Genehmigung ist nicht möglich, da eine selbstbestimmte Verteilung der Arbeitszeit (Ziffer 3.3.2) vorgenommen wurde.

3.5 Fahrzeiten
Fahrzeiten zwischen betrieblicher und außerbetrieblicher Arbeitsstätte gelten als nicht betriebsbedingt und finden keine Anrechnung.

3.6 Urlaub und Krankheit
Hinsichtlich Urlaub und Arbeitsverhinderung gelten für außerbetriebliche Arbeitsstätten die gleichen Regelungen wie für betriebliche Arbeitsstätten.

3.7 Zeitabhängige variable Vergütungen
Die Selbstbestimmungsmöglichkeit über die Lage und Verteilung der Arbeitszeit durch den/die Mitarbeiter/in erfordert nachstehende Differenzierung.

3.7.1 Mehrarbeit und Mehrarbeitszuschläge
Mehrarbeit nach Ziffer 3.4 wird entsprechend den betrieblichen Regelungen vergütet. Bei drei oder mehr Mehrarbeitsstunden an einem Arbeitstag beträgt der Mehrarbeitszuschlag nur dann 50 %, wenn die an diesem Tag geleistete individuelle regelmäßige Arbeitszeit entsprechend Ziffer 3.3.1 betriebsbestimmt war.

3.7.2 Sonstige zeitabhängige variable Vergütungen
Sonstige zeitabhängige variable Vergütungen werden nur dann entsprechend den bestehenden betrieblichen Regelungen vergütet, wenn die den Anspruch begründenden Zeiten entsprechend Ziffer 3.3.1 betriebsbestimmt waren.

4. Zeiterfassung

Da die ZE-Karte [1] hierfür nicht eingerichtet ist, erfolgt die Erfassung aller Zeiten durch den/die Mitarbeiter/in in einem Arbeitstagebuch, das der Führungskraft jeweils nach dem Monatsende vorzulegen ist. Eine Ausgabe von ZE-Karten an diese Mitarbeiter/innen erfolgt nicht mehr. Arbeitszeitrelevante Ereignisse (Ziffer 3.6) und zeitabhängige variable Vergütungen (Ziffer 3.7) werden nach Monatsende über ein separates Formular der Gehaltsabrechnung mitgeteilt.

5. Arbeitsmittel

Die notwendigen Arbeitsmittel für die außerbetriebliche Arbeitsstätte werden für die Zeit des Bestehens dieser Arbeitsstätte vom Unternehmen kostenlos zur Verfügung gestellt. Näheres hierzu ist in der schriftlichen Vereinbarung (Ziffer 2.3) geregelt.

Sollten im Ausnahmefall Arbeitsmittel von dem/r Mitarbeiter/in gestellt werden, so werden die Aufwände gegen Nachweis erstattet; siehe hierzu auch Ziffer 7.

6. Kontakt zum Betrieb

Der Kontakt der Mitarbeiter/innen zum Betrieb und zu ihrer Führungskraft ist bei außerbetrieblichen Arbeitsstätten von großer Bedeutung.

Die Gestaltung der aufgabengerechten und sozialen Kontakte der Mitarbeiter/innen innerhalb ihrer Abteilung, zu ihren Führungskräften, zum Betrieb, zum Unternehmen und ihrer Arbeitnehmervertretung bedarf ergänzender Maßnahmen.

6.1 Abteilungsversammlungen
Mitarbeiter/innen mit einer außerbetrieblichen Arbeitsstätte können bei ihrer Führungskraft, wenn eine Abteilungsversammlung nicht bereits terminiert ist, eine solche für einen Tag, an dem sie betriebsbestimmt im Betrieb arbeiten werden, beantragen, wenn dies aus Gründen der Zusammenarbeit (z.B. längere betriebliche Abwesenheit) erforderlich erscheint. Bei der Terminierung sind die beiderseitigen Interessen angemessen zu berücksichtigen.

6.2 Betriebsinterne Medien
Mitarbeiter/innen können im Ausnahmefall selbst entscheiden, ob sie sich die betriebsinternen Medien an ihre betriebliche oder ihre außerbetriebliche Arbeitsstätte schicken lassen.

---

1 ZE-Karte: Zeiterfassungskarte

6.3 Personalprogramme

Die Personalprogramme erfahren durch die außerbetriebliche Arbeitsstätte keine Änderung.

7. Aufwandserstattungen

Folgende, durch die außerbetriebliche Arbeitsstätte bedingte Aufwände werden dem/r Mitarbeiter/in ggf. gegen Nachweis erstattet.

7.1 Kostenpauschale

Als Kostenpauschale für Energie, Reinigung etc. werden monatlich DM 40.- pauschal steuerpflichtig vergütet.

Macht ein/e Mitarbeiter/in einen höheren monatlichen Aufwand geltend, so wird dieser gegen Nachweis erstattet.

7.2 Telefongebühren

Die Gebühren für sämtliche Dienstgespräche, die von der außerbetrieblichen Arbeitsstätte geführt werden, werden gegen Nachweis erstattet. Sollte ein Zweitanschluß zweckmäßiger sein, so erstattet das Unternehmen die einmaligen und die laufenden Gebühren dieses Anschlusses. Auf Verlangen muß dem Unternehmen nachgewiesen werden, daß darüber nur Dienstgespräche geführt worden sind.

7.3 Fahrtkosten

Fahrtkosten zwischen betrieblicher und außerbetrieblicher Arbeitsstätte werden grundsätzlich nicht erstattet. Kann jedoch der/die Mitarbeiter/in nachweisen, daß aufgrund der außerbetrieblichen Arbeitsstätte ihm/ihr betriebsbestimmt mehr Fahrtkosten entstehen, so werden diese Mehrfahrtkosten entsprechend den betrieblichen Regelungen erstattet.

7.4 Essensgeldzuschuß

Ein Anspruch auf Essensgeldzuschuß aufgrund der außerbetrieblichen Arbeitsstätte in der Wohnung entsteht nicht, da keine Mehraufwendungen und auch keine Haushaltsersparnis vorliegen.

8. Aufgabe der außerbetrieblichen Arbeitsstätte

Wird die außerbetriebliche Arbeitsstätte vereinbarungsgemäß aufgegeben, so sind die vom Unternehmen gestellten Arbeitsmittel zurückzugeben.

Ein Vor- oder Nachteilsausgleich findet in keinem Falle statt.

9. Geltungsdauer

Diese Vereinbarung tritt am Tage der Unterzeichnung in Kraft, ersetzt die Betriebsvereinbarung gleichen Namens (00/91/003/00-01) vom 27.6.91 und kann mit einer Kündigungsfrist von sechs Monaten zum Jahresende gekündigt werden.

Stuttgart, den 10.12.92

(Gesamtbetriebsrat) (Geschäftsführung)

Vereinbarung

über die Errichtung einer außerbetrieblichen Arbeitsstätte

in einer Mitarbeiterwohnung

zwischen der IBM Deutschland GmbH und

Vor- und Zuname des/r Mitarbeiters/in   Kst.   Pers. Nr.

PLZ   Wohnort   Straße, Hausnummer

Telefon am Wohnort Nr.   Vertragsstunden/Woche

1. Grundlage

Grundlage dieser Vereinbarung ist die Betriebsvereinbarung über außerbetriebliche Arbeitsstätten (00/92/009/00) vom 10.12.92. Zudem finden die betrieblichen Regelungen unverändert ggf. sinngemäß Anwendung, sofern in der Betriebsvereinbarung oder dieser Vereinbarung ausdrücklich nichts anderes geregelt ist.

Für die außerbetriebliche Arbeitsstätte in einer Wohnung gelten aufgrund Artikel 13 Grundgesetz abweichende gesetzliche Bestimmungen. Ein Zutritt von Unternehmens- oder Arbeitnehmervertretern bedarf deshalb der Zustimmung des/r Mitarbeiters/in.

2. Auf- und Verteilung der Arbeitszeit

Entsprechend den Ziffern 3.2 und 3.3 der Betriebsvereinbarung wird vereinbart, daß von der individuellen regelmäßigen Arbeitszeit folgende Zeiten betriebsbestimmt auf die Arbeitsstätten auf- und auf die Wochentage verteilt werden:

Wochentag	Betriebliche Arbeitsstätte			Außerbetriebliche Arbeitsstätte			Arbeitszeit
	von	bis	Std.	von	bis	Std.	
Montag							
Dienstag							
Mittwoch							
Donnerstag							
Freitag							
Samstag							
Summen	----------→			----------→			

Werden Pausen erforderlich, so verschiebt sich Arbeitsbeginn oder -ende entsprechend.

Eine verbleibende Differenz zur individuellen regelmäßigen Arbeitszeit ist selbstbestimmt an der außerbetrieblichen Arbeitsstätte zu erbringen, wobei die Verteilung auf die einzelnen Wochentage selbst entschieden und vorgenommen werden kann (Eigensteuerung).

3. Krankheit, Urlaub oder sonstige Arbeitsfreistellung

Aufgrund dieser Vereinbarung ergeben sich hierzu keine Änderungen hinsichtlich der Meldung von Krankheit, der Inanspruchnahme von Urlaub oder von sonstiger Arbeitsfreistellung. Es wird von einer 5-Tage-Woche hierbei ausgegangen.

4. Arbeitstagebuch und zeitabhängige variable Vergütungen

Anstelle der gewohnten ZE-Karte ist ein Arbeitstagebuch zu führen, in dem sämtliche Arbeitszeiten festgehalten werden müssen. Ebenfalls darin festzuhalten sind die Zeiten, die sich aufgrund der Ereignisse nach Ziffer 3 dieser Vereinbarung ergeben.

Ansprüche auf zeitabhängige variable Vergütungen sind ebenfalls im Arbeitstagebuch festzuhalten und am Monatsende in Summen je Anspruchsart auf einem Formblatt zusammenzustellen und der Führungskraft zusammen mit dem Arbeitstagebuch zur Unterschrift vorzulegen.

5. Arbeitsmittel

Sämtliche an der außerbetrieblichen Arbeitsstätte notwendigen Arbeitsmittel werden kostenlos zur Verfügung gestellt und dürfen nicht für private Zwecke benutzt werden. Diese Arbeitsmittel werden in einer Inventarliste festgehalten, die die Führungskraft führt.

Benötigen bestimmte Arbeitsmittel einen Stromanschluß, so werden diese Geräte nur dann zur Verfügung gestellt, wenn zuvor eine Schutzleiterprüfung von einem Fachbetrieb an der vorgesehenen Steckdose vorgenommen wurde. Ergibt diese Prüfung, daß der Schutzleiter fehlt, so wird die notwendige Zuleitung vom Fachbetrieb verlegt, wobei in keinem Falle Stemm- oder Verputzarbeiten vorgenommen werden. Im Falle eines zu hohen Aufwandes hierfür, kann das Unternehmen von dieser Vereinbarung zurücktreten.

Bei der Aufstellung der Geräte sind die Hinweise zur technischen Sicherheit und zur Ergonomie zu beachten.

Die Wartung der IBM Geräte erfolgt im Betrieb. Defekte Geräte sind zu diesem Zweck an die betriebliche Arbeitsstätte bzw. direkt zum technischen Außendienst zu bringen.

Notwendige Arbeitsunterlagen können mit Zustimmung der Führungskraft an die außerbetriebliche Arbeitsstätte verbracht werden. Ziffer 6 dieser Vereinbarung ist hierbei zu beachten.

6. Daten- und Informationsschutz

Bei einer außerbetrieblichen Arbeitsstätte ist auf den Schutz von Daten und Informationen besonders zu achten. Vertrauliche Daten und Informationen sowie Passwörter sind so zu schützen, daß Dritte keine Einsicht nehmen können. Die IBM Regelungen und die Arbeitsordnung hierzu sind einzuhalten.

7. Versicherungsschutz

Arbeitsunfälle an einer außerbetrieblichen Arbeitsstätte sowie Wegeunfälle zur betriebsbestimmten Arbeit in der betrieblichen Arbeitsstätte sind durch die Berufsgenossenschaft versichert. Bei Dienstreisen, die von der außerbetrieblichen Arbeitsstätte aus angetreten werden, besteht zusätzlich noch die Dienstreiseunfallversicherung.

8. Haftung

Die Haftung des/r Mitarbeiters/in und der in seinem/ihrem Haushalt lebenden Familienangehörigen sowie berechtigter Besucher gegenüber der IBM ist auf Vorsatz und grobe Fahrlässigkeit beschränkt. Besteht im Falle der berechtigten Besucher keine Haftpflichtversicherung, wird im Einzelfall entschieden, ob Schadensersatzansprüche gestellt werden. Eingetretene Schadensfälle werden in Zusammenarbeit mit dem zuständigen Betriebsrat geregelt.

Im übrigen übernimmt die IBM Deutschland GmbH Schadensersatzansprüche von Dritten, wenn diese berechtigt sind und ursächlich ein Zusammenhang mit der außerbetrieblichen Arbeitsstätte in der Wohnung besteht. Dies gilt nicht, wenn der/die Mitarbeiter/in den Schaden grob fahrlässig oder vorsätzlich verursacht hat.

9. Beendigungsbedingungen

Die außerbetriebliche Arbeitsstätte in der Wohnung des/r Mitarbeiters/in kann von beiden Seiten mit einer Ankündigungsfrist von drei Monaten zum Quartalsende aufgegeben werden. Bei Kündigung der Wohnung durch den Vermieter verkürzt sich ggf. die Ankündigungsfrist entsprechend. Die Aufgabeankündigung hat schriftlich zu erfolgen.

Die von der IBM überlassenen Arbeitsmittel sowie die Arbeitsunterlagen sind nach Aufgabe der außerbetrieblichen Arbeitsstätte unverzüglich an die betriebliche Arbeitsstätte zurückzubringen. Die Führungskraft bestätigt dem/der Mitarbeiter/in die Rückgabe.

Ein Vor- oder Nachteilsausgleich (z.B. für Fahrzeiten und Fahrtkosten zur betrieblichen Arbeitsstätte) kann in keinem Fall beansprucht werden.

........................, den ....

für die IBM Deutschland GmbH

....	....	....
Führungskraft	Personal	Mitarbeiter/in

6.2 Betriebshinweise

IBM-Anlage A2.11: Betriebshinweise für eine ABA

Hinweise zur
außerbetrieblichen Arbeitsstätte

1. Arbeitsort in der Wohnung

Den Arbeitsort innerhalb Ihrer Wohnung können Sie selbst bestimmen. Er muß in der Wohnung (keine Garage, kein Keller) in einem Raum sein, der für einen dauernden Aufenthalt nach der Bauverordnung (kein Abstellraum) zugelassen ist. Zudem muß er so gewählt werden, daß Sie die Regelungen der Betriebsvereinbarung und der mit Ihnen getroffenen Vereinbarung einhalten können. Es besteht jedoch keine Verpflichtung, den Arbeitsort in einen abschließbaren Raum innerhalb Ihrer Wohnung zu legen, wenn anderweitig die Einsicht Dritter in vertrauliche Daten und Passwörter verhindert werden kann.

2. Arbeitsmittel

Mit den von der IBM zur Verfügung gestellten Arbeitsmitteln ist sorgsam umzugehen.

Bei elektrischen Arbeitsmitteln sind neben der Bedienungsanleitung folgende Punkte zu beachten:

– Eine Überprüfung der Stromversorgung erfolgt an der vorgesehenen Steckdose durch einen Elektrofachbetrieb.

– Bei einem fehlenden Schutzleiter erfolgt ggf. eine zusätzliche Verlegung durch den Elektrofachbetrieb entsprechend den Regelungen der mit Ihnen getroffenen Vereinbarung (siehe hierzu Anlage: A2.6).

– Der Anschluß für das Modem oder ein ggf. erforderliches Telefon wird von der Telekom installiert. Zusätzliche Kosten für die Verlegung von Leitungen innerhalb der Wohnung vom Telekom-Anschluß zum Gerätestandort werden von der IBM nicht übernommen.

– Achten Sie darauf, daß die elektrischen Arbeitsmittel nicht beschädigt sind.

– Reparieren Sie elektrische Arbeitsmittel niemals selbst.

– Sorgen Sie dafür, daß die Zuleitungen keine Stolperstellen bilden und so verlegt sind, daß sie nicht beschädigt werden.

– Wenn Sie die Geräte von der Steckdose trennen, ziehen Sie die Zuleitung nur am Stecker aus der Dose.

– Schalten Sie die Geräte nur mit dem Schalter ein oder aus, niemals lediglich durch Trennen von Steckverbindungen.

– Elektrische Geräte sind nach ihrer Benutzung auszuschalten (Brandgefahr).

Es empfiehlt sich, die von der IBM gestellten elektrischen Arbeitsmittel am betrieblichen Arbeitsplatz aufzubauen und auszutesten, bevor Sie diese nach Hause mitnehmen und in Ihrer Wohnung anschließen. Für die Haftung beim Transport gilt Ziffer 9 Satz 1 und 3 der BV.

3. Wartung von IBM Geräten

Bei Funktionsstörungen an den installierten IBM Geräten übernimmt der TA die Wartung an Ihrer IBM Lokation. Setzen Sie sich dazu mit der nächsten TA [1] Anlaufstelle in Verbindung (vgl. Teil D Allgemeine Anlagen »TA-Anlaufstellen«).

Die Kosten der Reparatur gehen zu Lasten Ihrer Kostenstelle.

4. Unterstützung bei Problemen

In diesem Fall wenden Sie sich zu den üblichen Zeiten an die zuständige Funktion Ihres Bereiches oder an CEUS [2]. IBM Mitarbeiter kommen in keinem Fall zu Ihnen nach Hause.

5. Ergonomie

Achten Sie auch in Ihrer Wohnung auf die ergonomisch richtige Aufstellung der Bildschirmgeräte, so wie Sie es im Betrieb gewohnt sind, insbesondere vermeiden Sie Spiegelungen auf dem Bildschirm.

6. Computerviren

Die private Nutzung der von der IBM gestellten Arbeitsmittel ist nicht zulässig, insbesondere das Einlesen privater oder privat beschaffter Programme oder Datenträger.

7. Datenschutz und Informationssicherung

Klassifizierter Papierausschuß darf nur in IBM Räumen entsorgt werden. Wurde Ihnen von der IBM ein Terminal zur Verfügung gestellt, so prüfen Sie bitte bei jedem LOGON mittels der Last-Access-MSG, ob zwischenzeitlich ein unberechtigter LOGON stattgefunden hat.

8. Telefonzweitanschluß für Dienstgespräche

Wurde Ihnen auf Kosten der IBM ein Zweitanschluß entsprechend Ziffer 7.2 der Betriebsvereinbarung genehmigt, so dürfen Sie bei der Beantragung weder den Verzicht auf, noch die verkürzte Aufzeichnung von Zielnummern beantragen, damit die Nachweismöglichkeit der rein dienstlichen Nutzung des Anschlusses gegeben ist.

9. Zeiterfassung

Die täglichen Arbeitszeiten halten Sie entsprechend Ziffer 4 der Betriebsvereinbarung in einem Arbeitstagebuch fest. Als Arbeitstagebuch verwenden Sie bitte das IBM Projekttagebuch (IBM Form 10013-10).

Arbeitszeiten, für die zusätzliche zeitabhängige variable Vergütungen gezahlt werden, sind zum Monatsende auf das als Anlage beigefügte Formblatt zu übertragen. Dies gilt auch für Urlaubs- und Krankheitstage, sowie sonstige Freistellungen und unbezahlte Fehlzeiten.

Arbeitstagebuch und Formblatt (auch wenn kein Eintrag) legen Sie bitte am Monatsende Ihrer Führungskraft zur Unterschrift vor.

---

1 TA: Technischer Außendienst
2 CEUS: Central User Support

10. Hausratversicherung

Im allgemeinen sind Gegenstände, die Ihnen nicht gehören, aber sich in Ihrer Wohnung befinden, durch die Hausratversicherung mitversichert. Um eine Unterversicherung zu vermeiden, sollten Sie mit dem beigefügten Musterschreiben Ihre Hausratversicherung informieren und mit ihr eine Vereinbarung darüber treffen, daß die bei Ihnen befindlichen Arbeitsmittel und -geräte nicht mitversichert sind.

IBM-Anlage A2.8: Musterschreiben Hausratversicherung (ABA)

An die Hausratversicherung

Datum: ....

....

....

....

Versicherungsnummer: ....
Herausnahme von Gegenständen aus der Hausratversicherung

Sehr geehrte Damen und Herren,

mein Arbeitgeber, die IBM Deutschland GmbH, hat mir Arbeitsmittel und Geräte zur Verfügung gestellt, die sich in meiner Wohnung befinden.

Die Geräte verbleiben im Eigentum meines Arbeitgebers und sind von ihm gegen alle Schäden, die auch meine Hausratversicherung abdeckt, versichert.

Deshalb bitte ich zur Vermeidung einer Unterversicherung, diese Arbeitsmittel und Geräte aus meiner Hausratversicherung herauszunehmen.

Für umgehenden positiven Bescheid wäre ich Ihnen dankbar.

Mit freundlichen Grüßen

(Unterschrift)

7. Einzelresultate der Interviews

7.1 Allgemeine Charakteristika der Stichprobe

7.1.1 Zeitraum der Interviews: 15.12.1992 bis 01.03.1993

7.1.2 Zahl der interviewten Mitarbeiter: 38

7.1.3 Geschlecht der interviewten Mitarbeiter

	Code	Häufigkeit	Prozent	Prozent Kumuliert
Männlich	0	26	68.4	68.4
Weiblich	1	12	31.6	100.0
Summe		38	100.0	

7.1.4 Ort des Interviews

	Code	Häufigkeit	Prozent	Prozent Kumuliert
Zu Hause	1	9	23.7	23.7
Im Büro	2	7	18.4	42.1
In einem Besprechungsraum	3	22	57.9	100.0
Summe		38	100.0	

7.1.5 Dauer des Interviews in Minuten

Wert	Häufigkeit	Prozent	Prozent Kumuliert
70	2	5.3	5.3
75	2	5.3	10.5
80	1	2.6	13.2
85	1	2.6	15.8
90	5	13.2	28.9
95	3	7.9	36.8
100	2	5.3	42.1
105	2	5.3	47.4
110	3	7.9	55.3
115	2	5.3	60.5
120	5	13.2	73.7

(Fortsetzung nächste Seite)

7.1.5 Dauer des Interviews in Minuten (Fortsetzung)

Wert	Häufigkeit	Prozent	Prozent Kumuliert
125	1	2.6	76.3
130	3	7.9	84.2
140	1	2.6	86.8
150	1	2.6	89.5
170	2	5.3	94.7
180	1	2.6	97.4
190	1	2.6	100.0
Summe	38	100.0	

Mittelwert 112.50 Standardabweichung 29.79

7.1.6 Alter der Interviewpartner in Jahren

Wert	Häufigkeit	Prozent	Prozent Kumuliert
30	2	5.3	5.3
31	2	5.3	10.5
32	3	7.9	18.4
33	2	5.3	23.7
34	3	7.9	31.6
35	1	2.6	34.2
37	3	7.9	42.1
38	1	2.6	44.7
40	2	5.3	50.0
41	3	7.9	57.9
42	1	2.6	60.5
43	3	7.9	68.4
46	1	2.6	71.1
49	3	7.9	78.9
50	1	2.6	81.6
51	3	7.9	89.5
52	2	5.3	94.7
53	1	2.6	97.4
56	1	2.6	100.0
Summe	38	100.0	

Mittelwert 40.87 Standardabweichung 7.84

7.1.7 Wieviele Tage (bzw. Stunden) arbeiten Sie üblicherweise pro Woche zu Hause?

Arbeitszeit zu Hause	Code	Häufigkeit	Prozent	Prozent Kumuliert
Stundenweise	2	10	26.3	26.3
Stundenw. + gelegentlich 1 Tag	3	4	10.5	36.8
1 Tag	4	2	5.3	42.1
1 Tag + stundenweise	5	5	13.2	55.3
2 Tage	6	5	13.2	68.4
Täglich halber Tag zu Hause	7	1	2.6	71.1
2,5 Tage	8	1	2.6	73.7
3 Tage	9	2	5.3	78.9
4 Tage	10	4	10.5	89.5
5 Tage	11	1	2.6	92.1
Schichtarbeit	12	3	7.9	100.0
Summe		38	100.0	

7.1.7.1 Arbeitszeit zu Hause getrennt nach Geschlechtern

	Häufigkeit			
Arbeitszeit zu Hause	Männlich	Weiblich	Zeilensumme	Prozent Zeilensumme
Stundenweise	9	1	10	26.3
Stundenw. + gelegentlich 1 Tag	3	1	4	10.5
1 Tag	2	0	2	5.3
1 Tag + stundenweise	3	2	5	13.2
2 Tage	3	2	5	13.2
Täglich halb zu Hause	1	0	1	2.6
2,5 Tage	1	0	1	2.6
3 Tage	1	1	2	5.3
4 Tage	1	3	4	10.5
5 Tage	0	1	1	2.6
Schichtarbeit	1	1	3	7.9
Spaltensumme	26	12	38	
Prozent Spaltensumme	68.4	31.6		100.0

Bei den folgenden Häufigkeitsverteilungen sind bei den Fragen, für die sich die Unterscheidung in wohnungszentrierte bzw. bürozentrierte Mitarbeiter als besonders wichtig herausgestellt hat, die Werte für beide Gruppen getrennt aufgeführt.

7.1.7.2 Art der ABA getrennt nach Geschlechtern

Art der ABA	Häufigkeit			
	Männlich	Weiblich	Zeilensumme	Prozent Zeilensumme
Bürozentriert	12	2	14	36.8
Wohnungszentriert	14	10	24	63.2
Spaltensumme	26	12	38	
Prozent Spaltensumme	68.4	31.6		100.0

7.2 Charakterisierung der Tätigkeit

7.2.1 Könnten Sie kurz Ihre Tätigkeit bei der IBM charakterisieren?

Es wurden freie Antworten gegeben, die nachträglich verschiedenen Tätigkeiten bzw. Tätigkeitsbereichen zugeordnet wurden. Da für jeden Mitarbeiter mehrere Tätigkeitsbereiche zutreffen konnten, ergänzen sich die Spaltensummen nicht zu 38.

7.2.1.1 Tätigkeitsbereiche getrennt nach Art der ABA

Tätigkeitsbereich	Häufigkeit		
	Wohnungszentrierte Mitarbeiter N=24	Bürozentrierte Mitarbeiter N=14	Gesamt N=38
Programmieren im weitesten Sinne	10 41.7%	9 64.3%	19 50.0%
Systemwartung, Programmüberwachung	7 29.2%	8 57.1%	15 39.5%
Entwicklungsaufgaben	5 20.8%	4 28.6%	9 23.7%
Unterstützungsfunktionen	6 25.0%	1 7.1%	7 18.4%
Kundenservice	5 20.8%	1 7.1%	6 15.8%
Kontakte außerhalb Europas	2 8.3%	5 35.7%	7 18.4%
Betreuung, Schulung von Softwarebenutzern	10 41.7%	3 21.4%	13 34.2%

(Fortsetzung nächste Seite)

7.2.1.1 Tätigkeitsbereiche getrennt nach Art der ABA (Fortsetzung)

Tätigkeitsbereich	Häufigkeit		
	Wohnungszentrierte Mitarbeiter N=24	Bürozentrierte Mitarbeiter N=14	Gesamt N=38
Ausarbeitung von Schulungsunterlagen	5 20.8%	1 7.1%	6 15.8%
Testen von Software	1 4.2%	2 14.3%	3 7.9%
Qualitätssicherung von Programmen	1 4.2%	0 0.0%	1 2.6%
Projektleitung	2 8.3%	1 7.1%	3 7.9%
Projektkoordination	1 4.2%	1 7.1%	2 5.3%
Produktmanagement	0 0.0%	3 21.4%	3 7.9%
Produktübersetzung	2 8.3%	0 0.0%	2 5.3%
Sekretariatsarbeiten	2 8.3%	0 0.0%	2 5.3%
Finanz- und Rechnungswesen	4 16.7%	1 7.1%	5 13.2%
Personal- und Raumverwaltung	2 8.3%	0 0.0%	2 5.3%
Rechtswesen	1 4.2%	0 0.0%	1 2.6%

7.2.2 Berufliche Ausbildung der interviewten Mitarbeiter

	Code	Häufigkeit	Prozent	Prozent Kumuliert
IBM-interne Ausbildung	1	1	2.6	2.6
Elektriker	2	2	5.3	7.9
Diplom-Physiker	3	2	5.3	13.2
Diplom-Betriebswirt	4	4	10.5	23.7
Diplom-Übersetzerin	5	1	2.6	26.3
Industriekaufmann	6	6	15.8	42.1
Feinmechaniker	7	1	2.6	44.7

(Fortsetzung nächste Seite)

7.2.2 Berufliche Ausbildung der interviewten Mitarbeiter (Fortsetzung)

	Code	Häufigkeit	Prozent	Prozent Kumuliert
Diplom-Mathematiker	8	6	15.8	60.5
Promovierter Mathematiker	9	1	2.6	63.2
Elektroinstallateur	10	1	2.6	65.8
Werkzeugmacher	11	1	2.6	68.4
Fremdsprachensekretärin	12	1	2.6	71.1
(Dipl.)-Ing. der Elektrotechnik	13	3	7.9	78.9
Informatiker	14	4	10.5	89.5
Juristische Ausbildung	15	1	2.6	92.1
Ingenieur für technische Physik	16	1	2.6	94.7
Informationselektroniker	17	1	2.6	97.4
Mechaniker	18	1	2.6	100.0
Summe		38	100.0	

7.2.3 Dauer der Betriebszugehörigkeit in Jahren

Wert	Häufigkeit	Prozent	Prozent Kumuliert
3	1	2.6	2.6
5	1	2.6	5.3
6	1	2.6	7.9
7	1	2.6	10.5
8	4	10.5	21.1
10	1	2.6	23.7
11	4	10.5	34.2
12	2	5.3	39.5
13	1	2.6	42.1
14	4	10.5	52.6
15	3	7.9	60.5
16	2	5.3	65.8
17	1	2.6	68.4
20	1	2.6	71.1
22	3	7.9	78.9
23	2	5.3	84.2
24	2	5.3	89.5
25	1	2.6	92.1
27	1	2.6	94.7
34	1	2.6	97.4
38	1	2.6	100.0
Summe	38	100.0	

Mittelwert   15.74   Standardabweichung   7.85

7.2 Charakterisierung der Tätigkeit

7.2.4 Wieviele Monate arbeiten Sie schon auf einer außerbetrieblichen Arbeitsstätte?

Wert	Häufigkeit	Prozent	Prozent Kumuliert
3	3	7.9	7.9
4	4	10.5	18.4
5	1	2.6	21.1
6	4	10.5	31.6
7	4	10.5	42.1
8	2	5.3	47.4
9	2	5.3	52.6
12	3	7.9	60.5
15	2	5.3	65.8
18	6	15.8	81.6
24	3	7.9	89.5
30	3	7.9	97.4
36	1	2.6	100.0
Summe	38	100.0	

Mittelwert 12.84   Standardabweichung 9.05

7.2.5 Haben Sie am *Pilotprojekt Home-Terminal* teilgenommen?

	Code	Häufigkeit	Prozent	Prozent Kumuliert
Nein	0	24	63.2	63.2
Ja	1	14	36.8	100.0
	Summe	38	100.0	

7.2.5.1 Dauer der ABA in Monaten, wenn nicht am *Pilotprojekt Home-Terminal* teilgenommen wurde

Wert	Häufigkeit	Prozent	Prozent Kumuliert
3	3	12.5	12.5
4	4	16.7	29.2
5	1	4.2	33.3
6	4	16.7	50.0
7	4	16.7	66.7
8	1	4.2	70.8
9	1	4.2	75.0
12	3	12.5	87.5
15	1	4.2	91.7
18	1	4.2	95.8
24	1	4.2	100.0
Summe	24	100.0	

Mittelwert 8.00 Standardabweichung 5.20

7.2.6 Arbeiten Sie Teilzeit oder Vollzeit?

	Code	Häufigkeit	Prozent	Prozent Kumuliert
Teilzeit	0	10	26.3	26.3
Vollzeit	1	28	73.7	100.0
Summe		38	100.0	

7.2.7 Geschätzte Wochenarbeitszeit bei Vollzeit in Stunden

Wert	Häufigkeit	Prozent	Prozent Kumuliert
37	2	7.1	7.1
38	2	7.1	14.3
40	12	42.9	57.1
42	1	3.6	60.7
43	1	3.6	64.3
45	5	17.9	82.1
50	4	14.3	96.4
52	1	3.6	100.0
Summe	28	100.0	

Mittelwert 42.57 Standardabweichung 4.40

7.2 Charakterisierung der Tätigkeit

7.2.7.1 Vollzeit/Teilzeit getrennt nach Geschlechtern

	Häufigkeit			
	Männlich	Weiblich	Zeilensumme	Prozent Zeilensumme
Vollzeit	23	5	28	73.7
Teilzeit	3	7	10	26.3
Spaltensumme	26	12	38	
Prozent Spaltensumme	68.4	31.6		100.0

Chi-Quadrat s. $p < 0.01$

7.2.8 Wenn Teilzeit: Teilzeitvertrag über ... Wochenstunden

Wert	Häufigkeit	Prozent	Prozent Kumuliert
18	1	10.0	10.0
20	1	10.0	20.0
25	2	20.0	40.0
30	6	60.0	100.0
Summe	10	100.0	

Mittelwert 26.80   Standardabweichung 4.61

7.2.9 Geschätzte Wochenarbeitszeit bei Teilzeit in Stunden

Wert	Häufigkeit	Prozent	Prozent Kumuliert
20	1	10.0	10.0
23	1	10.0	20.0
25	2	20.0	40.0
30	2	20.0	60.0
33	3	30.0	90.0
35	1	10.0	100.0
Summe	10	100.0	

Mittelwert 28.70   Standardabweichung 5.10

7.2.10 Wenn Sie an einen typischen Arbeitstag im Betrieb in der letzten Zeit vor der ABA denken - wieviel haben Sie dort allein, mit genau einem Kollegen zusammen oder in einer größeren Gruppe gearbeitet? Könnten Sie eine ungefähre Prozentangabe machen?

7.2.11 Wenn Sie heute, wo Sie vermehrt zu Hause arbeiten, in den Betrieb fahren, wieviel pro Arbeitstag arbeiten Sie dann dort allein, mit genau einem Kollegen zusammen oder in einer größeren Gruppe?

7.2.10.1 Einzelarbeit im Betrieb vor ABA in Prozent

Wert	Häufigkeit	Prozent	Prozent Kumuliert
20	1	2.6	2.6
30	2	5.3	7.9
35	1	2.6	10.5
40	3	7.9	18.4
45	1	2.6	21.1
50	6	15.8	36.8
60	6	15.8	52.6
70	5	13.2	65.8
75	1	2.6	68.4
80	6	15.8	84.2
85	1	2.6	86.8
90	3	7.9	94.7
95	1	2.6	97.4
99	1	2.6	100.0
Summe	38	100.0	

Mittelwert 63.00   Standardabweichung   20.07

7.2 Charakterisierung der Tätigkeit

7.2.11.1 Einzelarbeit im Betrieb seit ABA in Prozent

Wert	Häufigkeit	Prozent	Prozent Kumuliert
0	3	7.9	7.9
20	3	7.9	15.8
30	3	7.9	23.7
35	1	2.6	26.3
40	4	10.5	36.8
45	1	2.6	39.5
50	3	7.9	47.4
60	4	10.5	57.9
70	3	7.9	65.8
75	2	5.3	71.1
80	6	15.8	86.8
90	2	5.3	92.1
95	1	2.6	94.7
99	2	5.3	100.0
Summe	38	100.0	

Mittelwert   55.08   Standardabweichung   28.16

7.2.10.2 Arbeit zu zweit im Betrieb vor ABA in Prozent

Wert	Häufigkeit	Prozent	Prozent Kumuliert
0	6	15.8	15.8
1	1	2.6	18.4
5	2	5.3	23.7
10	3	7.9	31.6
15	7	18.4	50.0
20	5	13.2	63.2
25	3	7.9	71.1
30	5	13.2	84.2
35	1	2.6	86.8
40	4	10.5	97.4
45	1	2.6	100.0
Summe	38	100.0	

Mittelwert   18.71   Standardabweichung   13.40

7.2.11.2 Arbeit zu zweit im Betrieb seit ABA in Prozent

Wert	Häufigkeit	Prozent	Prozent Kumuliert
0	6	15.8	15.8
1	1	2.6	18.4
5	1	2.6	21.1
10	3	7.9	28.9
15	4	10.5	39.5
20	5	13.2	52.6
25	1	2.6	55.3
30	5	13.2	68.4
35	1	2.6	71.1
40	4	10.5	81.6
45	1	2.6	84.2
50	3	7.9	92.1
60	1	2.6	94.7
80	1	2.6	97.4
99	1	2.6	100.0
Summe	38	100.0	

Mittelwert 26.32 Standardabweichung 22.65

7.2.10.3 Gruppenarbeit im Betrieb vor ABA in Prozent

Wert	Häufigkeit	Prozent	Prozent Kumuliert
0	3	7.9	7.9
5	6	15.8	23.7
10	11	28.9	52.6
15	3	7.9	60.5
20	3	7.9	68.4
25	4	10.5	78.9
30	2	5.3	84.2
35	1	2.6	86.8
40	2	5.3	92.1
50	2	5.3	97.4
55	1	2.6	100.0
Summe	38	100.0	

Mittelwert 17.76 Standardabweichung 14.60

7.2.11.3 Gruppenarbeit im Betrieb seit ABA in Prozent

Wert	Häufigkeit	Prozent	Prozent Kumuliert
0	2	5.3	5.3
5	5	13.2	18.4
10	11	28.9	47.4
15	2	5.3	52.6
20	3	7.9	60.5
25	2	5.3	65.8
30	3	7.9	73.7
35	1	2.6	76.3
40	4	10.5	86.8
50	2	5.3	92.1
55	1	2.6	94.7
90	1	2.6	97.4
99	1	2.6	100.0
Summe	38	100.0	

Mittelwert 23.79 Standardabweichung 22.58

7.2.12 Ist die Zusammensetzung gegenüber früher gleich geblieben?

	Code	Häufigkeit	Prozent	Prozent Kumuliert
Nein	0	9	23.7	23.7
Ja	1	28	73.7	97.4
Frage irrelevant	9	1	2.6	100.0
Summe		38	100.0	

7.2.13 Hat sich Ihr berufliches Tätigkeitsfeld generell verändert, seitdem Sie auf einer ABA arbeiten oder ist es im wesentlichen gleich geblieben?

☐ Stark verändert   ☐ Etwas verändert   ☐ Im wesentlichen gleich

	Code	Häufigkeit	Prozent	Prozent Kumuliert
Stark verändert	1	0	0.0	0.0
Etwas verändert	2	2	5.3	5.3
Im wesentlichen gleich	3	36	94.7	100.0
Summe		38	100.0	

7.2.14 Hat sich die Einzelarbeit geändert, seitdem Sie auf einer ABA arbeiten?

☐ Stark geändert   ☐ Etwas geändert   ☐ Im wesentlichen gleich

	Code	Häufigkeit	Prozent	Prozent Kumuliert
Stark geändert	1	0	0.0	0.0
Etwas geändert	2	2	5.3	5.3
Im wesentlichen gleich	3	36	94.7	100.0
Summe		38	100.0	

7.2.15 Arbeiten Sie generell mehr, weniger oder gleich viel in Einzelarbeit wie früher?

Sehr viel mehr   1 – 2 – 3 – 4 – 5   Sehr viel weniger

	Code	Häufigkeit	Prozent	Prozent Kumuliert
Sehr viel mehr	1	0	0.0	0.0
	2	3	7.9	7.9
	3	35	92.1	100.0
	4	0	0.0	100.0
Sehr viel weniger	5	0	0.0	100.0
Summe		38	100.0	

7.2 Charakterisierung der Tätigkeit

7.2.16 Hat sich die Tätigkeit mit genau einem Kollegen zusammen geändert, seitdem Sie auf einer ABA arbeiten?

☐ Stark geändert ☐ Etwas geändert ☐ Im wesentlichen gleich

	Code	Häufigkeit	Prozent	Prozent Kumuliert
Stark geändert	1	0	0.0	0.0
Etwas geändert	2	0	0.0	0.0
Im wesentlichen gleich	3	36	94.7	94.7
Frage irrelevant	9	2	5.3	100.0
Summe		38	100.0	

7.2.17 Arbeiten Sie generell mehr, weniger oder gleich viel mit genau einem Kollegen zusammen wie früher?

Sehr viel mehr   1 – 2 – 3 – 4 – 5   Sehr viel weniger

	Code	Häufigkeit	Prozent	Prozent Kumuliert
Sehr viel mehr	1	0	0.0	0.0
	2	0	0.0	0.0
	3	34	89.5	89.5
	4	2	5.3	94.7
Sehr viel weniger	5	0	0.0	94.7
Frage irrelevant	9	2	5.3	100.0
Summe		38	100.0	

7.2.18 Hat sich die Tätigkeit in der Gruppe geändert, seitdem Sie auf einer ABA arbeiten?

☐ Stark geändert ☐ Etwas geändert ☐ Im wesentlichen gleich

	Code	Häufigkeit	Prozent	Prozent Kumuliert
Stark geändert	1	0	0.0	0.0
Etwas geändert	2	0	0.0	0.0
Im wesentlichen gleich	3	35	92.1	92.1
Frage irrelevant	9	3	7.9	100.0
Summe		38	100.0	

7.2.19   Arbeiten Sie generell mehr, weniger oder gleich viel in einer Gruppe wie früher?

Sehr viel mehr   1 – 2 – 3 – 4 – 5   Sehr viel weniger

	Code	Häufigkeit	Prozent	Prozent Kumuliert
Sehr viel mehr	1	0	0.0	0.0
	2	0	0.0	0.0
	3	34	89.5	89.5
	4	0	0.0	89.5
Sehr viel weniger	5	1	2.6	92.1
Frage irrelevant	9	3	7.9	100.0
Summe		38	100.0	

7.2.20   Wie oft haben Sie es beruflich mit Leuten zu tun, die Ihnen unbekannt sind, die Ihnen bekannt sind oder die ihnen vertraut sind?

	Häufigkeit			
	Praktisch nie	Selten	Oft	Sehr oft
Unbekannt	5	18	13	2
	13.2%	47.4%	34.2%	5.3%
Bekannt	0	3	18	17
	0.0%	7.9%	47.4%	44.7%
Vertraut	1	10	17	10
	2.6%	26.3%	44.7%	26.3%

7.2 Charakterisierung der Tätigkeit

7.2.21 Welche der folgenden beruflichen Kontakte sind, seitdem Sie auf einer ABA arbeiten, seltener geworden, welche sind häufiger geworden und bei welchen besteht kein Unterschied zu früher?

(Liste ausfüllen lassen)

Seitdem ich auf einer ABA arbeite, sind ...

	Kontakte mit							
	Meinem Vorgesetzten				Meinem Team			
	Seltener	Gleich	Häufiger	Kommt nicht vor	Seltener	Gleich	Häufiger	Kommt nicht vor
Persönlich	9 23.7%	29 76.3%	0 0.0%	0 0.0%	10 26.3%	22 57.9%	1 2.6%	5 13.2%
Telefon	5 13.2%	23 60.5%	10 26.3%	0 0.0%	3 7.9%	18 47.4%	12 31.6%	5 13.2%
Meeting	3 7.9%	34 89.5%	0 0.0%	1 2.6%	3 7.9%	30 78.9%	0 0.0%	5 13.2%
E-mail	0 0.0%	17 44.7%	21 55.3%	0 0.0%	0 0.0%	14 36.8%	19 50.0%	5 13.2%
Brief	2 5.3%	12 31.6%	0 0.0%	24 63.2%	2 5.3%	12 31.6%	0 0.0%	24 63.2%

	Kontakte mit							
	Sonstigen IBMern				Externen Kunden			
	Seltener	Gleich	Häufiger	Kommt nicht vor	Seltener	Gleich	Häufiger	Kommt nicht vor
Persönlich	16 42.1%	21 55.3%	0 0.0%	1 2.6%	1 2.6%	16 42.1%	0 0.0%	21 55.3%
Telefon	5 13.2%	21 55.3%	11 28.9%	1 2.6%	0 0.0%	15 39.5%	4 10.5%	19 50.0%
Meeting	6 15.8%	29 76.3%	0 0.0%	3 7.9%	1 2.6%	15 39.5%	0 0.0%	22 57.9%
E-mail	0 0.0%	17 44.7%	20 52.6%	1 2.6%	1 2.6%	10 26.3%	3 7.9%	24 63.2%
Brief	2 5.3%	13 34.2%	0 0.0%	23 60.5%	1 2.6%	9 23.7%	0 0.0%	28 73.7%

7.2.22 Welche dieser Kontakte würden Sie sich für eine effektive Arbeit häufiger wünschen, - sei es auf formellem oder informellem Wege - welche seltener und bei welchen ist die Kontakthäufigkeit gerade richtig?

(Liste ausfüllen lassen)

Ich wünsche mir Kontakte mit ...

	Auf formellem Wege			
	Häufiger	Gerade richtig	Seltener	Kommt nicht vor
Meiner Führungskraft	0 0.0%	38 100.0%	0 0.0%	0 0.0%
Meinem Team	6 15.8%	28 73.7%	0 0.0%	4 10.5%
Sonstigen IBMern	2 5.3%	33 86.8%	2 5.3%	1 2.6%
Externen Kunden	2 5.3%	18 47.4%	0 0.0%	18 47.4%

	Auf informellem Wege			
	Häufiger	Gerade richtig	Seltener	Kommt nicht vor
Meiner Führungskraft	3 7.9%	35 92.1%	0 0.0%	0 0.0%
Meinem Team	7 18.4%	26 68.4%	0 0.0%	5 13.2%
Sonstigen IBMern	5 13.2%	28 73.7%	4 10.5%	1 2.6%
Externen Kunden	2 5.3%	17 44.7%	0 0.0%	19 50.0%

7.2.23 Die in der vorangegangenen Liste aufgeführten Kontakte können mit verschiedenen Tätigkeiten verbunden sein. Bitte geben Sie bei den folgenden Tätigkeiten an, wie häufig sie bei Ihrer beruflichen Arbeit vorkommen.

(Liste ausfüllen lassen)

Nie   1 – 2 – 3 – 4 – 5   Sehr häufig

7.2 Charakterisierung der Tätigkeit

7.2.23.1 Verhandeln (z. B. um bei bestimmten Problemen Interessen zu vertreten, Übereinstimmungen zu erzielen oder Lösungen zu erreichen)

	Code	Häufigkeit	Prozent	Prozent Kumuliert
Nie	1	1	2.6	2.6
	2	6	15.8	18.4
	3	11	28.9	47.4
	4	13	34.2	81.6
Sehr häufig	5	7	18.4	100.0
	Summe	38	100.0	

Mittelwert 3.50   Standardabweichung 1.06

7.2.23.2 Beraten (z. B. Geben von fachlichen Ratschlägen oder Empfehlungen, um zur Lösung von bestimmten Problemen beizutragen)

	Code	Häufigkeit	Prozent	Prozent Kumuliert
Nie	1	1	2.6	2.6
	2	3	7.9	10.5
	3	6	15.8	26.3
	4	11	28.9	55.3
Sehr häufig	5	17	44.7	100.0
	Summe	38	100.0	

Mittelwert 4.05   Standardabweichung 1.09

7.2.23.3 Überzeugen (andere Personen sollen zu einer bestimmten Handlung oder Einstellung bewegt werden)

	Code	Häufigkeit	Prozent	Prozent Kumuliert
Nie	1	1	2.6	2.6
	2	9	23.7	26.3
	3	13	34.2	60.5
	4	9	23.7	84.2
Sehr häufig	5	6	15.8	100.0
	Summe	38	100.0	

Mittelwert 3.26   Standardabweichung 1.08

7.2.23.4 Problemdiskussion

	Code	Häufigkeit	Prozent	Prozent Kumuliert
Nie	1	1	2.6	2.6
	2	1	2.6	5.3
	3	10	26.3	31.6
	4	14	36.8	68.4
Sehr häufig	5	12	31.6	100.0
	Summe	38	100.0	

Mittelwert 3.92   Standardabweichung .97

7.2.23.5 Austausch routinemäßiger Information

	Code	Häufigkeit	Prozent	Prozent Kumuliert
Nie	1	2	5.3	5.3
	2	10	26.3	31.6
	3	13	34.2	65.8
	4	8	21.1	86.8
Sehr häufig	5	5	13.2	100.0
	Summe	38	100.0	

Mittelwert 3.11   Standardabweichung 1.11

7.2.23.6 Austausch nicht-routinemäßiger Information (z. B. bei Arbeitssitzungen oder Projektplanungen)

	Code	Häufigkeit	Prozent	Prozent Kumuliert
Nie	1	2	5.3	5.3
	2	8	21.1	26.3
	3	18	47.4	73.7
	4	10	26.3	100.0
Sehr häufig	5	0	0.0	100.0
	Summe	38	100.0	

Mittelwert 2.95   Standardabweichung .84

7.2.23.7 Spontane Lösung plötzlich auftretender Probleme

	Code	Häufigkeit	Prozent	Prozent Kumuliert
Nie	1	1	2.6	2.6
	2	4	10.5	13.2
	3	8	21.1	34.2
	4	18	47.4	81.6
Sehr häufig	5	7	18.4	100.0
	Summe	38	100.0	

Mittelwert 3.68 Standardabweichung .99

7.2.23.8 Koordination (z. B. von Projektarbeiten)

	Code	Häufigkeit	Prozent	Prozent Kumuliert
Nie	1	2	5.3	5.3
	2	9	23.7	28.9
	3	14	36.8	65.8
	4	10	26.3	92.1
Sehr häufig	5	3	7.9	100.0
	Summe	38	100.0	

Mittelwert 3.08 Standardabweichung 1.02

7.2.23.9 Beurteilen und Bewerten (z. B. Angebote, Leistungen von einzelnen Mitarbeitern, Arbeitsgruppen oder Abteilungen usw.)

	Code	Häufigkeit	Prozent	Prozent Kumuliert
Nie	1	15	39.5	39.5
	2	14	36.8	76.3
	3	4	10.5	86.8
	4	4	10.5	97.4
Sehr häufig	5	1	2.6	100.0
	Summe	38	100.0	

Mittelwert 2.00 Standardabweichung 1.09

7.2.23.10 Ideenfindung

	Code	Häufigkeit	Prozent	Prozent Kumuliert
Nie	1	1	2.6	2.6
	2	6	15.8	18.4
	3	10	26.3	44.7
	4	14	36.8	81.6
Sehr häufig	5	7	18.4	100.0
	Summe	38	100.0	

Mittelwert 3.53   Standardabweichung 1.06

7.2.24
Auf welchem Arbeitsplatz üben Sie diese Tätigkeiten bevorzugt aus - zu Hause oder im Betrieb? - Falls Sie eine der Tätigkeiten nie oder nur extrem selten ausüben, können Sie auch die zusätzliche Spalte »weder/noch« ankreuzen.

(Liste ausfüllen lassen)

Zu Hause   1 – 2 – 3 – 4 – 5   Im Betrieb

7.2.24.1 Verhandeln (z. B. um bei bestimmten Problemen Interessen zu vertreten, Übereinstimmungen zu erzielen oder Lösungen zu erreichen)

	Code	Häufigkeit	Prozent	Prozent Kumuliert
Zu Hause	1	0	0.0	0.0
	2	2	5.3	5.3
	3	6	15.8	21.1
	4	8	21.1	42.1
Im Betrieb	5	19	50.0	92.1
Weder/noch	6	2	5.3	97.4
Frage irrelevant	9	1	2.6	100.0
	Summe	38	100.0	

Mittelwert (ohne 6 und 9)   4.26   Standardabweichung   .95

7.2 Charakterisierung der Tätigkeit

7.2.24.2 Beraten (z. B. Geben von fachlichen Ratschlägen oder Empfehlungen, um zur Lösung von bestimmten Problemen beizutragen)

	Code	Häufigkeit	Prozent	Prozent Kumuliert
Zu Hause	1	3	7.9	7.9
	2	2	5.3	13.2
	3	13	34.2	47.4
	4	5	13.2	60.5
Im Betrieb	5	13	34.2	94.7
Weder/noch	6	1	2.6	97.4
Frage irrelevant	9	1	2.6	100.0
	Summe	38	100.0	

Mittelwert (ohne 6 und 9) 3.64   Standardabweichung 1.27

7.2.24.3 Überzeugen (andere Personen sollen zu einer bestimmten Handlung oder Einstellung bewegt werden)

	Code	Häufigkeit	Prozent	Prozent Kumuliert
Zu Hause	1	0	0.0	0.0
	2	0	0.0	0.0
	3	12	31.6	31.6
	4	8	21.1	52.6
Im Betrieb	5	15	39.5	92.1
Weder/noch	6	2	5.3	97.4
Frage irrelevant	9	1	2.6	100.0
	Summe	38	100.0	

Mittelwert (ohne 6 und 9) 4.09   Standardabweichung .89

7.2.24.4 Problemdiskussion

	Code	Häufigkeit	Prozent	Prozent Kumuliert
Zu Hause	1	0	0.0	0.0
	2	3	7.9	7.9
	3	13	34.2	42.1
	4	4	10.5	52.6
Im Betrieb	5	16	42.1	94.7
Weder/noch	6	1	2.6	97.4
Frage irrelevant	9	1	2.6	100.0
	Summe	38	100.0	

Mittelwert (ohne 6 und 9)   3.92   Standardabweichung   1.08

7.2.24.5 Austausch routinemäßiger Information

	Code	Häufigkeit	Prozent	Prozent Kumuliert
Zu Hause	1	4	10.5	10.5
	2	6	15.8	26.3
	3	15	39.5	65.8
	4	4	10.5	76.3
Im Betrieb	5	7	18.4	94.7
Weder/noch	6	1	2.6	97.4
Frage irrelevant	9	1	2.6	100.0
	Summe	38	100.0	

Mittelwert (ohne 6 und 9)   3.11   Standardabweichung   1.24

7.2.24.6 Austausch nicht-routinemäßiger Information (z. B. bei Arbeitssitzungen oder Projektplanungen)

	Code	Häufigkeit	Prozent	Prozent Kumuliert
Zu Hause	1	2	5.3	5.3
	2	5	13.2	18.4
	3	7	18.4	36.8
	4	8	21.1	57.9
Im Betrieb	5	13	34.2	92.1
Weder/noch	6	2	5.3	97.4
Frage irrelevant	9	1	2.6	100.0
	Summe	38	100.0	

Mittelwert (ohne 6 und 9)   3.71   Standardabweichung   1.27

7.2.24.7 Spontane Lösung plötzlich auftretender Probleme

	Code	Häufigkeit	Prozent	Prozent Kumuliert
Zu Hause	1	5	13.2	13.2
	2	5	13.2	26.3
	3	18	47.4	73.7
	4	4	10.5	84.2
Im Betrieb	5	4	10.5	94.7
Weder/noch	6	1	2.6	97.4
Frage irrelevant	9	1	2.6	100.0
	Summe	38	100.0	

Mittelwert (ohne 6 und 9) 2.92 Standardabweichung 1.13

7.2.24.8 Koordination (z. B. von Projektarbeiten)

	Code	Häufigkeit	Prozent	Prozent Kumuliert
Zu Hause	1	0	0.0	0.0
	2	3	7.9	7.9
	3	18	47.4	55.3
	4	5	13.2	68.4
Im Betrieb	5	8	21.1	89.5
Weder/noch	6	3	7.9	97.4
Frage irrelevant	9	1	2.6	100.0
	Summe	38	100.0	

Mittelwert (ohne 6 und 9) 3.53 Standardabweichung .96

7.2.24.9 Beurteilen und Bewerten (z. B. Angebote, Leistungen von einzelnen Mitarbeitern, Arbeitsgruppen oder Abteilungen usw.)

	Code	Häufigkeit	Prozent	Prozent Kumuliert
Zu Hause	1	3	7.9	7.9
	2	4	10.5	18.4
	3	8	21.1	39.5
	4	2	5.3	44.7
Im Betrieb	5	3	7.9	52.6
Weder/noch	6	17	44.7	97.4
Frage irrelevant	9	1	2.6	100.0
	Summe	38	100.0	

Mittelwert (ohne 6 und 9) 2.90 Standardabweichung 1.25

7.2.24.10 Ideenfindung

	Code	Häufigkeit	Prozent	Prozent Kumuliert
Zu Hause	1	14	36.8	36.8
	2	3	7.9	44.7
	3	15	39.5	84.2
	4	2	5.3	89.5
Im Betrieb	5	2	5.3	94.7
Weder/noch	6	1	2.6	97.4
Frage irrelevant	9	1	2.6	100.0
	Summe	38	100.0	

Mittelwert (ohne 6 und 9)   2.31   Standardabweichung   1.22

7.2.25   Wie oft fühlen Sie sich bei Ihrer Arbeit dadurch behindert, daß Sie einen wichtigen Gesprächspartner nicht erreichen können?

Nie   1 – 2 – 3 – 4 – 5   Sehr häufig

	Code	Häufigkeit	Prozent	Prozent Kumuliert
Nie	1	4	10.5	10.5
	2	16	42.1	52.6
	3	13	34.2	86.8
	4	5	13.2	100.0
Sehr häufig	5	0	0.0	100.0
	Summe	38	100.0	

Mittelwert   2.50   Standardabweichung   .86

7.3 Die technische Ausstattung zu Hause

7.3.1 Mit welchen Geräten ist Ihr Arbeitsplatz zu Hause ausgestattet?

(Liste ausfüllen lassen)

7.3.2 Gibt es unter den Geräten, die Sie als *nicht vorhanden* angegeben haben welche, die Sie für Ihre Arbeit nicht nur als ganz nützlich, sondern als zwingend notwendig ansehen würden?

	Von IBM gestellt	Von mir gestellt	Nicht vorhanden	Wäre zwingend	Wäre ganz nützlich
Terminal	0 0.0%	0 0.0%	38 100.0%		
PC	7 18.4%	1 2.6%	30 78.9%		
PS	31 81.6%	0 0.0%	7 18.4%		
Workstation	0 0.0%	0 0.0%	38 100.0%		
Maus	32 84.2%	0 0.0%	6 15.8%		
Modem	38 100.0%	0 0.0%	0 0.0%		
Drucker	32 84.2%	2 5.3%	3 7.9%	1 2.6%	
Faxgerät/ Faxkarte	0 0.0%	2 5.3%	30 78.9%	3 7.9%	3 7.9%
Standleitung	7 18.4%	0 0.0%	31 81.6%		
Wählleitung	32 84.2%	0 0.0%	6 15.8%		
Telefon/getrennt vom Privattelefon	33 86.8%	1 2.6%	4 10.5%		
Telefon/zusammen mit Privattelefon	3 7.9%	2 5.3%	33 86.8%		
Anrufbeantworter	2 5.3%	3 7.9%	31 81.6%	1 2.6%	1 2.6%
Komforttelefon	7 18.4%	0 0.0%	30 78.9%	1 2.6%	
Schreibmaschine	1 2.6%	5 13.2%	32 84.2%		
Kopiergerät	0 0.0%	2 5.3%	35 92.1%		1 2.6%

7.3.3 Wie ist die Qualität Ihres Terminals/PCs im Vergleich zu dem, den Sie im Betrieb verwenden? Schlechter, gleich oder besser hinsichtlich ...

(Liste ausfüllen lassen)

Wie wirkt sich das in den Fällen, in denen Sie »schlechter« angegeben haben, auf Ihre Arbeit aus?

Nicht nachteilig   1 – 2 – 3 – 4 – 5   Sehr nachteilig

7.3.3.1 Bildschirmgröße?

	Code	Häufigkeit	Prozent	Prozent Kumuliert
Weiß ich nicht	0	12	31.6	31.6
12 Zoll	12	5	13.2	44.7
13 Zoll	13	3	7.9	52.6
14 Zoll	14	17	44.7	97.4
17 Zoll	17	1	2.6	100.0
	Summe	38	100.0	

7.3.3.2 Beurteilung der Bildschirmgröße

	Code	Häufigkeit	Prozent	Prozent Kumuliert
Schlechter/nicht nachteilig	1	3	7.9	7.9
	2	3	7.9	15.8
	3	2	5.3	21.1
	4	2	5.3	26.3
Schlechter/sehr nachteilig	5	1	2.6	28.9
Gleich wie im Betrieb	6	23	60.5	89.5
Besser als im Betrieb	7	4	10.5	100.0
	Summe	38	100.0	

7.3 Die technische Ausstattung zu Hause

7.3.3.3 Auflösung des Bildschirms

	Code	Häufigkeit	Prozent	Prozent Kumuliert
Schlechter/nicht nachteilig	1	2	5.3	5.3
	2	3	7.9	13.2
	3	1	2.6	15.8
	4	2	5.3	21.1
Schlechter/sehr nachteilig	5	2	5.3	26.3
Gleich wie im Betrieb	6	22	57.9	84.2
Besser als im Betrieb	7	6	15.8	100.0
	Summe	38	100.0	

7.3.3.4 Flimmerfreiheit des Bildschirms

	Code	Häufigkeit	Prozent	Prozent Kumuliert
Schlechter/nicht nachteilig	1	3	7.9	7.9
	2	2	5.3	13.2
	3	1	2.6	15.8
	4	1	2.6	18.4
Schlechter/sehr nachteilig	5	0	0.0	18.4
Gleich wie im Betrieb	6	24	63.2	81.6
Besser als im Betrieb	7	7	18.4	100.0
	Summe	38	100.0	

7.3.3.5 Farbe des Bildschirms

	Code	Häufigkeit	Prozent	Prozent Kumuliert
Schlechter/nicht nachteilig	1	0	0.0	0.0
	2	1	2.6	2.6
	3	1	2.6	5.3
	4	0	0.0	5.3
Schlechter/sehr nachteilig	5	1	2.6	7.9
Gleich wie im Betrieb	6	29	76.3	84.2
Besser als im Betrieb	7	6	15.8	100.0
	Summe	38	100.0	

7.3.3.6 Ergonomie der Tastatur

	Code	Häufigkeit	Prozent	Prozent Kumuliert
Schlechter/nicht nachteilig	1	0	0.0	0.0
	2	0	0.0	0.0
	3	0	0.0	0.0
	4	1	2.6	2.6
Schlechter/sehr nachteilig	5	2	5.3	7.9
Gleich wie im Betrieb	6	32	84.2	92.1
Besser als im Betrieb	7	3	7.9	100.0
	Summe	38	100.0	

7.3.3.7 Lokale Speicher- und Rechenleistung

	Code	Häufigkeit	Prozent	Prozent Kumuliert
Schlechter/nicht nachteilig	1	6	15.8	15.8
	2	3	7.9	23.7
	3	1	2.6	26.3
	4	3	7.9	34.2
Schlechter/sehr nachteilig	5	0	0.0	34.2
Gleich wie im Betrieb	6	15	39.5	73.7
Besser als im Betrieb	7	10	26.3	100.0
	Summe	38	100.0	

7.3.3.8 Peripherie (z. B. Maus, Drucker)

	Code	Häufigkeit	Prozent	Prozent Kumuliert
Schlechter/nicht nachteilig	1	5	13.2	13.2
	2	2	5.3	18.4
	3	1	2.6	21.1
	4	4	10.5	31.6
Schlechter/sehr nachteilig	5	0	0.0	31.6
Gleich wie im Betrieb	6	18	47.4	78.9
Besser als im Betrieb	7	8	21.1	100.0
	Summe	38	100.0	

7.3 Die technische Ausstattung zu Hause

7.3.4 Welche Baud-Rate hat Ihr Modem und wie zufrieden sind Sie damit?

Sehr zufrieden   1 – 2 – 3 – 4 – 5   Sehr unzufrieden

7.3.4.1 Baud-Rate

	Code	Häufigkeit	Prozent	Prozent Kumuliert
2400	1	9	23.7	23.7
9600	2	26	68.4	92.1
14400	3	3	7.9	100.0
Summe		38	100.0	

7.3.4.2 Beurteilung der Baud-Rate

	Code	Häufigkeit	Prozent	Prozent Kumuliert
Sehr zufrieden	1	13	34.2	34.2
	2	17	44.7	78.9
	3	1	2.6	81.6
	4	3	7.9	89.5
Sehr unzufrieden	5	4	10.5	100.0
Summe		38	100.0	

Mittelwert   2.16   Standardabweichung   1.29

7.3.4.3 Korrelation Zufriedenheitsurteil mit Baud-Rate:

$r = -.5410$ s. $p < 0.01$

7.3.5 Verwenden Sie sonstige Fernmeldedienste?

	Code	Häufigkeit	Prozent	Prozent Kumuliert
Nein	0	37	97.4	97.4
Ja, BTX	1	1	2.6	100.0
Summe		38	100.0	

7.3.6 Wäre ein Fernmeldedienst zwingend notwendig bzw. nützlich?

	Code	Häufigkeit	Prozent	Prozent Kumuliert
Nein	0	31	81.6	81.6
Höhere Baud-Rate zwingend	1	1	2.6	84.2
ISDN nützlich	2	3	7.9	92.1
Eigene Briefmarken zwingend	3	1	2.6	94.7
Höhere Baud-Rate nützlich	4	1	2.6	97.4
ISDN zwingend	5	1	2.6	100.0
Summe		38	100.0	

7.3.7 Gibt es Schwachstellen bei Ihrer Verbindung?

(Liste ausfüllen lassen)

	Ja, häufig	Gelegentlich	Nein, nie	Frage irrelevant
Übertragungsrate zu niedrig	7 18.4%	10 26.3%	20 52.6%	1 2.6%
Bildschirmaufbau zu langsam	7 18.4	9 23.7%	21 55.3%	1 2.6%
Während des Dialogs Antwortzeiten zu lang	8 21.1%	17 44.7%	13 34.2%	0 0.0%
Lästige Pausen während des Dialogs	5 13.2%	11 28.9%	21 55.3%	1 2.6%
Wählen/Einloggen zu langsam	2 5.3%	14 36.8%	21 55.3%	1 2.6%
Zu lange Wartezeiten beim Wählen/Einloggen	2 5.3%	14 36.8%	21 55.3%	1 2.6%
Fehler beim Wählen/Einloggen, mehrere Versuche nötig	2 5.3%	23 60.5%	12 31.6%	1 2.6%
Unterbrechungen/Abstürze der Verbindung	0 0.0%	23 60.5%	14 36.8%	1 2.6%
Sicherungsprozeduren (Paßwörter u.ä.) zu umständlich	8 21.1%	5 13.2%	25 65.8%	0 0.0%
Umschalten zwischen Tasks/Sessions zu umständlich	8 21.1%	5 13.2%	23 60.5%	2 5.3%
Fehler beim Umschalten zwischen Tasks/Sessions	1 2.6%	4 10.5%	31 81.6%	2 5.3%

7.3.7.1 Korrelation der genannten Häufigkeit für die verschiedenen Schwachstellen mit der Baud-Rate und der Zufriedenheit mit der Baud-Rate

Schwachstelle	Baud-Rate	Zufriedenheit mit der Baud-Rate
Übertragungsrate zu niedrig	–.4489*	–.8644*
Bildschirmaufbau zu langsam	–.4555*	–.7831*
Während des Dialogs Antwortzeiten zu lang	–.4628*	–.6601*
Lästige Pausen während des Dialogs	–.3657	–.5059*
Wählen/Einloggen zu langsam	–.0432	.0180
Zu lange Wartezeiten beim Wählen/Einloggen	–.1296	–.0898
Fehler beim Wählen/Einloggen, mehrere Versuche nötig	–.0568	–.0365
Unterbrechungen/Abstürze der Verbindung	–.0871	–.2034
Sicherungsprozeduren (Paßwörter u.ä.) zu umständlich	–.0225	–.0338
Umschalten zwischen Tasks/Sessions zu umständlich	–.1304	–.2321
Fehler beim Umschalten zwischen Tasks/Sessions	–.1374	–.0408

* s. $p < 0.01$

Anmerkung:
Bei den Korrelationen bedeutet das Minuszeichen, daß einer häufigeren Nennung eine niedrigere Baud-Rate bzw. Zufriedenheit entspricht.

7.3.8 Darf ich Sie nun noch nach Ihrer allgemeinen, eher gefühlsmäßigen Einstellung gegenüber Ihrer technischen Ausstattung befragen? Bitte geben Sie bei den folgenden Gegensatzpaaren jeweils an, welcher der beiden Pole ihrem Gefühl bei der Arbeit mit der Technik zu Hause am ehesten entspricht. Verlassen Sie sich bitte ohne langes Nachdenken auf Ihren ersten Eindruck und lassen Sie kein Gegensatzpaar aus.

(Liste ausfüllen lassen)

Mein Gefühl bei der Arbeit mit der Technik zu Hause läßt sich beschreiben als ...

7.3.8.1 Angenehm 1 – 2 – 3 – 4 – 5 Unangenehm

	Code	Häufigkeit	Prozent	Prozent Kumuliert
Angenehm	1	20	52.6	52.6
	2	13	34.2	86.8
	3	1	2.6	89.5
	4	3	7.9	97.4
Unangenehm	5	1	2.6	100.0
	Summe	38	100.0	

Mittelwert 1.74   Standardabweichung   1.03

7.3.8.2 Gespannt 1 – 2 – 3 – 4 – 5 Gelöst

	Code	Häufigkeit	Prozent	Prozent Kumuliert
Gespannt	1	0	0.0	0.0
	2	1	2.6	2.6
	3	4	10.5	13.2
	4	15	39.5	52.6
Gelöst	5	18	47.4	100.0
	Summe	38	100.0	

Mittelwert 4.32   Standardabweichung   .78

7.3.8.3 Streng 1 – 2 – 3 – 4 – 5 Nachgiebig

	Code	Häufigkeit	Prozent	Prozent Kumuliert
Streng	1	0	0.0	0.0
	2	5	13.2	13.2
	3	26	68.4	81.6
	4	5	13.2	94.7
Nachgiebig	5	2	5.3	100.0
	Summe	38	100.0	

Mittelwert 3.11 Standardabweichung .69

7.3.8.4 Farblos 1 – 2 – 3 – 4 – 5 Farbig

	Code	Häufigkeit	Prozent	Prozent Kumuliert
Farblos	1	0	0.0	0.0
	2	5	13.2	13.2
	3	7	18.4	31.6
	4	17	44.7	76.3
Farbig	5	9	23.7	100.0
	Summe	38	100.0	

Mittelwert 3.79 Standardabweichung .96

7.3.8.5 Schnell 1 – 2 – 3 – 4 – 5 Langsam

	Code	Häufigkeit	Prozent	Prozent Kumuliert
Schnell	1	8	21.1	21.1
	2	11	28.9	50.0
	3	10	26.3	76.3
	4	7	18.4	94.7
Langsam	5	2	5.3	100.0
	Summe	38	100.0	

Mittelwert 2.58 Standardabweichung 1.18

7.3.8.6 Schwach 1 – 2 – 3 – 4 – 5 Stark

	Code	Häufigkeit	Prozent	Prozent Kumuliert
Schwach	1	0	0.0	0.0
	2	5	13.2	13.2
	3	12	31.6	44.7
	4	12	31.6	76.3
Stark	5	9	23.7	100.0
	Summe	38	100.0	

Mittelwert 3.66   Standardabweichung   .99

7.3.8.7 Alltäglich 1 – 2 – 3 – 4 – 5 Exklusiv

	Code	Häufigkeit	Prozent	Prozent Kumuliert
Alltäglich	1	3	7.9	7.9
	2	5	13.2	21.1
	3	11	28.9	50.0
	4	9	23.7	73.7
Exklusiv	5	10	26.3	100.0
	Summe	38	100.0	

Mittelwert 3.47   Standardabweichung   1.25

7.3.8.8 Einfach 1 – 2 – 3 – 4 – 5 Kompliziert

	Code	Häufigkeit	Prozent	Prozent Kumuliert
Einfach	1	12	31.6	31.6
	2	14	36.8	68.4
	3	8	21.1	89.5
	4	4	10.5	100.0
Kompliziert	5	0	0.0	100.0
	Summe	38	100.0	

Mittelwert 2.11   Standardabweichung   .98

7.3 Die technische Ausstattung zu Hause

7.3.8.9   Passiv   1 – 2 – 3 – 4 – 5   Aktiv

	Code	Häufigkeit	Prozent	Prozent Kumuliert
Passiv	1	0	0.0	0.0
	2	2	5.3	5.3
	3	9	23.7	28.9
	4	11	28.9	57.9
Aktiv	5	16	42.1	100.0
	Summe	38	100.0	

Mittelwert   4.08   Standardabweichung   .94

7.3.8.10   Persönlich   1 – 2 – 3 – 4 – 5   Sachlich

	Code	Häufigkeit	Prozent	Prozent Kumuliert
Persönlich	1	2	5.3	5.3
	2	9	23.7	28.9
	3	8	21.1	50.0
	4	11	28.9	78.9
Sachlich	5	8	21.1	100.0
	Summe	38	100.0	

Mittelwert   3.37   Standardabweichung   1.22

7.3.8.11   Beweglich   1 – 2 – 3 – 4 – 5   Starr

	Code	Häufigkeit	Prozent	Prozent Kumuliert
Beweglich	1	12	31.6	31.6
	2	17	44.7	76.3
	3	6	15.8	92.1
	4	2	5.3	97.4
Starr	5	1	2.6	100.0
	Summe	38	100.0	

Mittelwert   2.03   Standardabweichung   .97

7.3.8.12 Häßlich   1 – 2 – 3 – 4 – 5   Schön

	Code	Häufigkeit	Prozent	Prozent Kumuliert
Häßlich	1	1	2.6	2.6
	2	2	5.3	7.9
	3	10	26.3	34.2
	4	16	42.1	76.3
Schön	5	9	23.7	100.0
	Summe	38	100.0	

Mittelwert   3.79   Standardabweichung   .96

7.3.8.13 Privat   1 – 2 – 3 – 4 – 5   Öffentlich

	Code	Häufigkeit	Prozent	Prozent Kumuliert
Privat	1	10	26.3	26.3
	2	12	31.6	57.9
	3	12	31.6	89.5
	4	3	7.9	97.4
Öffentlich	5	1	2.6	100.0
	Summe	38	100.0	

Mittelwert   2.29   Standardabweichung   1.04

7.3.8.14 Dynamisch   1 – 2 – 3 – 4 – 5   Statisch

	Code	Häufigkeit	Prozent	Prozent Kumuliert
Dynamisch	1	12	31.6	31.6
	2	19	50.0	81.6
	3	5	13.2	94.7
	4	2	5.3	100.0
Statisch	5	0	0.0	100.0
	Summe	38	100.0	

Mittelwert   1.92   Standardabweichung   .82

7.3 Die technische Ausstattung zu Hause

7.3.8.15 Langweilig   1 – 2 – 3 – 4 – 5   Interessant

	Code	Häufigkeit	Prozent	Prozent Kumuliert
Langweilig	1	0	0.0	0.0
	2	1	2.6	2.6
	3	3	7.9	10.5
	4	19	50.0	60.5
Interessant	5	15	39.5	100.0
	Summe	38	100.0	

Mittelwert   4.26   Standardabweichung   .72

7.3.8.16 Ästhetisch   1 – 2 – 3 – 4 – 5   Unästhetisch

	Code	Häufigkeit	Prozent	Prozent Kumuliert
Ästhetisch	1	7	18.4	18.4
	2	13	34.2	52.6
	3	16	42.1	94.7
	4	2	5.3	100.0
Unästhetisch	5	0	0.0	100.0
	Summe	38	100.0	

Mittelwert   2.34   Standardabweichung   .85

7.3.8.17 Positiv   1 – 2 – 3 – 4 – 5   Negativ

	Code	Häufigkeit	Prozent	Prozent Kumuliert
Positiv	1	22	57.9	57.9
	2	13	34.2	92.1
	3	3	7.9	100.0
	4	0	0.0	100.0
Negativ	5	0	0.0	100.0
	Summe	38	100.0	

Mittelwert   1.50   Standardabweichung   .65

7.3.8.18 Kalt 1 – 2 – 3 – 4 – 5 Warm

	Code	Häufigkeit	Prozent	Prozent Kumuliert
Kalt	1	0	0.0	0.0
	2	0	0.0	0.0
	3	14	36.8	36.8
	4	17	44.7	81.6
Warm	5	7	18.4	100.0
	Summe	38	100.0	

Mittelwert 3.82 Standardabweichung .73

7.3.8.19 Schlecht 1 – 2 – 3 – 4 – 5 Gut

	Code	Häufigkeit	Prozent	Prozent Kumuliert
Schlecht	1	0	0.0	0.0
	2	1	2.6	2.6
	3	3	7.9	10.5
	4	15	39.5	50.0
Gut	5	19	50.0	100.0
	Summe	38	100.0	

Mittelwert 4.37 Standardabweichung .75

7.3.9 Wie finden Sie die Vorkehrungen zur Datensicherheit?

Sinnvoll und wenig hinderlich ☐

Sinnvoll, aber hinderlich ☐

Sinnlos und hinderlich ☐

	Code	Häufigkeit	Prozent	Prozent Kumuliert
Sinnvoll und wenig hinderlich	1	22	57.9	57.9
Sinnvoll, aber hinderlich	2	15	39.5	97.4
Sinnlos und hinderlich	3	1	2.6	100.0
	Summe	38	100.0	

Mittelwert 1.45 Standardabweichung .56

7.3 Die technische Ausstattung zu Hause

7.3.10 Sehen Sie hierbei Verbesserungsmöglichkeiten?

	Code	Häufigkeit	Prozent	Prozent Kumuliert
Nein	0	11	28.9	28.9
Nicht nötig	1	20	52.6	81.6
Ja	2	7	18.4	100.0
Summe		38	100.0	

7.3.11 Mit welchen Büromöbeln ist Ihre Arbeitsstätte zu Hause ausgestattet?

(Liste ausfüllen lassen)

	Von IBM gestellt	Von mir selbst gestellt	Nicht vorhanden
Schreibtisch	9 23.7%	27 71.1%	2 5.3%
Computer-/Bildschirmtisch	9 23.7%	13 34.2%	16 42.1%
Schreibmaschinentisch	0 0.0%	4 10.5%	34 89.5%
Ablagetisch	0 0.0%	12 31.6%	26 68.4%
Druckertisch	3 7.9%	15 39.5%	20 52.6%
Pinnwand/Wandtafel	0 0.0%	6 15.8%	32 84.2%
Hänge-, Roll-, Standcontainer	11 28.9%	7 18.4%	20 52.6%
Sideboard	1 2.6%	9 23.7%	28 73.7%
Schrank	2 5.3%	19 50.0%	17 44.7%
Ergonomischer Bürostuhl	13 34.2%	19 50.0%	6 15.8%

7.4 Mitarbeitergründe für eine ABA

7.4.1 Wie lang ist die Strecke von Ihrer Wohnung bis zu Ihrem Arbeitsplatz in Kilometern?

Wert	Häufigkeit	Prozent	Prozent Kumuliert
1	1	2.6	2.6
4	2	5.3	7.9
5	1	2.6	10.5
6	3	7.9	18.4
7	1	2.6	21.1
8	4	10.5	31.6
10	2	5.3	36.8
11	1	2.6	39.5
12	1	2.6	42.1
13	1	2.6	44.7
14	1	2.6	47.4
15	3	7.9	55.3
16	1	2.6	57.9
20	2	5.3	63.2
22	2	5.3	68.4
24	1	2.6	71.1
25	4	10.5	81.6
26	3	7.9	89.5
27	1	2.6	92.1
31	1	2.6	94.7
42	1	2.6	97.4
55	1	2.6	100.0
Summe	38	100.0	

Mittelwert 16.92   Standardabweichung 11.27

7.4 Mitarbeitergründe für eine ABA

7.4.2 Wie lange benötigen Sie ungefähr während der Stoßzeiten von Ihrer Wohnung bis zu Ihrem Arbeitsplatz in Minuten?

Wert	Häufigkeit	Prozent	Prozent Kumuliert
5	1	2.6	2.6
10	3	7.9	10.5
15	8	21.1	31.6
20	3	7.9	39.5
25	1	2.6	42.1
27	1	2.6	44.7
30	4	10.5	55.3
35	7	18.4	73.7
40	2	5.3	78.9
45	4	10.5	89.5
50	1	2.6	92.1
60	2	5.3	97.4
75	1	2.6	100.0
Summe	38	100.0	

Mittelwert 29.92   Standardabweichung 15.99

7.4.3 Wie lange benötigen Sie ungefähr außerhalb der Stoßzeiten von Ihrer Wohnung bis zu Ihrem Arbeitsplatz in Minuten?

	Code	Häufigkeit	Prozent	Prozent Kumuliert
Gleich wie in Stoßzeit	0	11	28.9	28.9
5	5	2	5.3	34.2
8	8	1	2.6	36.8
10	10	5	13.2	50.0
15	15	2	5.3	55.3
17	17	1	2.6	57.9
20	20	5	13.2	71.1
25	25	5	13.2	84.2
30	30	2	5.3	89.5
35	35	2	5.3	94.7
40	40	1	2.6	97.4
Frage irrelevant	99	1	2.6	100.0
	Summe	38	100.0	

Mittelwert (ohne 0 und 99)   19.6   Standardabweichung 9.6

7.4.4   Welches Verkehrsmittel benützen Sie dabei in der Regel?

	Code	Häufigkeit	Prozent	Prozent Kumuliert
PKW	1	31	81.6	81.6
Bahn	2	0	0.0	81.6
Bus	3	3	7.9	89.5
Fahrrad	4	3	7.9	97.4
Keines, gehe zu Fuß	5	0	0.0	97.4
Sonstiges	6	1	2.6	100.0
Summe		38	100.0	

7.4.5   War für Sie die Möglichkeit, die täglichen Fahrten zum Arbeitsplatz zu vermeiden, ein wichtiger Grund für ihr Interesse an einer ABA oder war dies unwichtig?

	Code	Häufigkeit	Prozent	Prozent Kumuliert
Unwichtig	0	16	42.1	42.1
Wichtig	1	18	47.4	89.5
Frage irrelevant	9	4	10.5	100.0
Summe		38	100.0	

7.4.6   Gäbe es für Sie persönlich eine zeitliche Entfernung zwischen Wohnung und Arbeitsplatz, bei der Sie wieder ausschließlich im Betrieb arbeiten würden oder würden Sie Ihre ABA auf jeden Fall beibehalten?

	Code	Häufigkeit	Prozent	Prozent Kumuliert
Ja, bei einer Entfernung von ...	1	0	0.0	0.0
Weiß ich nicht	2	0	0.0	0.0
Nein, würde ABA beibehalten	3	18	47.4	47.4
Frage irrelevant	9	20	52.6	100.0
Summe		38	100.0	

7.4 Mitarbeitergründe für eine ABA

7.4.7 Was waren die beruflichen oder privaten Gründe, weswegen Sie sich um eine ABA beworben haben?

7.4.7.1 Berufliche Gründe

	Code	Häufigkeit	Prozent	Prozent Kumuliert
Keine (bzw. keine genannt)	0	12	31.6	31.6
Überwachung/Bereitschaftsdienst	1	10	26.3	57.9
Schichtarbeit	2	3	7.9	65.8
Kommunikation außerhalb Europas	3	5	13.2	78.9
Auf ABA frühere Information	4	1	2.6	81.6
Konzentrierte Einzelarbeit	5	5	13.2	94.7
Neugier	6	1	2.6	97.4
Mehr Wochenarbeitszeit möglich	7	1	2.6	100.0
Summe		38	100.0	

7.4.7.2 Private Gründe

	Code	Häufigkeit	Prozent	Prozent Kumuliert
Keine (bzw. keine genannt)	0	9	23.7	23.7
Schichtarbeit angenehmer	1	2	5.3	28.9
Eigene Erkrankung	2	4	10.5	39.5
Kinderbetreuung	3	10	26.3	65.8
Vereinbarkeit Familie/Beruf	4	7	18.4	84.2
Erkrankung in Familie	5	5	13.2	97.4
Fahrkostenersparnis	6	1	2.6	100.0
Summe		38	100.0	

7.4.8 Neben den von Ihnen genannten speziellen Gründen mögen Sie noch eine Reihe eher allgemeiner Erwartungen gegenüber dieser neuen Arbeitsform gehabt haben. Könnten Sie in der folgenden Liste bitte angeben, welche der Erwartungen Sie persönlich hatten?

(Liste ausfüllen lassen)

7.4.9 Sie haben nun einige Zeit praktische Erfahrungen mit einer ABA gesammelt. Wenn Sie die Liste bitte noch einmal durchgehen - welche der Aussagen trifft auf Ihre jetzige Situation zu - unabhängig davon, ob Sie ursprünglich damit gerechnet hatten oder nicht?

(Liste ausfüllen lassen)

Persönliche Erwartungen und jetzige Situation getrennt nach Art der ABA

Auf ABA ...	Häufigkeit der Ja-Antworten					
	Erwartung			Jetzige Situation		
	Wohn.-zentriert N=24	Büro-zentriert N=14	Summe N=38	Wohn.-zentriert N=24	Büro-zentriert N=14	Summe N=38
Selbständiger arbeiten zu können	5 20.8%	2 14.3%	7 18.4%	10 41.7%	2 14.3%	12 31.6%
Ungestörter arbeiten zu können	19 79.2%	9 64.3%	28 73.7%	23** 95.8%	8 57.1%	31 81.6%
Morgens auch mal später mit der Arbeit anfangen zu können	11 45.8%	10 71.4%	21 55.3%	11 45.8%	10 71.4%	21 55.3%
Effektiver arbeiten zu können	18 75.0%	9 64.3%	27 71.1%	22 91.7%	10 71.4%	32 84.2%
In angenehmerer Atmosphäre arbeiten zu können	15 62.5%	5 35.7%	20 52.6%	20* 83.3%	7 50.0%	27 71.1%
Nach meinem persönlichen Tagesrhythmus arbeiten zu können	17 70.8%	6 42.9%	23 60.5%	20** 83.3%	5 35.7%	25 65.8%
Gute Einfälle auch außerhalb der regulären Arbeitszeit aufgreifen zu können	16 66.7%	8 57.1%	24 63.2%	18 75.0%	11 78.6%	29 76.3%
Durch Reduktion des Berufsverkehrs zum Umweltschutz beizutragen	13 54.2%	4 28.6%	17 44.7%	16 66.7%	5 35.7%	21 55.3%
Kosten zu sparen	6 25.0%	4 28.6%	10 26.3%	11** 45.8%	1 7.1%	12 31.6%
Den Computer besser nutzen zu können	4* 16.7%	7 50.0%	11 29.0%	8 33.3%	9 64.3%	17 44.7%
Weniger kontrolliert zu werden	0 0.0%	0 0.0%	0 0.0%	4 16.7%	1 7.1%	5 13.2%
Während der üblichen Dienstzeit etwas erledigen zu können (z. B. Einkäufe, Behördengänge, Handwerkertermine)	10 41.7%	5 35.7%	15 39.5%	15 62.5%	7 50.0%	22 57.9%

* Unterschied Wohnungszentriert/Bürozentriert s. p < 0.05
** Unterschied Wohnungszentriert/Bürozentriert s. p < 0.01

7.4 Mitarbeitergründe für eine ABA

7.4.10 Von Leuten, die sich um eine ABA bewerben, werden gelegentlich auch Nachteile befürchtet. Könnten sie in dieser Liste bitte angeben, ob Sie diese Nachteile erwartet hatten bzw. ob sie, unabhängig davon, was Sie erwartet hatten, auf ihre jetzige Situation zutreffen oder nicht.

(Liste ausfüllen lassen)

Persönliche Befürchtungen und jetzige Situation getrennt nach Art der ABA

	Häufigkeit der Ja-Antworten					
	Befürchtung			Jetzige Situation		
	Wohn.-	Büro-	Summe	Wohn.-	Büro-	Summe
	zentriert			zentriert		
Auf ABA ...	N=24	N=14	N=38	N=24	N=14	N=38
Schlechtere technische Ausstattung	6 25.0%	6 42.9%	12 31.6%	4 16.7%	6 42.9%	10 26.3%
Schlechtere betriebliche Kommunikation	12* 50.0%	2 14.3%	14 36.8%	6* 25.0%	0 0.0%	6 15.8%
Weniger Anerkennung der Leistung	5 20.8%	0 0.0%	5 13.2%	0 0.0%	0 0.0%	0 0.0%
Geringere Beförderungschancen	8** 33.3%	0 0.0%	8 21.1%	4 16.7%	0 0.0%	4 10.5%
Geringere Arbeitseffizienz	1 4.2%	1 7.1%	2 5.3%	1 4.2%	1 7.1%	2 5.3%

* Unterschied Wohnungszentriert/Bürozentriert s. $p < 0.05$
** Unterschied Wohnungszentriert/Bürozentriert s. $p < 0.01$

7.4.11 Die Aufteilung der Arbeit zwischen einem häuslichen Arbeitsplatz und einem im Betrieb bringt die Frage mit sich, welche Unterlagen man am einem, welche man am anderen und welche man an beiden Plätzen benötigt. - Wie groß ist die Menge an Unterlagen, die Sie hin und her transportieren?

Sehr groß   1 – 2 – 3 – 4 – 5   Sehr klein

	Code	Häufigkeit	Prozent	Prozent Kumuliert
Sehr groß	1	1	2.6	2.6
	2	3	7.9	10.5
	3	13	34.2	44.7
	4	10	26.3	71.1
Sehr klein	5	9	23.7	94.7
Frage irrelevant	9	2	5.3	100.0
	Summe	38	100.0	

Mittelwert (ohne 9)   3.64   Standardabweichung   1.05

7.4.12 Behindert Sie das in Ihrer Arbeit?

Ja, sehr stark   1 – 2 – 3 – 4 – 5   Nein, überhaupt nicht

	Code	Häufigkeit	Prozent	Prozent Kumuliert
Ja, sehr stark	1	0	0.0	0.0
	2	1	2.6	2.6
	3	5	13.2	15.8
	4	10	26.3	42.1
Nein, überhaupt nicht	5	20	52.6	94.7
Frage irrelevant	9	2	5.3	100.0
Summe		38	100.0	

Mittelwert (ohne 9)   4.36   Standardabweichung   .83

7.4.13 Einen Transport von Unterlagen kann man sich ersparen, wenn man sie doppelt hat, so daß man sie an beiden Arbeitsplätzen greifen kann. Machen Sie von dieser Möglichkeit Gebrauch?

Ja, sehr stark   1 – 2 – 3 – 4 – 5   Nein, überhaupt nicht

	Code	Häufigkeit	Prozent	Prozent Kumuliert
Ja, sehr stark	1	4	10.5	10.5
	2	6	15.8	26.3
	3	7	18.4	44.7
	4	6	15.8	60.5
Nein, überhaupt nicht	5	12	31.6	92.1
Frage irrelevant	9	3	7.9	100.0
Summe		38	100.0	

Mittelwert (ohne 9)   3.64   Standardabweichung   1.42

7.4 Mitarbeitergründe für eine ABA

7.4.14 Sehen Sie in der Frage der Aufteilung der Unterlagen Verbesserungsmöglichkeiten?

	Code	Häufigkeit	Prozent	Prozent Kumuliert
Ja	1	3	7.9	7.9
Nein	2	7	18.4	26.3
Nicht nötig	3	26	68.4	94.7
Frage irrelevant	9	2	5.3	100.0
Summe		38	100.0	

7.4.15 Es gibt Leute, die können praktisch überall arbeiten, Hauptsache, die nötigen Unterlagen sind griffbereit und die technische Ausstattung ist in Ordnung. Andere dagegen brauchen eine feste, vertraute Arbeitsumgebung. Welcher Gruppe fühlen Sie sich persönlich eher zugehörig?

Ich kann praktisch   1 – 2 – 3 – 4 – 5   Ich brauche eine vertraute
überall arbeiten   Arbeitsumgebung

	Code	Häufigkeit	Prozent	Prozent Kumuliert
Ich kann überall arbeiten	1	18	47.4	47.4
	2	10	26.3	73.7
	3	6	15.8	89.5
	4	4	10.5	100.0
Ich brauche vertraute Umgebung	5	0	0.0	100.0
Summe		38	100.0	

Mittelwert   1.89   Standardabweichung   1.03

7.4.16 Haben Sie zu Hause ein eigenes Arbeitszimmer?

	Code	Häufigkeit	Prozent	Prozent Kumuliert
Nein	0	11	28.9	28.9
Ja	1	27	71.1	100.0
Summe		38	100.0	

7.4.17 Haben Sie im Betrieb ein Büro für sich alleine?

	Code	Häufigkeit	Prozent	Prozent Kumuliert
Ja	1	5	13.2	13.2
Nein, wir sind 2 Kollegen	2	16	42.1	55.3
Nein, wir sind 3 Kollegen	3	4	10.5	65.8
Nein, wir sind 4 Kollegen	4	9	23.7	89.5
Nein, wir sind 5 Kollegen	5	1	2.6	92.1
Nein, wir sind 8 Kollegen	8	2	5.3	97.4
Frage irrelevant	9	1	2.6	100.0
	Summe	38	100.0	

7.4.18 An den Tagen, an denen Sie zu Hause arbeiten, steht Ihr Schreibtisch im Betrieb leer, was natürlich mit Kosten verbunden ist. Wären Sie bereit, vorausgesetzt die damit verbundenen organisatorischen Probleme wären optimal gelöst, auf Ihren eigenen Schreibtisch im Betrieb zu verzichten?

☐ Ja, würde mir nichts ausmachen   ☐ Ungern   ☐ Sehr ungern   ☐ Nein, würde ich nicht

	Code	Häufigkeit	Prozent	Prozent Kumuliert
Ja, würde mir nichts ausmachen	1	9	23.7	23.7
Ungern	2	9	23.7	47.4
Sehr ungern	3	6	15.8	63.2
Nein, würde ich nicht	4	6	15.8	78.9
Ist bereits der Fall	5	6	15.8	94.7
Frage irrelevant	9	2	5.3	100.0
	Summe	38	100.0	

7.4.19 Es gibt einige Argumente für den eigenen Schreibtisch im Betrieb. Ich lese Ihnen im folgenden 6 Argumente vor und bitte Sie, jeweils anzugeben, inwieweit Sie Ihnen zustimmen oder nicht.

Stimme voll zu   1 – 2 – 3 – 4 – 5   Stimme überhaupt nicht zu

7.4 Mitarbeitergründe für eine ABA

7.4.19.1 Man kann die im Betrieb zu erledigende Arbeit so liegen lassen, daß man sie jederzeit schnell wieder aufnehmen kann

	Code	Häufigkeit	Prozent	Prozent Kumuliert
Stimme voll zu	1	5	13.2	13.2
	2	5	13.2	26.3
	3	2	5.3	31.6
	4	6	15.8	47.4
Stimme überhaupt nicht zu	5	19	50.0	97.4
Frage irrelevant	9	1	2.6	100.0
	Summe	38	100.0	

Mittelwert (ohne 9)   3.78   Standardabweichung   1.53

7.4.19.1.1 Wurden Sicherheitsgründe (Clean-desk-Vorschrift) für eine ablehnende Antwort angegeben?

	Code	Häufigkeit	Prozent	Prozent Kumuliert
Nein	0	15	39.5	39.5
Ja	1	21	55.3	94.7
Frage irrelevant	9	2	5.3	100.0
	Summe	38	100.0	

7.4.19.2 Die Art und Weise, wie man seine Arbeitsunterlagen auf dem Schreibtisch verteilt, hilft einem, seine Arbeit zu planen

	Code	Häufigkeit	Prozent	Prozent Kumuliert
Stimme voll zu	1	5	13.2	13.2
	2	7	18.4	31.6
	3	6	15.8	47.4
	4	9	23.7	71.1
Stimme überhaupt nicht zu	5	10	26.3	97.4
Frage irrelevant	9	1	2.6	100.0
	Summe	38	100.0	

Mittelwert (ohne 9)   3.32   Standardabweichung   1.42

7.4.19.3 Der eigene Schreibtisch im Betrieb erspart einem Detailplanungen, was man genau in welchem Moment benötigt

	Code	Häufigkeit	Prozent	Prozent Kumuliert
Stimme voll zu	1	2	5.3	5.3
	2	7	18.4	23.7
	3	3	7.9	31.6
	4	14	36.8	68.4
Stimme überhaupt nicht zu	5	11	28.9	97.4
Frage irrelevant	9	1	2.6	100.0
	Summe	38	100.0	

Mittelwert (ohne 9)   3.68   Standardabweichung   1.25

7.4.19.4 An seinem eigenen Schreibtisch fühlt man sich wohler als einem x-beliebigen Platz

	Code	Häufigkeit	Prozent	Prozent Kumuliert
Stimme voll zu	1	12	31.6	31.6
	2	10	26.3	57.9
	3	4	10.5	68.4
	4	5	13.2	81.6
Stimme überhaupt nicht zu	5	6	15.8	97.4
Frage irrelevant	9	1	2.6	100.0
	Summe	38	100.0	

Mittelwert (ohne 9)   2.54   Standardabweichung   1.48

7.4.19.5 Unabhängig von allem anderen ist es einfach leichter, eine unterbrochene Arbeit am gleichen Platz wieder aufzunehmen als an einem anderen

	Code	Häufigkeit	Prozent	Prozent Kumuliert
Stimme voll zu	1	10	26.3	26.3
	2	8	21.1	47.4
	3	4	10.5	57.9
	4	7	18.4	76.3
Stimme überhaupt nicht zu	5	8	21.1	97.4
Frage irrelevant	9	1	2.6	100.0
	Summe	38	100.0	

Mittelwert (ohne 9)   2.86   Standardabweichung   1.55

7.4 Mitarbeitergründe für eine ABA

7.4.19.6 Der eigene Schreibtisch ist ein wichtiges Statussymbol

	Code	Häufigkeit	Prozent	Prozent Kumuliert
Stimme voll zu	1	2	5.3	5.3
	2	1	2.6	7.9
	3	3	7.9	15.8
	4	12	31.6	47.4
Stimme überhaupt nicht zu	5	19	50.0	97.4
Frage irrelevant	9	1	2.6	100.0
Summe		38	100.0	

Mittelwert (ohne 9)   4.22   Standardabweichung   1.08

7.4.20 Was glauben Sie - durch welche betrieblichen Maßnahmen und durch welche privaten Strategien könnten die Nachteile, die mit dem Aufgeben des eigenen Schreibtisches verbunden sind, kompensiert werden?

	Code	Häufigkeit	Prozent	Prozent Kumuliert
Weiß ich nicht	0	11	28.9	28.9
Überhaupt nicht	1	3	7.9	36.8
Mehr zu Hause arbeiten	2	2	5.3	42.1
Finanzieller Ausgleich	4	2	5.3	47.4
Innerh. Abt. Schreibt. teilen	5	9	23.7	71.1
Kompatibilität beachten	6	3	7.9	78.9
Nahraum erhalten	7	1	2.6	81.6
Großraumbüro	8	1	2.6	84.2
Frage irrelevant	9	6	15.8	100.0
Summe		38	100.0	

7.4.21 Halten Sie das »japanische Modell« (der Mitarbeiter bekommt einen täglich wechselnden, beliebigen Arbeitsort zugeteilt) für vorstellbar?

	Code	Häufigkeit	Prozent	Prozent Kumuliert
Nein	0	16	42.1	42.1
Ja	1	3	7.9	50.0
Frage nicht gestellt	9	19	50.0	100.0
Summe		38	100.0	

7.4.22 Betrachten Sie es als Privileg, an diesem Modellversuch teilnehmen zu können?

☐ Ja   ☐ Teils/teils   ☐ Nein

	Code	Häufigkeit	Prozent	Prozent Kumuliert
Nein	0	6	15.8	15.8
Ja	1	27	71.1	86.8
Teils/teils	2	5	13.2	100.0
Summe		38	100.0	

7.4.23 Glauben Sie, daß Sie von Kollegen darum beneidet werden?

☐ Ja   ☐ Etwas   ☐ Nein

	Code	Häufigkeit	Prozent	Prozent Kumuliert
Nein	0	10	26.3	26.3
Ja	1	9	23.7	50.0
Etwas	2	18	47.4	97.4
Weiß ich nicht	3	1	2.6	100.0
Summe		38	100.0	

7.4.24 Glauben Sie, daß es Leute gibt, die sich vor allem deswegen um eine ABA bewerben, für die also sachliche Gründe im Hintergrund stehen?

☐ Ja, viele   ☐ Ja, einige   ☐ Nein, niemand

	Code	Häufigkeit	Prozent	Prozent Kumuliert
Nein, niemand	0	20	52.6	52.6
Ja, viele	1	0	0.0	52.6
Ja, einige	2	17	44.7	97.4
Weiß ich nicht	3	1	2.6	100.0
Summe		38	100.0	

7.5 Arbeitszeiten, Arbeitsweise

7.5.1 Gibt es bei Ihrer Arbeit zu Hause eine typische Verteilung der täglichen Arbeitszeiten?

	Code	Häufigkeit	Prozent	Prozent Kumuliert
Nein	0	9	23.7	23.7
Ja	1	26	68.4	92.1
Frage irrelevant	9	3	7.9	100.0
Summe		38	100.0	

7.5.2 Verteilen Sie Ihre Arbeitszeiten anders als früher oder haben Sie im wesentlichen Ihre betrieblichen Arbeitszeiten beibehalten?

Deutlich anders ☐
Etwas anders ☐
Ich habe die Arbeitszeiten im wesentlichen beibehalten ☐

	Code	Häufigkeit	Prozent	Prozent Kumuliert
Deutlich anders	1	15	39.5	39.5
Etwas anders	2	14	36.8	76.3
Im wesentlichen beibehalten	3	6	15.8	92.1
Frage irrelevant	9	3	7.9	100.0
Summe		38	100.0	

Mittelwert (ohne 9)   1.74   Standardabweichung   .74

7.5.3 Welche der folgenden Aussagen trifft dabei auf Sie zu?

	Trifft zu	Trifft nicht zu	Irrelevant
Ich arbeite jetzt vermehrt dann, wenn ich mich am leistungsfähigsten fühle	8 21.1%	22 57.9%	8 21.1%
Ich arbeite jetzt vermehrt dann, wenn ich nicht gestört werden kann	19 50.0%	11 28.9%	8 21.1%
Ich passe meine Arbeitszeiten jetzt stärker den beruflichen Anforderungen an	16 42.1%	14 36.8%	8 21.1%
Ich lege jetzt auch einmal Pausen ein, wenn ich mich müde fühle oder mit der Arbeit nicht richtig vorankomme	20 52.6%	10 26.3%	8 21.1%
Ich achte jetzt bewußt auf meinen Biorhythmus	2 5.3%	28 73.7%	8 21.1%

7.5.4 Gibt es berufliche oder private Gründe, die Sie – ob Sie wollen oder nicht – auf bestimmte Arbeitszeiten festlegen?

Ja, viele   1 – 2 – 3 – 4 – 5   Nein, keine

7.5.4.1 Berufliche Gründe

	Code	Häufigkeit	Prozent	Prozent Kumuliert
Ja, viele	1	4	10.5	10.5
	2	13	34.2	44.7
	3	5	13.2	57.9
	4	8	21.1	78.9
Nein, keine	5	8	21.1	100.0
	Summe	38	100.0	

Mittelwert   3.08   Standardabweichung   1.36

7.5.4.2 Welche beruflichen Gründe sind dies?

	Code	Häufigkeit	Prozent	Prozent Kumuliert
Keine (bzw. keine genannt)	0	17	44.7	44.7
Ansprechbarkeit	1	13	34.2	78.9
Schichtarbeit	2	3	7.9	86.8
Überwachungstätigkeit	3	3	7.9	94.7
Frage irrelevant	9	2	5.3	100.0
	Summe	38	100.0	

7.5.4.3 Private Gründe

	Code	Häufigkeit	Prozent	Prozent Kumuliert
Ja, viele	1	3	7.9	7.9
	2	10	26.3	34.2
	3	4	10.5	44.7
	4	6	15.8	60.5
Nein, keine	5	13	34.2	94.7
Frage irrelevant	9	2	5.3	100.0
	Summe	38	100.0	

Mittelwert (ohne 9)   3.44   Standardabweichung   1.44

7.5.4.4 Welche privaten Gründe sind dies?

	Code	Häufigkeit	Prozent	Prozent Kumuliert
Keine (bzw. keine genannt)	0	19	50.0	50.0
Kinderbetreuung	1	11	28.9	78.9
Eigene Erkrankung	2	2	5.3	84.2
Erkrankung in Familie	3	2	5.3	89.5
Rücksicht auf Familie	4	2	5.3	94.7
Frage irrelevant	9	2	5.3	100.0
	Summe	38	100.0	

7.5.5 Unabhängig von beruflichen Erfordernissen gibt es Leute, die sich am wohlsten fühlen, wenn sie auch zu Hause ihre früheren betrieblichen Arbeitszeiten beibehalten, weil sie das als hilfreiche Stütze empfinden. Geht es Ihnen auch so?

Sehr stark   1 – 2 – 3 – 4 – 5   Überhaupt nicht

	Code	Häufigkeit	Prozent	Prozent Kumuliert
Sehr stark	1	0	0.0	0.0
	2	3	7.9	7.9
	3	4	10.5	18.4
	4	10	26.3	44.7
Überhaupt nicht	5	17	44.7	89.5
Frage irrelevant	9	4	10.5	100.0
	Summe	38	100.0	

Mittelwert (ohne 9)   4.21   Standardabweichung   .98

7.5.6 Seine Arbeitszeit freier wählen zu können, verlangt auch ein höheres Maß an Selbstdisziplin. Wie stark empfinden Sie das?

Sehr stark   1 – 2 – 3 – 4 – 5   Überhaupt nicht

	Code	Häufigkeit	Prozent	Prozent Kumuliert
Sehr stark	1	7	18.4	18.4
	2	12	31.6	50.0
	3	4	10.5	60.5
	4	7	18.4	78.9
Überhaupt nicht	5	4	10.5	89.5
Frage irrelevant	9	4	10.5	100.0
	Summe	38	100.0	

Mittelwert (ohne 9)   2.68   Standardabweichung   1.34

7.5 Arbeitszeiten, Arbeitsweise

7.5.7 Empfinden Sie diese Selbstdisziplin als Belastung?

Sehr stark   1 – 2 – 3 – 4 – 5   Überhaupt nicht

	Code	Häufigkeit	Prozent	Prozent Kumuliert
Sehr stark	1	0	0.0	0.0
	2	3	7.9	7.9
	3	2	5.3	13.2
	4	7	18.4	31.6
Überhaupt nicht	5	21	55.3	86.8
Frage irrelevant	9	5	13.2	100.0
	Summe	38	100.0	

Mittelwert (ohne 9)   4.39   Standardabweichung   .97

7.5.8 Haben Sie bei der Arbeit zu Hause manchmal das Gefühl, schwerer in Schwung zu kommen als im Betrieb?

Nein, nie   1 – 2 – 3 – 4 – 5   Ja, sehr oft

	Code	Häufigkeit	Prozent	Prozent Kumuliert
Nein, nie	1	25	65.8	65.8
	2	9	23.7	89.5
	3	3	7.9	97.4
	4	1	2.6	100.0
Ja, sehr oft	5	0	0.0	100.0
	Summe	38	100.0	

Mittelwert   1.47   Standardabweichung   .76

7.5.9 Würden Sie sich selbst eher als einen Morgenmenschen oder eher als einen Nachtmenschen bezeichnen?

Morgenmensch   1 – 2 – 3 – 4 – 5   Nachtmensch

	Code	Häufigkeit	Prozent	Prozent Kumuliert
Morgenmensch	1	8	21.1	21.1
	2	7	18.4	39.5
	3	4	10.5	50.0
	4	9	23.7	73.7
Nachtmensch	5	10	26.3	100.0
	Summe	38	100.0	

Mittelwert   3.16   Standardabweichung   1.53

7.5.10 Stellen Sie sich vor, Sie haben bis spät in die Nacht gearbeitet und beschlossen, dafür am anderen Morgen später aufzustehen. Wäre es Ihnen unangenehm, dann durch ein dienstliches Telefonat aus dem Bett geklingelt zu werden oder würde Ihnen das nichts ausmachen?

Wäre mir sehr unangenehm   1 – 2 – 3 – 4 – 5   Würde mir nichts ausmachen

	Code	Häufigkeit	Prozent	Prozent Kumuliert
Wäre mir sehr unangenehm	1	0	0.0	0.0
	2	6	15.8	15.8
	3	3	7.9	23.7
	4	11	28.9	52.6
Würde mir nichts ausmachen	5	18	47.4	100.0
	Summe	38	100.0	

Mittelwert   4.08   Standardabweichung   1.10

7.5.11 Ist es von Ihrer Arbeit her notwendig, daß Sie während der gesamten Kernarbeitszeit auch zu Hause erreichbar sind?

Ja, sehr stark   1 – 2 – 3 – 4 – 5   Nein, überhaupt nicht

	Code	Häufigkeit	Prozent	Prozent Kumuliert
Ja, sehr stark	1	1	2.6	2.6
	2	8	21.1	23.7
	3	5	13.2	36.8
	4	11	28.9	65.8
Nein, überhaupt nicht	5	7	18.4	84.2
Frage irrelevant	9	6	15.8	100.0
	Summe	38	100.0	

Mittelwert (ohne 9)   3.47   Standardabweichung   1.19

7.5 Arbeitszeiten, Arbeitsweise

7.5.12 Glauben Sie, daß es Leute gibt, die Hemmungen haben, Sie aus dienstlichen Gründen zu Hause anzurufen?

☐ Ja   ☐ Weiß ich nicht   ☐ Nein

	Code	Häufigkeit	Prozent	Prozent Kumuliert
Nein	0	18	47.4	47.4
Ja	1	15	39.5	86.8
Weiß ich nicht	2	5	13.2	100.0
Summe		38	100.0	

7.5.13 Was glauben sie: Wer empfindet solche Hemmungen?

	Ja	Nein	Frage irrelevant	Anruf kommt nicht vor
Kollegen	11	4	23	0
	28.9%	10.5%	60.5%	0.0%
Vorgesetzte	4	11	23	0
	10.5%	28.9%	60.5%	0.0%
Mitarbeiter	4	3	24	7
	10.5%	7.9%	63.2%	18.4%
Externe Kunden	3	4	24	7
	7.9%	10.5%	63.2%	18.4%

7.5.14 Wenn man angerufen wird, bedeutet dies oft, daß man die gerade laufende Arbeit unterbrechen muß. Auf der anderen Seite bringt ein dienstlicher Anruf oft andere Arbeiten durch wichtige Informationen voran. Welcher Aspekt steht für Sie im ganzen gesehen im Vordergrund?

Lästige Unterbrechung   1 – 2 – 3 – 4 – 5   Nützliche Information

	Code	Häufigkeit	Prozent	Prozent Kumuliert
Lästige Unterbrechung	1	2	5.3	5.3
	2	9	23.7	28.9
	3	7	18.4	47.4
	4	13	34.2	81.6
Nützliche Information	5	6	15.8	97.4
Frage irrelevant	9	1	2.6	100.0
Summe		38	100.0	

Mittelwert (ohne 9)   3.32   Standardabweichung   1.18

7.5.15 Kennen Sie das Phänomen, daß man lange und fruchtlos über einem Problem gegrübelt hat und kaum läßt man es liegen, fällt einem in einer ganz anderen Situation spontan die Lösung ein?

Ja, passiert mir oft ☐

Ja, passiert mir gelegentlich ☐

Ja, aber passiert mir selten ☐

Nein, kenne ich nicht ☐

	Code	Häufigkeit	Prozent	Prozent Kumuliert
Ja, passiert mir oft	1	9	23.7	23.7
Ja, passiert mir gelegentlich	2	24	63.2	86.8
Ja, aber passiert mir selten	3	5	13.2	100.0
Nein, kenne ich nicht	4	0	0.0	100.0
	Summe	38	100.0	

Mittelwert 1.89 Standardabweichung .61

7.5.16 Die vorherige Frage zielte darauf ab, daß man für optimales Problemlösen die richtige Mischung aus Phasen der Arbeit und Phasen der Ruhe finden muß. Man muß also sowohl ein Kleben am Problem als auch ein Vor-sich-Herschieben vermeiden. Wenn Sie an die letzten Wochen zurückdenken, können Sie sich an eine Aufgabe erinnern, die Sie zu Hause erledigt haben, bei der Sie diese richtige Mischung nicht so leicht gefunden haben?

☐ Ja   ☐ Nein

	Code	Häufigkeit	Prozent	Prozent Kumuliert
Nein	0	30	78.9	78.9
Ja	1	8	21.1	100.0
	Summe	38	100.0	

7.5 Arbeitszeiten, Arbeitsweise

7.5.16.1 Wenn Antwort *Ja*: Was überwog dabei: Kleben am Problem oder Vor-sich-Herschieben?

	Code	Häufigkeit	Prozent	Prozent Kumuliert
Kleben am Problem	1	5	62.5	62.5
Vor sich her schieben	2	3	37.5	100.0
Summe		8	100.0	

7.5.16.2 Wäre es Ihnen in diesem Fall leichter gefallen, die richtige Mischung zu finden, wenn Sie diese Aufgabe wie früher im Büro erledigt hätten?

Ja, sehr ☐

Ja, etwas ☐

Nein ☐

	Code	Häufigkeit	Prozent	Prozent Kumuliert
Nein	0	7	87.5	87.5
Ja, sehr	1	0	0.0	87.5
Ja, etwas	2	1	12.5	100.0
Summe		8	100.0	

7.5.17 Wie empfinden Sie Ihre Arbeitsbelastung insgesamt?

1	2	3	4	5
Viel zu hoch	Zu hoch	In etwa richtig	Zu gering	Viel zu gering

	Code	Häufigkeit	Prozent	Prozent Kumuliert
Viel zu hoch	1	1	2.6	2.6
Zu hoch	2	15	39.5	42.1
In etwa richtig	3	22	57.9	100.0
Zu gering	4	0	0.0	100.0
Viel zu gering	5	0	0.0	100.0
Summe		38	100.0	

Mittelwert 2.55   Standardabweichung .56

7.5.18 Es gibt Leute, die sich selbst beruflich extrem belasten. Sie arbeiten praktisch bis zum Umfallen. Wenn Sie an die letzten Wochen zurückdenken, gab es Phasen, in denen Sie sich extrem belastet gefühlt haben?

☐ Ja ☐ Nein

	Code	Häufigkeit	Prozent	Prozent Kumuliert
Nein	0	25	65.8	65.8
Ja	1	13	34.2	100.0
Summe		38	100.0	

7.5.19 Glauben Sie, daß Menschen allgemein beim Arbeiten zu Hause stärker zu einem extremen Arbeitseinsatz tendieren als im Betrieb oder weniger oder hat das darauf keinen Einfluß?

Stärker ☐
Hat keinen Einfluß ☐
Weniger ☐

	Code	Häufigkeit	Prozent	Prozent Kumuliert
Stärker	1	7	18.4	18.4
Hat keinen Einfluß	2	28	73.7	92.1
Weniger	3	3	7.9	100.0
Summe		38	100.0	

7.5.20 Haben Sie das Gefühl, daß Sie zu Hause generell produktiver arbeiten können als im Betrieb oder gibt es da keinen Unterschied oder - im Gegenteil - gibt es Hindernisse, die bewirken, daß Sie weniger produktiv arbeiten können?

Produktiver 1 – 2 – 3 – 4 – 5 Weniger produktiv

	Code	Häufigkeit	Prozent	Prozent Kumuliert
Produktiver	1	10	26.3	26.3
	2	13	34.2	60.5
	3	10	26.3	86.8
	4	3	7.9	94.7
Weniger produktiv	5	2	5.3	100.0
Summe		38	100.0	

Mittelwert 2.32   Standardabweichung 1.12

7.5 Arbeitszeiten, Arbeitsweise

7.5.21 Grund für geringere Produktivität

	Code	Häufigkeit	Prozent	Prozent Kumuliert
Technik zu Hause schlechter	1	4	10.5	10.5
Zu Hause nur Zusatzarbeit	2	1	2.6	13.2
Frage irrelevant	9	33	86.8	100.0
Summe		38	100.0	

7.5.22 Wenn man nicht mehr dauernd im Betrieb anwesend ist, muß man manches, was man früher spontan erledigen konnte, stärker planen. Geben Sie bitte in dieser Liste an, ob Sie diese Tätigkeiten stärker im voraus planen müssen als früher oder nicht.

(Liste ausfüllen lassen)

7.5.23 Stärker planen zu müssen kann hinderlich sein, es kann aber auch ein Vorteil sein, da man dadurch gezwungen ist, seine Arbeit besser zu strukturieren. Was überwiegt in den Fällen, in denen Sie stärker planen müssen als früher - das Positive oder das Negative?

(Antworten mit *viel mehr* oder *etwas mehr* Planung vorlesen und vom Interviewer ankreuzen lassen, ob *positiv, negativ* oder *teils/teils*)

7.5.23.1 Planung des Gesprächs mit Vorgesetzten

	Code	Häufigkeit	Prozent	Prozent Kumuliert
Nicht mehr	0	21	55.3	55.3
Etwas mehr, positiv	1	5	13.2	68.4
Etwas mehr, teils/teils	2	7	18.4	86.8
Etwas mehr, negativ	3	3	7.9	94.7
Viel mehr, positiv	4	1	2.6	97.4
Viel mehr, teils/teils	5	1	2.6	100.0
Viel mehr negativ	6	0	0.0	100.0
Tätigkeit kommt nicht vor	7	0	0.0	100.0
Summe		38	100.0	

7.5.23.2 Planung des Gesprächs mit Teamkollegen

	Code	Häufigkeit	Prozent	Prozent Kumuliert
Nicht mehr	0	14	36.8	36.8
Etwas mehr, positiv	1	5	13.2	50.0
Etwas mehr, teils/teils	2	10	26.3	76.3
Etwas mehr, negativ	3	3	7.9	84.2
Viel mehr, positiv	4	1	2.6	86.8
Viel mehr, teils/teils	5	1	2.6	89.5
Viel mehr negativ	6	0	0.0	89.5
Tätigkeit kommt nicht vor	7	4	10.5	100.0
	Summe	38	100.0	

7.5.23.3 Planung des Gesprächs mit sonstigen IBMern

	Code	Häufigkeit	Prozent	Prozent Kumuliert
Nicht mehr	0	20	52.6	52.6
Etwas mehr, positiv	1	5	13.2	65.8
Etwas mehr, teils/teils	2	9	23.7	89.5
Etwas mehr, negativ	3	1	2.6	92.1
Viel mehr, positiv	4	1	2.6	94.7
Viel mehr, teils/teils	5	1	2.6	97.4
Viel mehr negativ	6	0	0.0	97.4
Tätigkeit kommt nicht vor	7	1	2.6	100.0
	Summe	38	100.0	

7.5.23.4 Planung des Gesprächs mit internen Kunden

	Code	Häufigkeit	Prozent	Prozent Kumuliert
Nicht mehr	0	16	42.1	42.1
Etwas mehr, positiv	1	8	21.1	63.2
Etwas mehr, teils/teils	2	6	15.8	78.9
Etwas mehr, negativ	3	2	5.3	84.2
Viel mehr, positiv	4	2	5.3	89.5
Viel mehr, teils/teils	5	1	2.6	92.1
Viel mehr negativ	6	0	0.0	92.1
Tätigkeit kommt nicht vor	7	3	7.9	100.0
	Summe	38	100.0	

7.5 Arbeitszeiten, Arbeitsweise

7.5.23.5 Planung des Gesprächs mit externen Kunden

	Code	Häufigkeit	Prozent	Prozent Kumuliert
Nicht mehr	0	13	34.2	34.2
Etwas mehr, positiv	1	4	10.5	44.7
Etwas mehr, teils/teils	2	2	5.3	50.0
Etwas mehr, negativ	3	0	0.0	50.0
Viel mehr, positiv	4	0	0.0	50.0
Viel mehr, teils/teils	5	0	0.0	50.0
Viel mehr negativ	6	0	0.0	50.0
Tätigkeit kommt nicht vor	7	19	50.0	100.0
	Summe	38	100.0	

7.5.23.6 Planung von Meetings mit Vorgesetzten

	Code	Häufigkeit	Prozent	Prozent Kumuliert
Nicht mehr	0	18	47.4	47.4
Etwas mehr, positiv	1	7	18.4	65.8
Etwas mehr, teils/teils	2	7	18.4	84.2
Etwas mehr, negativ	3	3	7.9	92.1
Viel mehr, positiv	4	1	2.6	94.7
Viel mehr, teils/teils	5	2	5.3	100.0
Viel mehr negativ	6	0	0.0	100.0
Tätigkeit kommt nicht vor	7	0	0.0	100.0
	Summe	38	100.0	

7.5.23.7 Planung von Meetings mit Teamkollegen

	Code	Häufigkeit	Prozent	Prozent Kumuliert
Nicht mehr	0	11	28.9	28.9
Etwas mehr, positiv	1	7	18.4	47.4
Etwas mehr, teils/teils	2	10	26.3	73.7
Etwas mehr, negativ	3	3	7.9	81.6
Viel mehr, positiv	4	1	2.6	84.2
Viel mehr, teils/teils	5	1	2.6	86.8
Viel mehr, negativ	6	1	2.6	89.5
Tätigkeit kommt nicht vor	7	4	10.5	100.0
	Summe	38	100.0	

7.5.23.8 Planung von Meetings mit sonstigen IBMern

	Code	Häufigkeit	Prozent	Prozent Kumuliert
Nicht mehr	0	18	47.4	47.4
Etwas mehr, positiv	1	5	13.2	60.5
Etwas mehr, teils/teils	2	8	21.1	81.6
Etwas mehr, negativ	3	3	7.9	89.5
Viel mehr, positiv	4	1	2.6	92.1
Viel mehr, teils/teils	5	1	2.6	94.7
Viel mehr, negativ	6	0	0.0	94.7
Tätigkeit kommt nicht vor	7	2	5.3	100.0
Summe		38	100.0	

7.5.23.9 Planung von Meetings mit internen Kunden

	Code	Häufigkeit	Prozent	Prozent Kumuliert
Nicht mehr	0	17	44.7	44.7
Etwas mehr, positiv	1	6	15.8	60.5
Etwas mehr, teils/teils	2	6	15.8	76.3
Etwas mehr, negativ	3	2	5.3	81.6
Viel mehr, positiv	4	2	5.3	86.8
Viel mehr, teils/teils	5	1	2.6	89.5
Viel mehr, negativ	6	0	0.0	89.5
Tätigkeit kommt nicht vor	7	4	10.5	100.0
Summe		38	100.0	

7.5.23.10 Planung von Meetings mit externen Kunden

	Code	Häufigkeit	Prozent	Prozent Kumuliert
Nicht mehr	0	14	36.8	36.8
Etwas mehr, positiv	1	4	10.5	47.4
Etwas mehr, teils/teils	2	2	5.3	52.6
Etwas mehr, negativ	3	0	0.0	52.6
Viel mehr, positiv	4	0	0.0	52.6
Viel mehr, teils/teils	5	0	0.0	52.6
Viel mehr, negativ	6	0	0.0	52.6
Tätigkeit kommt nicht vor	7	18	47.4	100.0
Summe		38	100.0	

7.5 Arbeitszeiten, Arbeitsweise

7.5.23.11 Planung des Zugriffs auf Unterlagen, die sich in den Geschäftsräumen befinden

	Code	Häufigkeit	Prozent	Prozent Kumuliert
Nicht mehr	0	8	21.1	21.1
Etwas mehr, positiv	1	9	23.7	44.7
Etwas mehr, teils/teils	2	7	18.4	63.2
Etwas mehr, negativ	3	2	5.3	68.4
Viel mehr, positiv	4	2	5.3	73.7
Viel mehr, teils/teils	5	3	7.9	81.6
Viel mehr, negativ	6	6	15.8	97.4
Tätigkeit kommt nicht vor	7	0	0.0	97.4
Frage irrelevant	9	1	2.6	100.0
Summe		38	100.0	

7.5.24 Wenn Sie speziell an Ihre Arbeit im Team denken - ist sie

☐ Besser ☐ Gleich ☐ Weniger gut strukturiert

☐ Effizienter ☐ Gleich ☐ Weniger effizient als früher?

7.5.24.1 Strukturiertheit der Teamarbeit

	Code	Häufigkeit	Prozent	Prozent Kumuliert
Gleich gut	0	29	76.3	76.3
Besser	1	2	5.3	81.6
Weniger gut	2	3	7.9	89.5
Frage irrelevant	9	4	10.5	100.0
Summe		38	100.0	

7.5.24.2 Effizienz der Teamarbeit

	Code	Häufigkeit	Prozent	Prozent Kumuliert
Gleich gut	0	28	73.7	73.7
Besser	1	2	5.3	78.9
Weniger gut	2	4	10.5	89.5
Frage irrelevant	9	4	10.5	100.0
Summe		38	100.0	

7.5.25 Wenn Sie heute zu einer Besprechung in den Betrieb fahren, haben Sie dann das Gefühl weniger gut informiert zu sein als früher, fühlen Sie sich besser informiert oder gibt es da keinen Unterschied?

☐ Weniger informiert ☐ Kein Unterschied ☐ Besser informiert

	Code	Häufigkeit	Prozent	Prozent Kumuliert
Kein Unterschied	0	29	76.3	76.3
Besser informiert	1	0	0.0	76.3
Weniger informiert	2	9	23.7	100.0
Summe		38	100.0	

7.5.26 Gibt es bei Ihnen eine typische Wochenarbeitszeitaufteilung zwischen zu Hause und Betrieb?

	Code	Häufigkeit	Prozent	Prozent Kumuliert
Nein	0	2	5.3	5.3
Ja	1	36	94.7	100.0
Summe		38	100.0	

7.5.27 Wenn es nur nach Ihnen ginge, wie würden Sie dann Ihre Arbeitswoche zwischen zu Hause und Betrieb aufteilen?

	Code	Häufigkeit	Prozent	Prozent Kumuliert
Aufteilung beibehalten	0	28	73.7	73.7
Mehr Flexibilität	1	1	2.6	76.3
Mehr zu Hause arbeiten	2	3	7.9	84.2
Mehr zu Hause: 1,5 Tage	3	1	2.6	86.8
Mehr zu Hause: 50% der Zeit	4	2	5.3	92.1
50% ganz zu Hause/50% Betrieb	5	1	2.6	94.7
Mehr abends arbeiten	6	1	2.6	97.4
Abw. 1 Tag Betr./1Tag z. Hause	7	1	2.6	100.0
Summe		38	100.0	

7.5 Arbeitszeiten, Arbeitsweise

7.5.28 Hielten Sie es für sinnvoll, einen festen Arbeitstag einzurichten, an dem Sie und alle für Sie relevanten Kollegen und Mitarbeiter im Betrieb anwesend sind?

☐ Ja ☐ Nein

	Code	Häufigkeit	Prozent	Prozent Kumuliert
Nein	0	10	26.3	26.3
Ja	1	7	18.4	44.7
Vorhanden, da nur 1 ABA-Mitarbeiter in Abteilung	2	8	21.1	65.8
Irrelevant, da tägl. im Betrieb	3	9	23.7	89.5
Frage irrelevant	9	4	10.5	100.0
Summe		38	100.0	

7.5.29 Bei Antwort *Ja*: Wie oft in der Woche bzw. im Monat?

	Code	Häufigkeit	Prozent	Prozent Kumuliert
1/Woche	1	5	71.4	71.4
2/Woche	3	1	14.3	85.7
3/Monat	4	1	14.3	100.0
Summe		7	100.0	

7.5.30 Wenn es nur nach Ihnen ginge, würden Sie sich dann Ihre ABA eher als vorübergehend oder als eine Dauereinrichtung wünschen?

Auf Dauer ☐

Vorübergehend ☐

	Code	Häufigkeit	Prozent	Prozent Kumuliert
Auf Dauer	1	35	92.1	92.1
Vorübergehend	2	2	5.3	97.4
Frage irrelevant	9	1	2.6	100.0
Summe		38	100.0	

7.5.31 Bei Antwort *vorübergehend*: Für wie lange?

	Code	Häufigkeit	Prozent	Prozent Kumuliert
Etwa 1 Jahr	1	1	50.0	50.0
Während Kindererziehung	2	1	50.0	100.0
Summe		2	100.0	

7.5.32 Bei Antwort *auf Dauer*: Wenn Sie auf Dauer Ihre ABA beibehalten, glauben Sie, daß dann von Zeit zu Zeit längere Phasen sinnvoll wären, in denen Sie wieder ausschließlich im Betrieb arbeiten?

☐ Ja   ☐ Weiß ich nicht   ☐ Nein

	Code	Häufigkeit	Prozent	Prozent Kumuliert
Nein	0	14	36.8	36.8
Bei Tätigkeitswechsel	1	4	10.5	47.4
Bei mehr kommunikativer Tätigkeit	2	1	2.6	50.0
Weiß ich nicht	3	2	5.3	55.3
Ja, auf Dauer Informat.defizit	4	2	5.3	60.5
Frage irrelevant	9	15	39.5	100.0
Summe		38	100.0	

7.6 Informelle Kommunikation

7.6.1 Um in einem Betrieb seine Interessen zu wahren, kann man sich nicht nur auf die offiziellen Informationskanäle verlassen, sondern man muß auch versuchen, auf informellem Wege Informationen zu erhalten und zu liefern. In jedem Betrieb gibt es für diese Art des Informationsaustauschs eine Vielzahl von Möglichkeiten. Bitte geben Sie bei den folgenden Beispielen jeweils an, wie wichtig Sie sie für Ihre Arbeit halten.

(Liste ausfüllen lassen)

Unwichtig   1 – 2 – 3 – 4 – 5   Sehr wichtig

7.6 Informelle Kommunikation

7.6.1.1 Informell einen Kollegen um Unterstützung bitten

	Code	Häufigkeit	Prozent	Prozent Kumuliert
Unwichtig	1	1	2.6	2.6
	2	0	0.0	2.6
	3	5	13.2	15.8
	4	18	47.4	63.2
Sehr wichtig	5	14	36.8	100.0
	Summe	38	100.0	

Mittelwert 4.16   Standardabweichung .86

7.6.1.2 Informell den günstigsten Zeitpunkt für seine eigenen Vorhaben in Erfahrung bringen

	Code	Häufigkeit	Prozent	Prozent Kumuliert
Unwichtig	1	4	10.5	10.5
	2	2	5.3	15.8
	3	13	34.2	50.0
	4	13	34.2	84.2
Sehr wichtig	5	6	15.8	100.0
	Summe	38	100.0	

Mittelwert 3.36   Standardabweichung 1.15

7.6.1.3 Informell sich bei seinem Vorgesetzten in Erinnerung bringen

	Code	Häufigkeit	Prozent	Prozent Kumuliert
Unwichtig	1	4	10.5	10.5
	2	14	36.8	47.4
	3	13	34.2	81.6
	4	4	10.5	92.1
Sehr wichtig	5	3	7.9	100.0
	Summe	38	100.0	

Mittelwert 2.68   Standardabweichung 1.07

7.6.1.4 Informell von Kollegen die neuesten Gerüchte erfahren

	Code	Häufigkeit	Prozent	Prozent Kumuliert
Unwichtig	1	12	31.6	31.6
	2	10	26.3	57.9
	3	6	15.8	73.7
	4	7	18.4	92.1
Sehr wichtig	5	3	7.9	100.0
	Summe	38	100.0	

Mittelwert 2.45   Standardabweichung 1.33

7.6.1.5 Informell sich im richtigen Moment ins rechte Licht setzen

	Code	Häufigkeit	Prozent	Prozent Kumuliert
Unwichtig	1	9	23.7	23.7
	2	8	21.1	44.7
	3	13	34.2	78.9
	4	6	15.8	94.7
Sehr wichtig	5	2	5.3	100.0
	Summe	38	100.0	

Mittelwert 2.58   Standardabweichung 1.18

7.6.1.6 Informell Arbeitnehmerinteressen wahren

	Code	Häufigkeit	Prozent	Prozent Kumuliert
Unwichtig	1	5	13.2	13.2
	2	7	18.4	31.6
	3	17	44.7	76.3
	4	7	18.4	94.7
Sehr wichtig	5	2	5.3	100.0
	Summe	38	100.0	

Mittelwert 2.84   Standardabweichung 1.05

7.6 Informelle Kommunikation

7.6.1.7 Informell mit Kollegen Koalitionen bilden

	Code	Häufigkeit	Prozent	Prozent Kumuliert
Unwichtig	1	10	26.3	26.3
	2	10	26.3	52.6
	3	13	34.2	86.8
	4	4	10.5	97.4
Sehr wichtig	5	1	2.6	100.0
	Summe	38	100.0	

Mittelwert 2.37 Standardabweichung 1.08

7.6.1.8 Informell die neuesten Entwicklungstendenzen in Erfahrung bringen

	Code	Häufigkeit	Prozent	Prozent Kumuliert
Unwichtig	1	1	2.6	2.6
	2	1	2.6	5.3
	3	3	7.9	13.2
	4	16	42.1	55.3
Sehr wichtig	5	17	44.7	100.0
	Summe	38	100.0	

Mittelwert 4.24 Standardabweichung .91

7.6.1.9 Informell persönliche Nähe zu Kollegen bzw. Vorgesetzten herstellen

	Code	Häufigkeit	Prozent	Prozent Kumuliert
Unwichtig	1	0	0.0	0.0
	2	5	13.2	13.2
	3	12	31.6	44.7
	4	13	34.2	78.9
Sehr wichtig	5	8	21.1	100.0
	Summe	38	100.0	

Mittelwert 3.63 Standardabweichung .97

7.6.1.10 Informell Intrigen abwehren

	Code	Häufigkeit	Prozent	Prozent Kumuliert
Unwichtig	1	10	26.3	26.3
	2	10	26.3	52.6
	3	11	28.9	81.6
	4	3	7.9	89.5
Sehr wichtig	5	4	10.5	100.0
	Summe	38	100.0	

Mittelwert 2.50   Standardabweichung 1.27

7.6.2   Wenn Sie die Liste bitte noch einmal durchgehen - welche der Beispiele können Ihrer Erfahrung nach auf einer ABA genausogut, welche schwerer oder sogar leichter als bei der Arbeit im Betrieb wahrgenommen werden?

(Liste ausfüllen lassen)

Beispiele	Informeller Informationsaustausch ist auf einer ABA ...		
	Schwerer	Kein Unterschied	Leichter
Einen Kollegen um Unterstützung bitten	21 55.3%	17 44.7%	0 0.0%
Den günstigsten Zeitpunkt für seine eigenen Vorhaben in Erfahrung bringen	11 28.9%	24 63.2	3 7.9%
Sich bei seinem Vorgesetzten in Erinnerung bringen	9 23.7%	29 76.3%	0 0.0%
Von Kollegen die neuesten Gerüchte erfahren	27 71.1%	11 28.9%	0 0.0%
Sich im richtigen Moment ins rechte Licht setzen	13 34.2%	25 65.8%	0 0.0%
Arbeitnehmerinteressen wahren	5 13.2%	33 86.8%	0 0.0%
Mit Kollegen Koalitionen bilden	15 39.5%	23 60.5%	0 0.0%
Die neuesten Entwicklungstendenzen in Erfahrung bringen	17 44.7%	19 50.0%	2 5.3%
Persönliche Nähe zu Kollegen/Vorgesetzten herstellen	23 60.5%	13 34.2%	2 5.3%
Intrigen abwehren	12 31.6%	25 65.8%	1 2.6%

7.6 Informelle Kommunikation

7.6.3 Was glauben Sie, für welche Prozesse innerhalb einer Organisation ist diese Art des informellen Informationsaustauschs besonders wichtig, für welche weniger oder gar nicht wichtig?

(Liste ausfüllen lassen)

Unwichtig   1 – 2 – 3 – 4 – 5   Sehr wichtig

7.6.3.1 Informeller Informationsaustausch für Beförderung und Versetzung

	Code	Häufigkeit	Prozent	Prozent Kumuliert
Unwichtig	1	3	7.9	7.9
	2	5	13.2	21.1
	3	15	39.5	60.5
	4	9	23.7	84.2
Sehr wichtig	5	6	15.8	100.0
	Summe	38	100.0	

Mittelwert 3.26   Standardabweichung 1.13

7.6.3.2 Informeller Informationsaustausch für Bezahlung

	Code	Häufigkeit	Prozent	Prozent Kumuliert
Unwichtig	1	8	21.1	21.1
	2	10	26.3	47.4
	3	11	28.9	76.3
	4	6	15.8	92.1
Sehr wichtig	5	3	7.9	100.0
	Summe	38	100.0	

Mittelwert 2.63   Standardabweichung 1.22

7.6.3.3 Informeller Informationsaustausch für die Zuteilung von Mitteln und Ausstattung

	Code	Häufigkeit	Prozent	Prozent Kumuliert
Unwichtig	1	4	10.5	10.5
	2	8	21.1	31.6
	3	17	44.7	76.3
	4	8	21.1	97.4
Frage irrelevant	9	1	2.6	100.0
	Summe	38	100.0	

Mittelwert (ohne 9) 2.78   Standardabweichung .92

7.6.3.4 Informeller Informationsaustausch für die Delegation von Verantwortung

	Code	Häufigkeit	Prozent	Prozent Kumuliert
Unwichtig	1	4	10.5	10.5
	2	6	15.8	26.3
	3	14	36.8	63.2
	4	10	26.3	89.5
Sehr wichtig	5	4	10.5	100.0
	Summe	38	100.0	

Mittelwert 3.11   Standardabweichung 1.13

7.6.3.5 Informeller Informationsaustausch für die Koordination zwischen Abteilungen

	Code	Häufigkeit	Prozent	Prozent Kumuliert
Unwichtig	1	1	2.6	2.6
	2	1	2.6	5.3
	3	12	31.6	36.8
	4	19	50.0	86.8
Sehr wichtig	5	5	13.2	100.0
	Summe	38	100.0	

Mittelwert 3.68   Standardabweichung .84

7.6.3.6 Informeller Informationsaustausch für das Feedback über geleistete Arbeit

	Code	Häufigkeit	Prozent	Prozent Kumuliert
Unwichtig	1	2	5.3	5.3
	2	2	5.3	10.5
	3	10	26.3	36.8
	4	19	50.0	86.8
Sehr wichtig	5	5	13.2	100.0
	Summe	38	100.0	

Mittelwert 3.61   Standardabweichung   .97

7.6.3.7 Informeller Informationsaustausch für Beschwerden und Klagen

	Code	Häufigkeit	Prozent	Prozent Kumuliert
Unwichtig	1	2	5.3	5.3
	2	6	15.8	21.1
	3	13	34.2	55.3
	4	14	36.8	92.1
Sehr wichtig	5	3	7.9	100.0
	Summe	38	100.0	

Mittelwert 3.26   Standardabweichung   1.01

7.6.3.8 Informeller Informationsaustausch für die Koordination und Verteilung von Tätigkeiten im Team

	Code	Häufigkeit	Prozent	Prozent Kumuliert
Unwichtig	1	2	5.3	5.3
	2	5	13.2	18.4
	3	9	23.7	42.1
	4	18	47.4	89.5
Sehr wichtig	5	3	7.9	97.4
Frage irrelevant	9	1	2.6	100.0
	Summe	38	100.0	

Mittelwert (ohne 9) 3.41   Standardabweichung   1.01

7.6.4 Welcher der beiden - sicher extrem formulierten - Ansichten können Sie am ehesten zustimmen?

Meinung A: *Man sollte heutzutage Informationen und nicht Personen transportieren.*
Meinung B: *Auch die modernste Kommunikationstechnik kann die persönliche Anwesenheit nie ersetzen.*

Informationen transportieren 1 – 2 – 3 – 4 – 5 Persönliche Anwesenheit

	Code	Häufigkeit	Prozent	Prozent Kumuliert
Informationen transportieren	1	4	10.5	10.5
	2	9	23.7	34.2
	3	3	7.9	42.1
	4	17	44.7	86.8
Persönliche Anwesenheit	5	5	13.2	100.0
	Summe	38	100.0	

Mittelwert 3.26 Standardabweichung 1.27

7.7 Introversion-Extraversion, Kommunikation

7.7.1 Ist es sehr indiskret, wenn ich Sie frage, wann Sie das letzte Mal abends ausgegangen sind (in Tagen)?

Wert	Häufigkeit	Prozent	Prozent Kumuliert
1	4	10.5	10.5
2	6	15.8	26.3
3	3	7.9	34.2
4	2	5.3	39.5
5	5	13.2	52.6
7	5	13.2	65.8
10	3	7.9	73.7
14	4	10.5	84.2
22	1	2.6	86.8
28	1	2.6	89.5
30	2	5.3	94.7
90	1	2.6	97.4
280	1	2.6	100.0
Summe	38	100.0	

Mittelwert 17.34 Standardabweichung 46.41 Median 5

7.7.2 Was würden Sie sagen:

      Wenn es nach mir ginge, würde ich lieber öfter ausgehen ☐

      Mir ist es gerade recht so ☐

      Wenn es nach mir ginge, würde ich lieber seltener ausgehen ☐

	Code	Häufigkeit	Prozent	Prozent Kumuliert
Mir ist es gerade recht so	0	20	52.6	52.6
Würde lieber öfter ausgehen	1	18	47.4	100.0
Würde lieber seltener ausgehen	2	0	0.0	100.0
Summe		38	100.0	

Mittelwert .47   Standardabweichung .51

7.7.3 Wird seltener als erwünscht ausgegangen wegen Kindern?

	Code	Häufigkeit	Prozent	Prozent Kumuliert
Nicht erwähnt	0	13	34.2	34.2
Ja	1	5	13.2	47.4
Frage irrelevant	9	20	52.6	100.0
Summe		38	100.0	

7.7.4　Es gibt Menschen, die man eher als introvertiert - also als zurückhaltend, ruhig und ernst - bezeichnen würde, andere, die man eher als extravertiert - also als gesellig, impulsiv und unternehmungslustig - bezeichnen würde. Wie schätzen Sie sich selber ein: als eher introvertiert oder als eher extravertiert?

Introvertiert　1 – 2 – 3 – 4 – 5 – 6 – 7 – 8 – 9　Extravertiert

	Code	Häufigkeit	Prozent	Prozent Kumuliert
Introvertiert	1	0	0.0	0.0
	2	5	13.2	13.2
	3	8	21.1	34.2
	4	4	10.5	44.7
	5	2	5.3	50.0
	6	4	10.5	60.5
	7	8	21.1	81.6
	8	5	13.2	94.7
Extravertiert	9	2	5.3	100.0
	Summe	38	100.0	

Mittelwert　5.21　Standardabweichung　2.28

7.7.5　Wenn man allein zu Hause an seinem Schreibtisch arbeitet, so kann dies mit zwei Gefühlen verbunden sein. Zum einen mit dem Gefühl, in Ruhe und ungestört arbeiten zu können, zum anderen mit dem Gefühl, getrennt von anderen zu sein. Es kann dabei ein Gefühl dominieren, es können aber auch beide in einem gewissen Ausmaß vorhanden sein. Wie geht es Ihnen persönlich?

7.7.5.1　Das Gefühl der Ruhe und des Ungestörtseins empfinde ich ...

Sehr stark　1 – 2 – 3 – 4 – 5　Überhaupt nicht

	Code	Häufigkeit	Prozent	Prozent Kumuliert
Sehr stark	1	11	28.9	28.9
	2	20	52.6	81.6
	3	2	5.3	86.8
	4	4	10.5	97.4
Überhaupt nicht	5	1	2.6	100.0
	Summe	38	100.0	

Mittelwert　2.05　Standardabweichung　1.01

7.7 Introversion-Extraversion, Kommunikation

7.7.5.2 Bewertung

☐ Positiv ☐ Teils/teils ☐ Negativ

	Code	Häufigkeit	Prozent	Prozent Kumuliert
Positiv	1	30	78.9	78.9
Teils/teils	2	7	18.4	97.4
Negativ	3	1	2.6	100.0
	Summe	38	100.0	

Mittelwert 1.24   Standardabweichung   .49

7.7.5.3 Das Gefühl von anderen getrennt zu sein, empfinde ich ...

Sehr stark   1 – 2 – 3 – 4 – 5   Überhaupt nicht

	Code	Häufigkeit	Prozent	Prozent Kumuliert
Sehr stark	1	0	0.0	0.0
	2	2	5.3	5.3
	3	6	15.8	21.1
	4	15	39.5	60.5
Überhaupt nicht	5	15	39.5	100.0
	Summe	38	100.0	

Mittelwert 4.13   Standardabweichung   .88

7.7.5.4 Bewertung

☐ Positiv ☐ Teils/teils ☐ Negativ

	Code	Häufigkeit	Prozent	Prozent Kumuliert
Positiv	1	19	50.0	50.0
Teils/teils	2	18	47.4	97.4
Negativ	3	1	2.6	100.0
	Summe	38	100.0	

Mittelwert 1.53   Standardabweichung   .56

7.7.6 Wenn Sie sich bitte zurückerinnern, als Sie Ihre Berufswahl getroffen haben: War damals die Möglichkeit, im Beruf mit Menschen Kontakt zu haben, ein wichtiger Aspekt Ihrer Berufswahl oder war dies unwichtig?

Wichtig   1 – 2 – 3 – 4 – 5   Unwichtig

	Code	Häufigkeit	Prozent	Prozent Kumuliert
Wichtig	1	6	15.8	15.8
	2	5	13.2	28.9
	3	4	10.5	39.5
	4	14	36.8	76.3
Unwichtig	5	9	23.7	100.0
	Summe	38	100.0	

Mittelwert   3.40   Standardabweichung   1.41

7.7.7 Jeder Betrieb, den ich kenne, hat irgendwo einen Kaffeeautomaten stehen. Holt man sich einen Kaffee, ergibt sich oft ein kurzes, ungeplantes Gespräch mit anderen Mitarbeitern, sei es über berufliche Fragen, über private Themen oder auch nur über die neuesten Gerüchte. Natürlich gibt es noch viele andere Anlässe, der Kaffeeautomat soll hier nur als Beispiel dienen. Wenn man zu Hause arbeitet, trinkt man - im übertragenen Sinne gemeint - »seinen Kaffee allein«. Bedauern Sie dies?

☐ Ja, sehr   ☐ Ja, etwas   ☐ Nein

	Code	Häufigkeit	Prozent	Prozent Kumuliert
Nein	0	15	39.5	39.5
Ja, etwas	1	16	42.1	81.6
Ja, sehr	2	4	10.5	92.1
Frage irrelevant	9	3	7.9	100.0
	Summe	38	100.0	

Mittelwert (ohne 9)   .69   Standardabweichung   .68

7.7 Introversion-Extraversion, Kommunikation

7.7.8   Sprechen Sie mit Arbeitskollegen über private oder familiäre Fragen?

☐ Ja, gelegentlich   ☐ Nein, nie

	Code	Häufigkeit	Prozent	Prozent Kumuliert
Nein, nie	0	2	5.3	5.3
Ja, gelegentlich	1	36	94.7	100.0
Summe		38	100.0	

7.7.9   Treffen Sie sich mit Kollegen auch privat?

☐ Oft   ☐ Manchmal   ☐ Selten   ☐ Nie

	Code	Häufigkeit	Prozent	Prozent Kumuliert
Oft	1	3	7.9	7.9
Manchmal	2	16	42.1	50.0
Selten	3	18	47.4	97.4
Nie	4	1	2.6	100.0
Summe		38	100.0	

Mittelwert   2.45   Standardabweichung   .69

7.7.10   Haben Sie, seitdem sie nicht mehr so häufig im Betrieb sind, mehr privaten Kontakt mit Kollegen, weniger, oder hat sich daran nichts geändert?

Viel mehr   1 – 2 – 3 – 4 – 5   Viel weniger

	Code	Häufigkeit	Prozent	Prozent Kumuliert
Viel mehr	1	0	0.0	0.0
	2	1	2.6	2.6
	3	30	78.9	81.6
	4	0	0.0	81.6
Viel weniger	5	0	0.0	81.6
Frage irrelevant	9	7	18.4	100.0
Summe		38	100.0	

7.7.11 Bei Antwort *größer als 3*: Bedauern oder begrüßen Sie das oder ist Ihnen das nicht so wichtig?

☐ Bedauern ☐ Nicht so wichtig ☐ Begrüßen

	Code	Häufigkeit	Prozent	Prozent Kumuliert
Frage irrelevant	9	38	100.0	100.0
Summe		38	100.0	

7.8 Berufs- und Leistungsorientierung

7.8.1 Stellen Sie sich bitte vor, Sie hätten eine Arbeit, die Ihnen großen Spaß macht. Nun bietet sich Ihnen die Möglichkeit auf eine Stellung zu wechseln, die mit einem beruflichen Aufstieg verbunden ist, allerdings mit einer Arbeit, die Ihnen weniger liegt. Was würden Sie wählen?

Ich würde die ursprüngliche Arbeit beibehalten ☐

Ich würde den beruflichen Aufstieg wählen ☐

	Code	Häufigkeit	Prozent	Prozent Kumuliert
Ursprüngliche Arbeit	1	29	76.3	76.3
Beruflicher Aufstieg	2	8	21.1	97.4
Frage irrelevant	9	1	2.6	100.0
Summe		38	100.0	

Mittelwert (ohne 9)   1.22   Standardabweichung   .42

7.8.2 Beförderung schon einmal abgelehnt?

	Code	Häufigkeit	Prozent	Prozent Kumuliert
Ja	1	6	15.8	15.8
Nicht erwähnt	2	21	55.3	71.1
Frage irrelevant	9	11	28.9	100.0
Summe		38	100.0	

7.8 Berufs- und Leistungsorientierung

7.8.3 Könnten Sie der Aussage *Die beruflichen Aufgaben sind mir oft wichtiger als viel Freizeit oder interessante Hobbys* zustimmen oder nicht?

Nein, stimme nicht zu   1 – 2 – 3 – 4 – 5   Ja, stimme zu

	Code	Häufigkeit	Prozent	Prozent Kumuliert
Nein, stimme nicht zu	1	3	7.9	7.9
	2	8	21.1	28.9
	3	14	36.8	65.8
	4	11	28.9	94.7
Ja, stimme zu	5	2	5.3	100.0
	Summe	38	100.0	

Mittelwert   3.03   Standardabweichung   1.03

7.8.4 *Wenn man seinen Beruf ernst nimmt, muß man dort mehr tun als von einem verlangt wird.* Können Sie dieser Aussage zustimmen oder nicht?

☐ Ja   ☐ Nein

	Code	Häufigkeit	Prozent	Prozent Kumuliert
Nein	0	7	18.4	18.4
Ja	1	31	81.6	100.0
	Summe	38	100.0	

Mittelwert   .82   Standardabweichung   .39

7.8.5 Wie häufig kommt es vor, daß Sie sich bei Ihrer Arbeit mehr einsetzen als von Ihnen erwartet wird?

☐ Oft   ☐ Manchmal   ☐ Selten   ☐ Nie

	Code	Häufigkeit	Prozent	Prozent Kumuliert
Oft	1	17	44.7	44.7
Manchmal	2	19	50.0	94.7
Selten	3	1	2.6	97.4
Nie	4	0	0.0	97.4
Frage irrelevant	9	1	2.6	100.0
	Summe	38	100.0	

Mittelwert (ohne 9)   1.57   Standardabweichung   .55

7.9 Beurteilung des Vorgesetzten

7.9.1 Jeder erlebt bei seinem Vorgesetzten Verhaltensweisen, mit denen er gut zurecht kommt, andere dagegen, mit denen er weniger gut zurecht kommt. Wenn Sie speziell an das Arbeiten auf einer ABA denken - welche der im folgenden genannten Verhaltensalternativen sollte ein Vorgesetzter eher wählen?

(Liste ausfüllen lassen)

1 – 2 – 3 – 4 – 5

7.9.1.1 Gleichbehandlung aller Mitarbeiter ohne Bevorzugungen und Vorrechte - Eingehen auf die Besonderheiten des einzelnen Mitarbeiters

	Code	Häufigkeit	Prozent	Prozent Kumuliert
Gleichbehandlung	1	5	13.2	13.2
	2	5	13.2	26.3
	3	11	28.9	55.3
	4	10	26.3	81.6
Eingehen auf Besonderheiten	5	7	18.4	100.0
	Summe	38	100.0	

Mittelwert   3.24   Standardabweichung   1.28

7.9.1.2 Bewahrung des Bestehenden, Betonung von Stabilität und Tradition - Betonung von Veränderung, Flexibilität und Innovation

	Code	Häufigkeit	Prozent	Prozent Kumuliert
Bewahrung	1	1	2.6	2.6
	2	1	2.6	5.3
	3	6	15.8	21.1
	4	19	50.0	71.1
Veränderung	5	11	28.9	100.0
	Summe	38	100.0	

Mittelwert   4.00   Standardabweichung   .90

7.9 Beurteilung des Vorgesetzten

7.9.1.3 Konkurrenz, Wettbewerb, Rivalität - Kooperation, Harmonie, Solidarität

	Code	Häufigkeit	Prozent	Prozent Kumuliert
Konkurrenz	1	0	0.0	0.0
	2	2	5.3	5.3
	3	11	28.9	34.2
	4	11	28.9	63.2
Kooperation	5	14	36.8	100.0
	Summe	38	100.0	

Mittelwert 3.97 Standardabweichung .94

7.9.1.4 Aktivieren, Anregen, Motivieren von Mitarbeitern - Zurückhaltung, sich nicht einmischen, Entwicklungen abwarten

	Code	Häufigkeit	Prozent	Prozent Kumuliert
Aktivieren	1	11	28.9	28.9
	2	17	44.7	73.7
	3	8	21.1	94.7
	4	2	5.3	100.0
Zurückhaltung	5	0	0.0	100.0
	Summe	38	100.0	

Mittelwert 2.03 Standardabweichung .85

7.9.1.5 Steuerung, Lenkung, Kontrolle - Handlungs- und Entscheidungsspielräume, Selbständigkeit

	Code	Häufigkeit	Prozent	Prozent Kumuliert
Steuerung, Kontrolle	1	0	0.0	0.0
	2	0	0.0	0.0
	3	3	7.9	7.9
	4	17	44.7	52.6
Selbständigkeit	5	18	47.4	100.0
	Summe	38	100.0	

Mittelwert 4.40 Standardabweichung .64

7.9.1.6 Das Vorgeben von Zielen - das Vorgeben der Wege zum Ziel

	Code	Häufigkeit	Prozent	Prozent Kumuliert
Vorgeben der Ziele	1	18	47.4	47.4
	2	10	26.3	73.7
	3	5	13.2	86.8
	4	4	10.5	97.4
Vorgeben der Wege zum Ziel	5	1	2.6	100.0
	Summe	38	100.0	

Mittelwert 1.95   Standardabweichung 1.14

7.9.1.7 Distanz zum Mitarbeiter - Nähe zum Mitarbeiter

	Code	Häufigkeit	Prozent	Prozent Kumuliert
Distanz	1	0	0.0	0.0
	2	2	5.3	5.3
	3	16	42.1	47.4
	4	15	39.5	86.8
Nähe	5	5	13.2	100.0
	Summe	38	100.0	

Mittelwert 3.61   Standardabweichung .79

7.9.1.8 Die Motivierung seiner Mitarbeiter durch äußere Anreize (Geld, Aufstieg, Statussymbole) - die Motivierung seiner Mitarbeiter durch »Freude an der Sache«

	Code	Häufigkeit	Prozent	Prozent Kumuliert
Äußere Anreize	1	3	7.9	7.9
	2	2	5.3	13.2
	3	13	34.2	47.4
	4	13	34.2	81.6
»Freude an der Sache«	5	7	18.4	100.0
	Summe	38	100.0	

Mittelwert 3.50   Standardabweichung 1.11

7.9.1.9 Die Delegation von Verantwortung an Mitarbeiter - das Festhalten an der eigenen Verantwortung

	Code	Häufigkeit	Prozent	Prozent Kumuliert
Delegation von Verantwortung	1	19	50.0	50.0
	2	14	36.8	86.8
	3	4	10.5	97.4
	4	1	2.6	100.0
Festhalten an Verantwortung	5	0	0.0	100.0
	Summe	38	100.0	

Mittelwert 1.66 Standardabweichung .78

7.9.1.10 Der Vorgesetzte eines ABA-Mitarbeiters sollte sein ...

ein Spezialist, der auch bei Detailproblemen sachkompetent entscheiden kann – ein Generalist, der ohne Detailkenntnisse sich den allgemeinen Zusammenhängen widmet

	Code	Häufigkeit	Prozent	Prozent Kumuliert
Spezialist	1	0	0.0	0.0
	2	3	7.9	7.9
	3	11	28.9	36.8
	4	14	36.8	73.7
Generalist	5	10	26.3	100.0
	Summe	38	100.0	

Mittelwert 3.82 Standardabweichung .93

7.10 Familie - Beruf - Freizeit

7.10.1 Darf ich Sie fragen, ob Sie allein oder mit jemandem zusammen leben?

Allein ☐

Mit jemandem zusammen ☐

	Code	Häufigkeit	Prozent	Prozent Kumuliert
Allein	0	2	5.3	5.3
Mit jemandem zusammen	1	36	94.7	100.0
Summe		38	100.0	

7.10.2 Mit wievielen Kindern leben Sie zusammen?

	Code	Häufigkeit	Prozent	Prozent Kumuliert
Kein Kind	0	10	26.3	26.3
1 Kind	1	17	44.7	71.1
2 Kinder	2	8	21.1	92.1
3 Kinder	3	2	5.3	97.4
4 Kinder	4	1	2.6	100.0
Summe		38	100.0	

Mittelwert 1.13   Standardabweichung   .96

7.10.3 Trägt Ihr Partner zum gemeinsamen Lebensunterhalt bei?

	Code	Häufigkeit	Prozent	Prozent Kumuliert
Nein	0	12	31.6	31.6
Ja	1	24	63.2	94.7
Frage irrelevant	9	2	5.3	100.0
Summe		38	100.0	

7.10 Familie - Beruf - Freizeit

7.10.4 Art der Berufstätigkeit?

	Code	Häufigkeit	Prozent	Prozent Kumuliert
Vollzeit	1	12	31.6	31.6
Teilzeit	2	12	31.6	63.2
Frage irrelevant	9	14	36.8	100.0
Summe		38	100.0	

7.10.5 Wenn man die große Zahl von Publikationen zum Thema *Arbeiten zu Hause* durchsieht, so fällt einem auf, daß es zwar einerseits kaum empirische Untersuchungen gibt, daß aber andererseits viele Autoren - dennoch - bereits sehr eindeutige positive oder negative Ansichten darüber haben, wie sich das auf das Privatleben auswirkt. Sie hingegen können auf Grund praktischer Erfahrungen urteilen. Ich lese Ihnen im folgenden einige solcher Ansichten vor und bitte Sie jeweils anzugeben, inwieweit sie Ihrer Meinung nach zutreffen oder nicht:

(Aussagen auswählen, je nachdem ob *Single, verheiratet/Partnerschaft, mit Kindern, Mann* oder *Frau*.)

Wenn man vermehrt zu Hause arbeitet ...
Trifft zu   1 – 2 – 3 – 4 – 5   Trifft nicht zu

7.10.5.1 ... hat man mehr Zeit für die Familie/Partnerschaft

	Code	Häufigkeit	Prozent	Prozent Kumuliert
Trifft zu	1	8	21.1	21.1
	2	8	21.1	42.1
	3	9	23.7	65.8
	4	7	18.4	84.2
Trifft nicht zu	5	5	13.2	97.4
Frage irrelevant	9	1	2.6	100.0
Summe		38	100.0	

Mittelwert (ohne 9)   2.81   Standardabweichung   1.35

7.10.5.2 ... hat man zwar nicht mehr Zeit, aber im richtigen Moment Zeit für die Familie/Partnerschaft

	Code	Häufigkeit	Prozent	Prozent Kumuliert
Trifft zu	1	20	52.6	52.6
	2	14	36.8	89.5
	3	2	5.3	94.7
	4	0	0.0	94.7
Trifft nicht zu	5	1	2.6	97.4
Frage irrelevant	9	1	2.6	100.0
	Summe	38	100.0	

Mittelwert (ohne 9)   1.59   Standardabweichung   .83

7.10.5.3 ... trägt man den Berufsstreß in die Familie/Partnerschaft

	Code	Häufigkeit	Prozent	Prozent Kumuliert
Trifft zu	1	2	5.3	5.3
	2	9	23.7	28.9
	3	6	15.8	44.7
	4	8	21.1	65.8
Trifft nicht zu	5	12	31.6	97.4
Frage irrelevant	9	1	2.6	100.0
	Summe	38	100.0	

Mittelwert (ohne 9)   3.51   Standardabweichung   1.33

7.10.5.4 ... wird man durch Familienmitglieder bei der Arbeit gestört

	Code	Häufigkeit	Prozent	Prozent Kumuliert
Trifft zu	1	1	2.6	2.6
	2	8	21.1	23.7
	3	3	7.9	31.6
	4	10	26.3	57.9
Trifft nicht zu	5	15	39.5	97.4
Frage irrelevant	9	1	2.6	100.0
	Summe	38	100.0	

Mittelwert (ohne 9)   3.81   Standardabweichung   1.27

7.10 Familie - Beruf - Freizeit

7.10.5.5 ... hat man mehr Zeit für sein Privatleben

	Code	Häufigkeit	Prozent	Prozent Kumuliert
Trifft zu	1	3	7.9	7.9
	2	8	21.1	28.9
	3	4	10.5	39.5
	4	12	31.6	71.1
Trifft nicht zu	5	11	28.9	100.0
	Summe	38	100.0	

Mittelwert 3.53   Standardabweichung 1.33

7.10.5.6 ... vernachlässigt man die Familie/Partnerschaft, da einen die Arbeit nie losläßt

	Code	Häufigkeit	Prozent	Prozent Kumuliert
Trifft zu	1	0	0.0	0.0
	2	2	5.3	5.3
	3	5	13.2	18.4
	4	13	34.2	52.6
Trifft nicht zu	5	17	44.7	97.4
Frage irrelevant	9	1	2.6	100.0
	Summe	38	100.0	

Mittelwert (ohne 9) 4.22   Standardabweichung .89

7.10.5.7 ... vernachlässigt man seine privaten Kontakte und Hobbys, da einen die Arbeit nie losläßt

	Code	Häufigkeit	Prozent	Prozent Kumuliert
Trifft zu	1	0	0.0	0.0
	2	6	15.8	15.8
	3	3	7.9	23.7
	4	10	26.3	50.0
Trifft nicht zu	5	19	50.0	100.0
	Summe	38	100.0	

Mittelwert 4.11   Standardabweichung 1.11

7.10.5.8 ... tendiert man dazu, zum »Workaholic« zu werden

	Code	Häufigkeit	Prozent	Prozent Kumuliert
Trifft zu	1	1	2.6	2.6
	2	3	7.9	10.5
	3	6	15.8	26.3
	4	8	21.1	47.4
Trifft nicht zu	5	20	52.6	100.0
	Summe	38	100.0	

Mittelwert 4.13 Standardabweichung 1.12

7.10.5.9 ... kann man besser am Leben seiner Kinder teilnehmen

	Code	Häufigkeit	Prozent	Prozent Kumuliert
Trifft zu	1	12	31.6	31.6
	2	9	23.7	55.3
	3	3	7.9	63.2
	4	2	5.3	68.4
Trifft nicht zu	5	0	0.0	68.4
Frage irrelevant	9	12	31.6	100.0
	Summe	38	100.0	

Mittelwert (ohne 9) 1.81 Standardabweichung .94

7.10.5.10 ... erlebt man eine vermehrte Doppelbelastung durch Familie und Beruf

	Code	Häufigkeit	Prozent	Prozent Kumuliert
Trifft zu	1	1	2.6	2.6
	2	0	0.0	2.6
	3	2	5.3	7.9
	4	7	18.4	26.3
Trifft nicht zu	5	23	60.5	86.8
Frage irrelevant	9	5	13.2	100.0
	Summe	38	100.0	

Mittelwert (ohne 9) 4.55 Standardabweichung .87

7.10 Familie - Beruf - Freizeit

7.10.5.11 ... kann man sich als berufstätige Frau den Wunsch nach Kindern eher erfüllen

	Code	Häufigkeit	Prozent	Prozent Kumuliert
Trifft zu	1	4	10.5	10.5
	2	4	10.5	21.1
	3	2	5.3	26.3
	4	0	0.0	26.3
Trifft nicht zu	5	0	0.0	26.3
Frage irrelevant	9	28	73.7	100.0
	Summe	38	100.0	

Mittelwert (ohne 9)   1.80   Standardabweichung   .70

7.10.5.12 ... hängt man oft enger aufeinander als es für alle Beteiligten gut ist

	Code	Häufigkeit	Prozent	Prozent Kumuliert
Trifft zu	1	0	0.0	0.0
	2	0	0.0	0.0
	3	3	7.9	7.9
	4	10	26.3	34.2
Trifft nicht zu	5	24	63.2	97.4
Frage irrelevant	9	1	2.6	100.0
	Summe	38	100.0	

Mittelwert (ohne 9)   4.57   Standardabweichung   .65

7.10.5.13 ... hat man weniger die Möglichkeit, sich im Betrieb von der Familie/Partnerschaft zu »erholen«

	Code	Häufigkeit	Prozent	Prozent Kumuliert
Trifft zu	1	2	5.3	5.3
	2	5	13.2	18.4
	3	6	15.8	34.2
	4	6	15.8	50.0
Trifft nicht zu	5	18	47.4	97.4
Frage irrelevant	9	1	2.6	100.0
	Summe	38	100.0	

Mittelwert (ohne 9)   3.89   Standardabweichung   1.31

7.10.5.14 ... wird man vermehrt in die Streitereien der Kinder einbezogen

	Code	Häufigkeit	Prozent	Prozent Kumuliert
Trifft zu	1	0	0.0	0.0
	2	8	21.1	21.1
	3	2	5.3	26.3
	4	4	10.5	36.8
Trifft nicht zu	5	5	13.2	50.0
Frage irrelevant	9	19	50.0	100.0
	Summe	38	100.0	

Mittelwert (ohne 9)   3.32   Standardabweichung   1.29

7.10.5.15 ... muß man die Kinder dazu erziehen, einen nicht dauernd anzusprechen

	Code	Häufigkeit	Prozent	Prozent Kumuliert
Trifft zu	1	4	10.5	10.5
	2	8	21.1	31.6
	3	3	7.9	39.5
	4	4	10.5	50.0
Trifft nicht zu	5	3	7.9	57.9
Frage irrelevant	9	16	42.1	100.0
	Summe	38	100.0	

Mittelwert (ohne 9)   2.73   Standardabweichung   1.35

7.10.5.16 ... bekommt man mehr Verständnis dafür, welche Arbeit Kindererziehung darstellt

	Code	Häufigkeit	Prozent	Prozent Kumuliert
Trifft zu	1	1	2.6	2.6
	2	4	10.5	13.2
	3	2	5.3	18.4
	4	3	7.9	26.3
Trifft nicht zu	5	1	2.6	28.9
Frage irrelevant	9	27	71.1	100.0
	Summe	38	100.0	

Mittelwert (ohne 9)   2.91   Standardabweichung   1.22

7.10 Familie - Beruf - Freizeit

7.10.5.17 ... kommt man weniger »aus dem Haus« als einem lieb ist

	Code	Häufigkeit	Prozent	Prozent Kumuliert
Trifft zu	1	1	2.6	2.6
	2	5	13.2	15.8
	3	5	13.2	28.9
	4	9	23.7	52.6
Trifft nicht zu	5	18	47.4	100.0
	Summe	38	100.0	

Mittelwert 4.00   Standardabweichung 1.19

7.10.5.18 ... wird man öfter durch »Ach, kannst Du mal schnell...«-Aufträge gestört

	Code	Häufigkeit	Prozent	Prozent Kumuliert
Trifft zu	1	0	0.0	0.0
	2	6	15.8	15.8
	3	2	5.3	21.1
	4	12	31.6	52.6
Trifft nicht zu	5	17	44.7	97.4
Frage irrelevant	9	1	2.6	100.0
	Summe	38	100.0	

Mittelwert (ohne 9) 4.08   Standardabweichung 1.09

7.10.5.19 ... findet man mehr Verständnis für seine Arbeit durch die Familie/den Partner

	Code	Häufigkeit	Prozent	Prozent Kumuliert
Trifft zu	1	2	5.3	5.3
	2	7	18.4	23.7
	3	6	15.8	39.5
	4	8	21.1	60.5
Trifft nicht zu	5	13	34.2	94.7
Frage irrelevant	9	2	5.3	100.0
	Summe	38	100.0	

Mittelwert (ohne 9) 3.64   Standardabweichung 1.31

7.10.5.20 ... kann man Erfolgserlebnisse nicht spontan mit jemandem teilen

	Code	Häufigkeit	Prozent	Prozent Kumuliert
Trifft zu	1	2	5.3	5.3
	2	6	15.8	21.1
	3	15	39.5	60.5
	4	7	18.4	78.9
Trifft nicht zu	5	8	21.1	100.0
	Summe	38	100.0	

Mittelwert 3.34   Standardabweichung 1.15

7.10.5.21 ... fehlt einem oft der Ansprechpartner

	Code	Häufigkeit	Prozent	Prozent Kumuliert
Trifft zu	1	0	0.0	0.0
	2	4	10.5	10.5
	3	10	26.3	36.8
	4	7	18.4	55.3
Trifft nicht zu	5	17	44.7	100.0
	Summe	38	100.0	

Mittelwert 3.97   Standardabweichung 1.08

7.10.5.22 ... kann man spontan private Besuche machen und empfangen

	Code	Häufigkeit	Prozent	Prozent Kumuliert
Trifft zu	1	8	21.1	21.1
	2	8	21.1	42.1
	3	6	15.8	57.9
	4	8	21.1	78.9
Trifft nicht zu	5	7	18.4	97.4
Frage irrelevant	9	1	2.6	100.0
	Summe	38	100.0	

Mittelwert (ohne 9) 2.95   Standardabweichung 1.45

7.10 Familie - Beruf - Freizeit

7.10.5.23 ... kann man sich ganz schön alleine fühlen

	Code	Häufigkeit	Prozent	Prozent Kumuliert
Trifft zu	1	0	0.0	0.0
	2	2	5.3	5.3
	3	5	13.2	18.4
	4	9	23.7	42.1
Trifft nicht zu	5	22	57.9	100.0
	Summe	38	100.0	

Mittelwert 4.34 Standardabweichung .91

7.10.6 Eine Frage an Frauen mit Kindern: Frauen mit Kindern können aus verschiedensten Gründen eine ABA wahrnehmen. Welcher dieser Gründe trifft auf Sie zu?

	Ja N=12	Nein N=12	Frage Irrelevant N=12
Weil Sie sonst aus dem Berufsleben ausscheiden müßten	4 33.3%	6 50.0%	2 16.7%
Weil Sie damit früher wieder in den Beruf eintreten können	3 25.0%	7 58.3%	2 16.7%
Weil die Frage der Kinderbetreuung besser lösbar ist	10 83.3%	0 0.0%	2 16.7%
Weil Sie unabhängig von Fragen der Kinderbetreuung gerne zu Hause arbeiten möchten	4 33.3%	6 50.0%	2 16.7%

7.10.7 Eine letzte Frage: Wenn Sie alle Vor- und Nachteile einer außerbetrieblichen Arbeitsstätte gegeneinander abwägen - was überwiegt, die Vorteile oder die Nachteile?

☐ Vorteile   ☐ Nachteile

	Code	Häufigkeit	Prozent	Prozent Kumuliert
Vorteile	1	38	100.0	100.0
	Summe	38	100.0	

8. Einzelresultate der schriftlichen Vorgesetztenbefragung

8.1   Wieviele Mitarbeiter sind Ihnen unterstellt?

8.1.1   Zahl weiblicher Mitarbeiter

Wert	Häufigkeit	Prozent	Prozent Kumuliert
0	5	15.2	15.2
1	5	15.2	30.3
2	8	24.2	54.5
3	3	9.1	63.6
4	2	6.1	69.7
5	2	6.1	75.8
6	2	6.1	81.8
7	4	12.1	93.9
9	1	3.0	97.0
80	1	3.0	100.0
Summe	33	100.0	

Mittelwert 5.36   Standardabweichung 13.63   Median 2

8.1.2 Zahl männlicher Mitarbeiter

Wert	Häufigkeit	Prozent	Prozent Kumuliert
2	1	3.0	3.0
3	1	3.0	6.1
4	1	3.0	9.1
5	1	3.0	12.1
6	5	15.2	27.3
7	1	3.0	30.3
8	4	12.1	42.4
9	4	12.1	54.5
10	2	6.1	60.6
11	2	6.1	66.7
12	3	9.1	75.8
13	1	3.0	78.8
14	1	3.0	81.8
15	1	3.0	84.8
23	1	3.0	87.9
25	1	3.0	90.9
49	1	3.0	93.9
66	1	3.0	97.0
460	1	3.0	100.0
Summe	33	100.0	

Mittelwert 26.12   Standardabweichung 78.92   Median 9

8.2 Wieviele davon arbeiten auf einer außerbetrieblichen Arbeitsstätte?

	Zahl weiblicher Mitarbeiter	Zahl männlicher Mitarbeiter
Vollzeit berufstätig	……….	……….
Teilzeit berufstätig	……….	……….

8.2.1 Zahl weiblicher ABA-Mitarbeiter/Vollzeit

Wert	Häufigkeit	Prozent	Prozent Kumuliert
0	29	87.9	87.9
1	4	12.1	100.0
Summe	33	100.0	

8.2.2 Zahl weiblicher ABA-Mitarbeiter/Teilzeit

Wert	Häufigkeit	Prozent	Prozent Kumuliert
0	25	75.8	75.8
1	8	24.2	100.0
Summe	33	100.0	

8.2.3 Zahl männlicher ABA-Mitarbeiter/Vollzeit

Wert	Häufigkeit	Prozent	Prozent Kumuliert
0	9	27.3	27.3
1	18	54.5	81.8
2	2	6.1	87.9
3	1	3.0	90.9
5	1	3.0	93.9
8	1	3.0	97.0
15	1	3.0	100.0
Summe	33	100.0	

8.2.4 Zahl männlicher ABA-Mitarbeiter/Teilzeit

Wert	Häufigkeit	Prozent	Prozent Kumuliert
0	27	81.8	81.8
1	5	15.2	97.0
4	1	3.0	100.0
Summe	33	100.0	

8.2.5 Summe der Antworten

	Häufigkeit			
	Vollzeit	Teilzeit	Zeilensumme	Prozent Zeilensumme
Weibliche ABA-Mitarbeiter	4	8	12	16.2
Männliche ABA-Mitarbeiter	53	9	62	83.8
Spaltensumme	57	17	74	
Prozent Spaltensumme	77.0	23.0		100.0

8.3 Wie lange arbeiten die Betreffenden schon auf einer außerbetrieblichen Arbeitsstätte?

Manche Mitarbeiter arbeiteten schon an einem Home-Terminal, bevor das offiziell als außerbetriebliche Arbeitsstätte bezeichnet wurde. Bitte beziehen Sie sich in diesen Fällen auf den Zeitpunkt, zu dem das Home-Teminal eingerichtet wurde.

8.3.1 Zahl weiblicher ABA-Mitarbeiter/weniger als 3 Monate

Wert	Häufigkeit	Prozent	Prozent Kumuliert
0	32	97.0	97.0
1	1	3.0	100.0
Summe	33	100.0	

8.3.2 Zahl weiblicher ABA-Mitarbeiter/3 bis 6 Monate

Wert	Häufigkeit	Prozent	Prozent Kumuliert
0	32	97.0	97.0
1	1	3.0	100.0
Summe	33	100.0	

8.3.3 Zahl weiblicher ABA-Mitarbeiter/6 bis 12 Monate

Wert	Häufigkeit	Prozent	Prozent Kumuliert
0	26	78.8	78.8
1	7	21.2	100.0
Summe	33	100.0	

8.3.4 Zahl weiblicher ABA-Mitarbeiter/mehr als 12 Monate

Wert	Häufigkeit	Prozent	Prozent Kumuliert
0	30	90.9	90.9
1	2	6.1	97.0
2	1	3.0	100.0
Summe	33	100.0	

8.3.5 Zahl männlicher ABA-Mitarbeiter/weniger als 3 Monate

Wert	Häufigkeit	Prozent	Prozent Kumuliert
0	29	87.9	87.9
1	3	9.1	97.0
5	1	3.0	100.0
Summe	33	100.0	

8.3.6 Zahl männlicher ABA-Mitarbeiter/3 bis 6 Monate

Wert	Häufigkeit	Prozent	Prozent Kumuliert
0	26	78.8	78.8
1	5	15.2	93.9
3	1	3.0	97.0
5	1	3.0	100.0
Summe	33	100.0	

8.3.7 Zahl männlicher ABA-Mitarbeiter/6 bis 12 Monate

Wert	Häufigkeit	Prozent	Prozent Kumuliert
0	23	69.7	69.7
1	6	18.2	87.9
2	1	3.0	90.9
5	1	3.0	93.9
6	2	6.1	100.0
Summe	33	100.0	

8.3.8 Zahl männlicher ABA-Mitarbeiter/mehr als 12 Monate

Wert	Häufigkeit	Prozent	Prozent Kumuliert
0	22	66.7	66.7
1	8	24.2	90.9
2	2	6.1	97.0
3	1	3.0	100.0
Summe	33	100.0	

8.3.9 Summe der Antworten

Dauer der ABA	Häufigkeit		Zeilen-summe	Prozent Zeilensumme
	Weib-lich	Männ-lich		
Weniger als 3 Monate	1	8	9	12.2
3 bis 6 Monate	1	13	14	18.9
6 bis 12 Monate	7	25	32	43.2
Mehr als 12 Monate	4	15	19	25.7
Spaltensumme	13	61	74	
Prozent Spaltensumme	17.6	82.4		100.0

8.4 Wieviele Tage pro Woche arbeiten Ihre ABA-Mitarbeiter üblicherweise zu Hause?

8.4.1 Zahl weiblicher ABA-Mitarbeiter/stundenweise

Wert	Häufigkeit	Prozent	Prozent Kumuliert
0	30	90.9	90.9
1	2	6.1	97.0
2	1	3.0	100.0
Summe	33	100.0	

8.4.2 Zahl weiblicher ABA-Mitarbeiter/1 Tag

Wert	Häufigkeit	Prozent	Prozent Kumuliert
0	33	100.0	100.0
Summe	33	100.0	

8.4.3 Zahl weiblicher ABA-Mitarbeiter/2 Tage

Wert	Häufigkeit	Prozent	Prozent Kumuliert
0	30	90.9	90.9
1	3	9.1	100.0
Summe	33	100.0	

8.4.4 Zahl weiblicher ABA-Mitarbeiter/3 Tage

Wert	Häufigkeit	Prozent	Prozent Kumuliert
0	32	97.0	97.0
1	1	3.0	100.0
Summe	33	100.0	

8.4.5 Zahl weiblicher ABA-Mitarbeiter/4 Tage

Wert	Häufigkeit	Prozent	Prozent Kumuliert
0	29	87.9	87.9
1	4	12.1	100.0
Summe	33	100.0	

8.4.6 Zahl weiblicher ABA-Mitarbeiter/5 Tage

Wert	Häufigkeit	Prozent	Prozent Kumuliert
0	32	97.0	97.0
1	1	3.0	100.0
Summe	33	100.0	

8.4.7 Zahl männlicher ABA-Mitarbeiter/stundenweise

Wert	Häufigkeit	Prozent	Prozent Kumuliert
0	19	57.6	57.6
1	7	21.2	78.8
2	2	6.1	84.8
3	1	3.0	87.9
4	1	3.0	90.9
6	1	3.0	93.9
8	2	6.1	100.0
Summe	33	100.0	

8.4.8   Zahl männlicher ABA-Mitarbeiter/1 Tag

Wert	Häufigkeit	Prozent	Prozent Kumuliert
0	29	87.9	87.9
1	3	9.1	97.0
7	1	3.0	100.0
Summe	33	100.0	

8.4.9   Zahl männlicher ABA-Mitarbeiter/2 Tage

Wert	Häufigkeit	Prozent	Prozent Kumuliert
0	27	81.8	81.8
1	6	18.2	100.0
Summe	33	100.0	

8.4.10 Zahl männlicher ABA-Mitarbeiter/3 Tage

Wert	Häufigkeit	Prozent	Prozent Kumuliert
0	31	93.9	93.9
1	2	6.1	100.0
Summe	33	100.0	

8.4.11 Zahl männlicher ABA-Mitarbeiter/4 Tage

Wert	Häufigkeit	Prozent	Prozent Kumuliert
0	30	90.9	90.9
1	3	9.1	100.0
Summe	33	100.0	

8.4.12 Zahl männlicher ABA-Mitarbeiter/5 Tage

Wert	Häufigkeit	Prozent	Prozent Kumuliert
0	33	100.0	100.0
Summe	33	100.0	

8.4.13 Summe der Antworten

	Häufigkeit			
Art der ABA	Weiblich	Männlich	Zeilensumme	Prozent Zeilensumme
Stundenweise	4	40	44	59.5
1 Tag	0	10	10	13.5
2 Tage	3	6	9	12.2
3 Tage	1	2	3	4.1
4 Tage	4	3	7	9.5
5 Tage	1	0	1	1.4
Spaltensumme	13	61	74	
Prozent Spaltensumme	17.6	82.4		100.0

8.5 Wenn Sie sich bitte zurückerinnern, als IBM das Projekt außerbetriebliche Arbeitsstätten startete: War Ihre ursprüngliche Einstellung dazu ...

Sehr positiv ☐
Positiv ☐
Abwartend ☐
Negativ ☐
Sehr negativ? ☐

	Code	Häufigkeit	Prozent	Prozent Kumuliert
Sehr positiv	1	14	42.4	42.4
Positiv	2	11	33.3	75.8
Abwartend	3	7	21.2	97.0
Negativ	4	0	0.0	97.0
Sehr negativ	5	1	3.0	100.0
Summe		33	100.0	

Mittelwert 1.88 Standardabweichung .96

8.6 Hat sich Ihre Einstellung seitdem geändert?

Meine Einstellung ist ...

Sehr viel positiver ☐
Positiver ☐
Unverändert ☐
Negativer ☐
Sehr viel negativer ☐

	Code	Häufigkeit	Prozent	Prozent Kumuliert
Sehr viel positiver	1	4	12.1	12.1
Positiver	2	10	30.3	42.4
Unverändert	3	16	48.5	90.9
Negativer	4	3	9.1	100.0
Sehr viel negativer	5	0	0.0	100.0
Summe		33	100.0	

Mittelwert 2.55   Standardabweichung   .83

8.7 Wenn sich Ihre Einstellung geändert hat: Was war der Hauptgrund?
(freie Antworten)

Fünfzehn der 17 Befragten, deren Einstellung sich geändert hatte, beantworteten die Frage.

8.7.1 Als Gründe für eine positivere Einstellung als zu Beginn des Projekts wurden genannt ...

	Häufigkeit
Höhere Produktivität	2
Höhere Flexibilität	2
Kontrolle der Mitarbeiter kein Problem	1
Erreichbarkeit der Mitarbeiter kein Problem	1
Entlastung der Mitarbeiter	1
Durch Erfahrung positivere Einstellung	1
Kommunikationsproblem ist lösbar	1
Mehr Arbeit zu Hause möglich als erwartet	1
Summe	10

8.7.2 Als Gründe für eine negativere Einstellung als zu Beginn des Projekts wurden genannt ...

	Häufigkeit
Bürokratischer Aufwand zu hoch	3
Keine Unterstützung durch IBM	1
Kosten sind aus Abteilungsmitteln aufzubringen	1
Summe	5

8.8 Wenn Sie Ihre eigene Einstellung mit der Ihrer Kollegen vergleichen: Ist Ihre Einstellung positiver, gleich oder negativer als die Ihrer Kollegen?

Meine Einstellung ist ...

Sehr viel positiver ☐
Positiver ☐
Unverändert ☐
Negativer ☐
Sehr viel negativer ☐

	Code	Häufigkeit	Prozent	Prozent Kumuliert
Sehr viel positiver	1	0	0.0	0.0
Positiver	2	18	54.5	54.5
Gleich	3	12	36.4	90.9
Negativer	4	0	0.0	90.9
Sehr viel negativer	5	0	0.0	90.9
Keine Angabe	9	3	9.1	100.0
Summe		33	100.0	

Mittelwert (ohne 9) 2.40   Standardabweichung .50

8.9 Von wem ging die Initiative zur Einrichtung der außerbetrieblichen Arbeitsstätten für Ihre Mitarbeiter aus, von Ihnen oder von Ihren Mitarbeitern?

☐ Von mir   ☐ Teils/teils   ☐ Von meinen Mitarbeitern

	Code	Häufigkeit	Prozent	Prozent Kumuliert
Von mir als Vorgesetzten	1	3	9.1	9.1
Teils/teils	2	17	51.5	60.6
Von meinen Mitarbeitern	3	13	39.4	100.0
Summe		33	100.0	

Mittelwert 2.30   Standardabweichung .64

8.10 Wie hoch war für Sie der organisatorische Aufwand, um für Ihre Mitarbeiter eine außerbetriebliche Arbeitsstätte einzurichten?

Sehr niedrig   1 – 2 – 3 – 4 – 5   Sehr hoch

	Code	Häufigkeit	Prozent	Prozent Kumuliert
Sehr niedrig	1	1	3.0	3.0
	2	4	12.1	15.2
	3	7	21.2	36.4
	4	11	33.3	69.7
Sehr hoch	5	10	30.3	100.0
	Summe	33	100.0	

Mittelwert   3.76   Standardabweichung   1.12

8.11 Welche der folgenden Gesichtspunkte waren für Sie bei der Auswahl Ihrer Mitarbeiter für eine außerbetriebliche Arbeitsstätte wichtig, welche weniger oder gar nicht wichtig?

Unwichtig   1 – 2 – 3 – 4 – 5   Sehr wichtig

8.11.1 Die Art der Tätigkeit

	Code	Häufigkeit	Prozent	Prozent Kumuliert
Unwichtig	1	1	3.0	3.0
	2	1	3.0	6.1
	3	5	15.2	21.2
	4	6	18.2	39.4
Sehr wichtig	5	20	60.6	100.0
	Summe	33	100.0	

Mittelwert   4.30   Standardabweichung   1.05

8.11.2 Gewinnen und Halten guter Mitarbeiter

	Code	Häufigkeit	Prozent	Prozent Kumuliert
Unwichtig	1	8	24.2	24.2
	2	6	18.2	42.4
	3	2	6.1	48.5
	4	10	30.3	78.8
Sehr wichtig	5	5	15.2	93.9
Keine Angabe	9	2	6.1	100.0
	Summe	33	100.0	

Mittelwert (ohne 9)   2.94   Standardabweichung   1.50

8.11.3 Berufserfahrung des Mitarbeiters

	Code	Häufigkeit	Prozent	Prozent Kumuliert
Unwichtig	1	7	21.2	21.2
	2	6	18.2	39.4
	3	4	12.1	51.5
	4	13	39.4	90.9
Sehr wichtig	5	3	9.1	100.0
	Summe	33	100.0	

Mittelwert   2.97   Standardabweichung   1.36

8.11.4 Betriebswirtschaftlich-organisatorische Kenntnisse des Mitarbeiters

	Code	Häufigkeit	Prozent	Prozent Kumuliert
Unwichtig	1	17	51.5	51.5
	2	7	21.2	72.7
	3	4	12.1	84.8
	4	3	9.1	93.9
Sehr wichtig	5	0	0.0	93.9
Keine Angabe	9	2	6.1	100.0
	Summe	33	100.0	

Mittelwert (ohne 9)   1.77   Standardabweichung   1.02

8.11.5 Betriebliche Notwendigkeiten (z. B. Rufbereitschaft, Arbeitsspitzen)

	Code	Häufigkeit	Prozent	Prozent Kumuliert
Unwichtig	1	7	21.2	21.2
	2	2	6.1	27.3
	3	5	15.2	42.4
	4	5	15.2	57.6
Sehr wichtig	5	12	36.4	93.9
Keine Angabe	9	2	6.1	100.0
	Summe	33	100.0	

Mittelwert (ohne 9) 3.42   Standardabweichung 1.61

8.11.6 Vertrauenswürdigkeit des Mitarbeiters

	Code	Häufigkeit	Prozent	Prozent Kumuliert
Unwichtig	1	3	9.1	9.1
	2	2	6.1	15.2
	3	7	21.2	36.4
	4	11	33.3	69.7
Sehr wichtig	5	9	27.3	97.0
Keine Angabe	9	1	3.0	100.0
	Summe	33	100.0	

Mittelwert (ohne 9) 3.66   Standardabweichung 1.23

8.11.7 Bessere Vereinbarkeit von Familie und Beruf

	Code	Häufigkeit	Prozent	Prozent Kumuliert
Unwichtig	1	8	24.2	24.2
	2	4	12.1	36.4
	3	5	15.2	51.5
	4	5	15.2	66.7
Sehr wichtig	5	10	30.3	97.0
Keine Angabe	9	1	3.0	100.0
	Summe	33	100.0	

Mittelwert (ohne 9) 3.16   Standardabweichung 1.61

8.11.8 Krankheitsbedingte Behinderung des Mitarbeiters bzw. Erkrankung eines Familienmitglieds

	Code	Häufigkeit	Prozent	Prozent Kumuliert
Unwichtig	1	20	60.6	60.6
	2	0	0.0	60.6
	3	1	3.0	63.6
	4	0	0.0	63.6
Sehr wichtig	5	9	27.3	90.9
Keine Angabe	9	3	9.1	100.0
	Summe	33	100.0	

Mittelwert (ohne 9)   2.27   Standardabweichung   1.86

8.11.9 Reduktion des Berufsverkehrs

	Code	Häufigkeit	Prozent	Prozent Kumuliert
Unwichtig	1	16	48.5	48.5
	2	5	15.2	63.6
	3	7	21.2	84.8
	4	2	6.1	90.9
Sehr wichtig	5	2	6.1	97.0
Keine Angabe	9	1	3.0	100.0
	Summe	33	100.0	

Mittelwert (ohne 9)   2.03   Standardabweichung   1.26

8.11.10 Motiviertheit des Mitarbeiters

	Code	Häufigkeit	Prozent	Prozent Kumuliert
Unwichtig	1	0	0.0	0.0
	2	5	15.2	15.2
	3	5	15.2	30.3
	4	12	36.4	66.7
Sehr wichtig	5	10	30.3	97.0
Keine Angabe	9	1	3.0	100.0
	Summe	33	100.0	

Mittelwert (ohne 9)   3.84   Standardabweichung   1.05

8.11.11 Sonstige Auswahlgesichtspunkte (freie Antworten)

	Code	Häufigkeit	Prozent	Prozent Kumuliert
Arbeitswelt der Zukunft	1	1	3.0	3.0
Notrufe/Ausnahmesituationen	2	2	6.1	9.1
Keine Angabe	9	30	90.9	100.0
Summe		33	100.0	

8.12 Welche Auswirkungen - sowohl in positiver als auch in negativer Hinsicht - hat Ihrer Meinung nach das Arbeiten auf einer außerbetrieblichen Arbeitsstätte für die Betreffenden?

Mitarbeiter auf einer außerbetrieblichen Arbeitsstätte ...

Stimmt   1 – 2 – 3 – 4 – 5   Stimmt nicht

8.12.1 ... arbeiten zu Hause selbständiger als im Betrieb

	Code	Häufigkeit	Prozent	Prozent Kumuliert
Stimmt	1	3	9.1	9.1
	2	5	15.2	24.2
	3	13	39.4	63.6
	4	5	15.2	78.8
Stimmt nicht	5	7	21.2	100.0
Summe		33	100.0	

Mittelwert   3.24   Standardabweichung   1.23

8.12.2 ... arbeiten zu Hause ungestörter als im Betrieb

	Code	Häufigkeit	Prozent	Prozent Kumuliert
Stimmt	1	6	18.2	18.2
	2	14	42.4	60.6
	3	6	18.2	78.8
	4	5	15.2	93.9
Stimmt nicht	5	1	3.0	97.0
Keine Angabe	9	1	3.0	100.0
Summe		33	100.0	

Mittelwert (ohne 9)   2.41   Standardabweichung   1.07

8.12.3 ... können gute Einfälle auch außerhalb der regulären Arbeitszeit aufgreifen

	Code	Häufigkeit	Prozent	Prozent Kumuliert
Stimmt	1	10	30.3	30.3
	2	15	45.5	75.8
	3	5	15.2	90.9
	4	2	6.1	97.0
Stimmt nicht	5	1	3.0	100.0
	Summe	33	100.0	

Mittelwert 2.06 Standardabweichung 1.00

8.12.4 ... haben geringere Chancen, befördert zu werden

	Code	Häufigkeit	Prozent	Prozent Kumuliert
Stimmt	1	1	3.0	3.0
	2	4	12.1	15.2
	3	1	3.0	18.2
	4	8	24.2	42.4
Stimmt nicht	5	19	57.6	100.0
	Summe	33	100.0	

Mittelwert 4.21 Standardabweichung 1.17

8.12.5 ... müssen ihre Arbeit stärker planen

	Code	Häufigkeit	Prozent	Prozent Kumuliert
Stimmt	1	6	18.2	18.2
	2	8	24.2	42.4
	3	11	33.3	75.8
	4	3	9.1	84.8
Stimmt nicht	5	5	15.2	100.0
	Summe	33	100.0	

Mittelwert 2.79 Standardabweichung 1.29

8.12.6   ... arbeiten zu Hause produktiver als im Betrieb

	Code	Häufigkeit	Prozent	Prozent Kumuliert
Stimmt	1	2	6.1	6.1
	2	14	42.4	48.5
	3	14	42.4	90.9
	4	1	3.0	93.9
Stimmt nicht	5	2	6.1	100.0
	Summe	33	100.0	

Mittelwert   2.61   Standardabweichung   .90

8.12.7   ... passen ihre Arbeitszeiten stärker den beruflichen Anforderungen an

	Code	Häufigkeit	Prozent	Prozent Kumuliert
Stimmt	1	10	30.3	30.3
	2	11	33.3	63.6
	3	7	21.2	84.8
	4	3	9.1	93.9
Stimmt nicht	5	2	6.1	100.0
	Summe	33	100.0	

Mittelwert   2.27   Standardabweichung   1.18

8.12.8   ... brauchen mehr Selbstdisziplin als andere

	Code	Häufigkeit	Prozent	Prozent Kumuliert
Stimmt	1	10	30.3	30.3
	2	9	27.3	57.6
	3	7	21.2	78.8
	4	4	12.1	90.9
Stimmt nicht	5	3	9.1	100.0
	Summe	33	100.0	

Mittelwert   2.42   Standardabweichung   1.30

8.12.9 ... haben mehr Zeit für die Familie/Partnerschaft

	Code	Häufigkeit	Prozent	Prozent Kumuliert
Stimmt	1	8	24.2	24.2
	2	8	24.2	48.5
	3	8	24.2	72.7
	4	5	15.2	87.9
Stimmt nicht	5	4	12.1	100.0
	Summe	33	100.0	

Mittelwert   2.67   Standardabweichung   1.34

8.13 Bitte geben Sie für die folgenden Aufgabenbereiche jeweils an, inwieweit sie sich für eine außerbetrieblichen Arbeitsstätte eignen.

Sehr gut   1 – 2 – 3 – 4 – 5   Überhaupt nicht

8.13.1 Programmieren

	Code	Häufigkeit	Prozent	Prozent Kumuliert
Sehr gut	1	13	39.4	39.4
	2	9	27.3	66.7
	3	4	12.1	78.8
	4	0	0.0	78.8
Überhaupt nicht	5	1	3.0	81.8
Keine Angabe	9	6	18.2	100.0
	Summe	33	100.0	

Mittelwert (ohne 9)   1.78   Standardabweichung   .97

8.13.2 Testen von Software

	Code	Häufigkeit	Prozent	Prozent Kumuliert
Sehr gut	1	5	15.2	15.2
	2	12	36.4	51.5
	3	6	18.2	69.7
	4	3	9.1	78.8
Überhaupt nicht	5	0	0.0	78.8
Keine Angabe	9	7	21.2	100.0
	Summe	33	100.0	

Mittelwert (ohne 9)   2.27   Standardabweichung   .92

8.13.3 Systemwartung, Programmüberwachung

	Code	Häufigkeit	Prozent	Prozent Kumuliert
Sehr gut	1	13	39.4	39.4
	2	8	24.2	63.6
	3	5	15.2	78.8
	4	3	9.1	87.9
Überhaupt nicht	5	0	0.0	87.9
Keine Angabe	9	4	12.1	100.0
	Summe	33	100.0	

Mittelwert (ohne 9) 1.93   Standardabweichung 1.03

8.13.4 Betreuung, Schulung von Softwarebenutzern

	Code	Häufigkeit	Prozent	Prozent Kumuliert
Sehr gut	1	1	3.0	3.0
	2	5	15.2	18.2
	3	2	6.1	24.2
	4	7	21.2	45.5
Überhaupt nicht	5	11	33.3	78.8
Keine Angabe	9	7	21.2	100.0
	Summe	33	100.0	

Mittelwert (ohne 9) 3.85   Standardabweichung 1.29

8.13.5 Projektleitung

	Code	Häufigkeit	Prozent	Prozent Kumuliert
Sehr gut	1	1	3.0	3.0
	2	2	6.1	9.1
	3	4	12.1	21.2
	4	5	15.2	36.4
Überhaupt nicht	5	15	45.5	81.8
Keine Angabe	9	6	18.2	100.0
	Summe	33	100.0	

Mittelwert (ohne 9) 4.15   Standardabweichung 1.17

8.13.6 Produktmanagement

	Code	Häufigkeit	Prozent	Prozent Kumuliert
Sehr gut	1	2	6.1	6.1
	2	3	9.1	15.2
	3	4	12.1	27.3
	4	6	18.2	45.5
Überhaupt nicht	5	12	36.4	81.8
Keine Angabe	9	6	18.2	100.0
	Summe	33	100.0	

Mittelwert (ohne 9)   3.85   Standardabweichung   1.32

8.13.7 Produktübersetzung

	Code	Häufigkeit	Prozent	Prozent Kumuliert
Sehr gut	1	10	30.3	30.3
	2	11	33.3	63.6
	3	4	12.1	75.8
	4	0	0.0	75.8
Überhaupt nicht	5	1	3.0	78.8
Keine Angabe	9	7	21.2	100.0
	Summe	33	100.0	

Mittelwert (ohne 9)   1.88   Standardabweichung   .95

8.13.8 Ausarbeiten von Unterlagen für Ausbildung und Schulung

	Code	Häufigkeit	Prozent	Prozent Kumuliert
Sehr gut	1	20	60.6	60.6
	2	9	27.3	87.9
	3	0	0.0	87.9
	4	0	0.0	87.9
Überhaupt nicht	5	0	0.0	87.9
Keine Angabe	9	4	12.1	100.0
	Summe	33	100.0	

Mittelwert (ohne 9)   1.31   Standardabweichung   .47

8.13.9 Qualitätssicherung von Programmen

	Code	Häufigkeit	Prozent	Prozent Kumuliert
Sehr gut	1	2	6.1	6.1
	2	10	30.3	36.4
	3	10	30.3	66.7
	4	4	12.1	78.8
Überhaupt nicht	5	1	3.0	81.8
Keine Angabe	9	6	18.2	100.0
Summe		33	100.0	

Mittelwert (ohne 9)   2.70   Standardabweichung   .95

8.13.10 Sekretariatsarbeiten

	Code	Häufigkeit	Prozent	Prozent Kumuliert
Sehr gut	1	0	0.0	0.0
	2	0	0.0	0.0
	3	4	12.1	12.1
	4	10	30.3	42.4
Überhaupt nicht	5	13	39.4	81.8
Keine Angabe	9	6	18.2	100.0
Summe		33	100.0	

Mittelwert (ohne 9)   4.33   Standardabweichung   .73

8.13.11 Kundenservice

	Code	Häufigkeit	Prozent	Prozent Kumuliert
Sehr gut	1	2	6.1	6.1
	2	3	9.1	15.2
	3	7	21.2	36.4
	4	8	24.2	60.6
Überhaupt nicht	5	4	12.1	72.7
Keine Angabe	9	9	27.3	100.0
Summe		33	100.0	

Mittelwert (ohne 9)   3.37   Standardabweichung   1.17

8.13.12 Finanz- und Rechnungswesen

	Code	Häufigkeit	Prozent	Prozent Kumuliert
Sehr gut	1	1	3.0	3.0
	2	2	6.1	9.1
	3	6	18.2	27.3
	4	5	15.2	42.4
Überhaupt nicht	5	3	9.1	51.5
Keine Angabe	9	16	48.5	100.0
	Summe	33	100.0	

Mittelwert (ohne 9)   3.41   Standardabweichung   1.12

8.13.13 Juristische Abteilung

	Code	Häufigkeit	Prozent	Prozent Kumuliert
Sehr gut	1	3	9.1	9.1
	2	3	9.1	18.2
	3	3	9.1	27.3
	4	4	12.1	39.4
Überhaupt nicht	5	2	6.1	45.5
Keine Angabe	9	18	54.5	100.0
	Summe	33	100.0	

Mittelwert (ohne 9)   2.93   Standardabweichung   1.39

8.14 Innerhalb dieser Aufgabenbereiche kommen in unterschiedlichem Ausmaß die folgenden Tätigkeiten vor. Welche davon sollten Mitarbeiter auf außerbetrieblichen Arbeitsstätten eher von zu Hause aus, welche eher im Betrieb ausführen?

Von zu Hause   1 – 2 – 3 – 4 – 5   Im Betrieb

8.14.1 Verhandeln (z. B. um bei bestimmten Problemen Interessen zu vertreten, Übereinstimmungen zu erzielen oder Lösungen zu erreichen)

	Code	Häufigkeit	Prozent	Prozent Kumuliert
Von zu Hause	1	0	0.0	0.0
	2	0	0.0	0.0
	3	0	0.0	0.0
	4	5	15.2	15.2
Im Betrieb	5	27	81.8	97.0
Keine Angabe	9	1	3.0	100.0
	Summe	33	100.0	

Mittelwert (ohne 9)   4.84   Standardabweichung   .37

8.14.2 Beraten (z. B. Geben von fachlichen Ratschlägen oder Empfehlungen, um zur Lösung von bestimmten Problemen beizutragen)

	Code	Häufigkeit	Prozent	Prozent Kumuliert
Von zu Hause	1	1	3.0	3.0
	2	6	18.2	21.2
	3	8	24.2	45.5
	4	4	12.1	57.6
Im Betrieb	5	12	36.4	93.9
Keine Angabe	9	2	6.1	100.0
	Summe	33	100.0	

Mittelwert (ohne 9)   3.65   Standardabweichung   1.28

8.14.3 Überzeugen (andere Personen sollen zu einer bestimmten Handlung oder Einstellung bewegt werden)

	Code	Häufigkeit	Prozent	Prozent Kumuliert
Von zu Hause	1	0	0.0	0.0
	2	1	3.0	3.0
	3	1	3.0	6.1
	4	6	18.2	24.2
Im Betrieb	5	24	72.7	97.0
Keine Angabe	9	1	3.0	100.0
	Summe	33	100.0	

Mittelwert (ohne 9)   4.66   Standardabweichung   .70

8.14.4 Problemdiskussion

	Code	Häufigkeit	Prozent	Prozent Kumuliert
Von zu Hause	1	0	0.0	0.0
	2	2	6.1	6.1
	3	6	18.2	24.2
	4	8	24.2	48.5
Im Betrieb	5	16	48.5	97.0
Keine Angabe	9	1	3.0	100.0
	Summe	33	100.0	

Mittelwert (ohne 9)   4.19   Standardabweichung   .97

8.14.5 Austausch routinemäßiger Information

	Code	Häufigkeit	Prozent	Prozent Kumuliert
Von zu Hause	1	13	39.4	39.4
	2	8	24.2	63.6
	3	8	24.2	87.9
	4	2	6.1	93.9
Im Betrieb	5	2	6.1	100.0
	Summe	33	100.0	

Mittelwert   2.15   Standardabweichung   1.20

8.14.6 Austausch nicht-routinemäßiger Information (z. B. bei Arbeitssitzungen oder Projektplanungen)

	Code	Häufigkeit	Prozent	Prozent Kumuliert
Von zu Hause	1	0	0.0	0.0
	2	3	9.1	9.1
	3	2	6.1	15.2
	4	9	27.3	42.4
Im Betrieb	5	19	57.6	100.0
	Summe	33	100.0	

Mittelwert   4.33   Standardabweichung   .96

8.14.7 Spontane Lösung plötzlich auftretender Probleme

	Code	Häufigkeit	Prozent	Prozent Kumuliert
Von zu Hause	1	5	15.2	15.2
	2	8	24.2	39.4
	3	10	30.3	69.7
	4	2	6.1	75.8
Im Betrieb	5	7	21.2	97.0
Keine Angabe	9	1	3.0	100.0
	Summe	33	100.0	

Mittelwert (ohne 9)   2.94   Standardabweichung   1.37

8.14.8 Koordination (z. B. von Projektarbeiten)

	Code	Häufigkeit	Prozent	Prozent Kumuliert
Von zu Hause	1	1	3.0	3.0
	2	3	9.1	12.1
	3	10	30.3	42.4
	4	7	21.2	63.6
Im Betrieb	5	11	33.3	97.0
Keine Angabe	9	1	3.0	100.0
	Summe	33	100.0	

Mittelwert (ohne 9)   3.75   Standardabweichung   1.14

8.14.9 Beurteilen und Bewerten (z. B. Angebote, Leistungen von einzelnen Mitarbeitern, Arbeitsgruppen oder Abteilungen usw.)

	Code	Häufigkeit	Prozent	Prozent Kumuliert
Von zu Hause	1	7	21.2	21.2
	2	13	39.4	60.6
	3	5	15.2	75.8
	4	4	12.1	87.9
Im Betrieb	5	3	9.1	97.0
Keine Angabe	9	1	3.0	100.0
	Summe	33	100.0	

Mittelwert (ohne 9) 2.47   Standardabweichung 1.24

8.14.10 Ideenfindung

	Code	Häufigkeit	Prozent	Prozent Kumuliert
Von zu Hause	1	12	36.4	36.4
	2	13	39.4	75.8
	3	7	21.2	97.0
	4	1	3.0	100.0
Im Betrieb	5	0	0.0	100.0
	Summe	33	100.0	

Mittelwert 1.91   Standardabweichung .84

8.15 Um in einem Betrieb ihre Interessen zu wahren, verlassen sich Mitarbeiter nicht nur auf die offiziellen Informationskanäle, sondern versuchen auch, auf informellem Wege Informationen zu erhalten und zu liefern. Wie wichtig bzw. unwichtig ist Ihrer Erfahrung nach der informelle Informationsaustausch für Ihre Mitarbeiter?

Sehr wichtig   1 – 2 – 3 – 4 – 5   Unwichtig

	Code	Häufigkeit	Prozent	Prozent Kumuliert
Sehr wichtig	1	13	39.4	39.4
	2	17	51.5	90.9
	3	2	6.1	97.0
	4	1	3.0	100.0
Unwichtig	5	0	0.0	100.0
	Summe	33	100.0	

Mittelwert 1.73   Standardabweichung .72

8.16 Je weniger ein Mitarbeiter im Betrieb anwesend ist, um so weniger hat er Zugang zu informeller Kommunikation. Kann sich dies Ihrer Meinung nach negativ für den Mitarbeiter auswirken?

	Nachteile für den Mitarbeiter			
	Ja	Weiß ich nicht	Nein	Keine Angabe
Bei 1 Tag/Woche zu Hause	0 0.0%	2 6.1%	26 78.8%	5 15.2%
Bei 2 Tagen/Woche zu Hause	2 6.1%	6 18.2%	20 60.6%	5 15.2%
Bei 3 Tagen/Woche zu Hause	12 36.4%	10 30.3%	6 18.2%	5 15.2%
Bei 4 Tagen/Woche zu Hause	24 72.7%	3 9.1%	5 15.2%	1 3.0%
Bei 5 Tagen/Woche zu Hause	27 81.8%	1 3.0%	1 3.0%	4 12.1%

8.17 Auch bei einer ergebnisorientierten Führung, wie sie bei IBM praktiziert wird, unterscheiden sich natürlich Vorgesetzte in ihrem individuellen Führungsverhalten. Bitte geben Sie bei den folgenden Verhaltensalternativen jeweils an, für welche Sie persönlich sich in der Regel Ihren Mitarbeitern gegenüber entscheiden:

Ich entscheide mich eher für ...

1 – 2 – 3 – 4 – 5

8.17.1 Gleichbehandlung aller Mitarbeiter ohne Bevorzugungen und Vorrechte - Eingehen auf die Besonderheiten des einzelnen Mitarbeiters

	Code	Häufigkeit	Prozent	Prozent Kumuliert
Gleichbehandlung	1	1	3.0	3.0
	2	3	9.1	12.1
	3	3	9.1	21.2
	4	21	63.6	84.8
Eingehen auf Besonderheiten	5	4	12.1	97.0
Keine Angabe	9	1	3.0	100.0
	Summe	33	100.0	

Mittelwert (ohne 9)   3.75   Standardabweichung   .92

8.17.2 Bewahrung des Bestehenden, Betonung von Stabilität und Tradition - Betonung von Veränderung, Flexibilität und Innovation

	Code	Häufigkeit	Prozent	Prozent Kumuliert
Bewahrung	1	0	0.0	0.0
	2	1	3.0	3.0
	3	2	6.1	9.1
	4	12	36.4	45.5
Veränderung	5	18	54.5	100.0
	Summe	33	100.0	

Mittelwert 4.42   Standardabweichung .75

8.17.3 Konkurrenz, Wettbewerb, Rivalität - Kooperation, Harmonie, Solidarität

	Code	Häufigkeit	Prozent	Prozent Kumuliert
Konkurrenz	1	0	0.0	0.0
	2	5	15.2	15.2
	3	10	30.3	45.5
	4	10	30.3	75.8
Kooperation	5	8	24.2	100.0
	Summe	33	100.0	

Mittelwert 3.64   Standardabweichung 1.03

8.17.4 Aktivieren, Anregen, Motivieren von Mitarbeitern - Zurückhaltung, sich nicht einmischen, Entwicklungen abwarten

	Code	Häufigkeit	Prozent	Prozent Kumuliert
Aktivieren	1	13	39.4	39.4
	2	15	45.5	84.8
	3	4	12.1	97.0
	4	1	3.0	100.0
Zurückhaltung	5	0	0.0	100.0
	Summe	33	100.0	

Mittelwert 1.79   Standardabweichung .78

8.17.5 Steuerung, Lenkung, Kontrolle - Handlungs- und Entscheidungsspielräume, Selbständigkeit

	Code	Häufigkeit	Prozent	Prozent Kumuliert
Steuerung, Kontrolle	1	0	0.0	0.0
	2	1	3.0	3.0
	3	2	6.1	9.1
	4	14	42.4	51.5
Selbständigkeit	5	16	48.5	100.0
	Summe	33	100.0	

Mittelwert   4.36   Standardabweichung   .74

8.17.6 das Vorgeben von Zielen - das Vorgeben der Wege zum Ziel

	Code	Häufigkeit	Prozent	Prozent Kumuliert
Vorgeben der Ziele	1	17	51.5	51.5
	2	9	27.3	78.8
	3	3	9.1	87.9
	4	1	3.0	90.9
Vorgeben der Wege zum Ziel	5	3	9.1	100.0
	Summe	33	100.0	

Mittelwert   1.91   Standardabweichung   1.26

8.17.7 Distanz zum Mitarbeiter - Nähe zum Mitarbeiter

	Code	Häufigkeit	Prozent	Prozent Kumuliert
Distanz	1	0	0.0	0.0
	2	0	0.0	0.0
	3	10	30.3	30.3
	4	18	54.5	84.8
Nähe	5	5	15.2	100.0
	Summe	33	100.0	

Mittelwert   3.85   Standardabweichung   .67

8.17.8 die Motivierung meiner Mitarbeiter durch äußere Anreize (Geld, Aufstieg, Statussymbole) - die Motivierung meiner Mitarbeiter durch »Freude an der Sache«

	Code	Häufigkeit	Prozent	Prozent Kumuliert
Äußere Anreize	1	1	3.0	3.0
	2	2	6.1	9.1
	3	6	18.2	27.3
	4	13	39.4	66.7
»Freude an der Sache«	5	10	30.3	97.0
Keine Angabe	9	1	3.0	100.0
	Summe	33	100.0	

Mittelwert (ohne 9)   3.91   Standardabweichung   1.03

8.17.9 die Delegation von Verantwortung an Mitarbeiter - das Festhalten an der eigenen Verantwortung

	Code	Häufigkeit	Prozent	Prozent Kumuliert
Delegation von Verantwortung	1	18	54.5	54.5
	2	14	42.4	97.0
	3	1	3.0	100.0
	4	0	0.0	100.0
Festhalten an Verantwortung	5	0	0.0	100.0
	Summe	33	100.0	

Mittelwert   1.48   Standardabweichung   .57

8.17.10 Ich selbst sehe mich eher als ...

Spezialist, der auch bei Detailproblemen sachkompetent entscheiden kann - Generalist, der ohne Detailkenntnisse sich den allgemeinen Zusammenhängen widmet

	Code	Häufigkeit	Prozent	Prozent Kumuliert
Spezialist	1	1	3.0	3.0
	2	6	18.2	21.2
	3	6	18.2	39.4
	4	14	42.4	81.8
Generalist	5	6	18.2	100.0
	Summe	33	100.0	

Mittelwert   3.55   Standardabweichung   1.09

8.18 Welcher der beiden - sicher extrem formulierten - Ansichten können Sie am ehesten zustimmen?

Meinung A: *Man sollte heutzutage Informationen und nicht Personen transportieren.*
Meinung B: *Auch die modernste Kommunikationstechnik kann die persönliche Anwesenheit nie ersetzen.*

Informationen transportieren   1 – 2 – 3 – 4 – 5   Persönliche Anwesenheit

	Code	Häufigkeit	Prozent	Prozent Kumuliert
Informationen transportieren	1	3	9.1	9.1
	2	6	18.2	27.3
	3	6	18.2	45.5
	4	16	48.5	93.9
Persönliche Anwesenheit	5	2	6.1	100.0
	Summe	33	100.0	

Mittelwert   3.24   Standardabweichung   1.12

8.19 Müssen Sie die Zusammenarbeit mit den Mitarbeitern, die auf einer außerbetrieblichen Arbeitsstätte arbeiten, stärker planen als früher?

Nein, überhaupt nicht   1 – 2 – 3 – 4 – 5   Ja, sehr stark

	Code	Häufigkeit	Prozent	Prozent Kumuliert
Nein, überhaupt nicht	1	9	27.3	27.3
	2	7	21.2	48.5
	3	6	18.2	66.7
	4	10	30.3	97.0
Ja, sehr stark	5	1	3.0	100.0
	Summe	33	100.0	

Mittelwert   2.61   Standardabweichung   1.27

8.20 Wenn Sie *4* oder *5* angekreuzt haben: Empfinden Sie das als Belastung?

Nein, überhaupt nicht   1 – 2 – 3 – 4 – 5   Ja, sehr stark

	Code	Häufigkeit	Prozent	Prozent Kumuliert
Nein, überhaupt nicht	1	4	12.1	12.1
	2	2	6.1	18.2
	3	1	3.0	21.2
	4	4	12.1	33.3
Ja, sehr stark	5	0	0.0	33.3
Frage irrelevant	6	22	66.7	100.0
	Summe	33	100.0	

Mittelwert (ohne 6)   2.45   Standardabweichung   1.37

8.21 Wie oft fühlen Sie sich bei Ihrer Arbeit dadurch behindert, daß Sie Mitarbeiter, die auf einer außerbetrieblichen Arbeitsstätte arbeiten, schwerer erreichen können als andere?

Sehr häufig   1 – 2 – 3 – 4 – 5   Nie

	Code	Häufigkeit	Prozent	Prozent Kumuliert
Sehr häufig	1	0	0.0	0.0
	2	1	3.0	3.0
	3	5	15.2	18.2
	4	13	39.4	57.6
Nie	5	13	39.4	97.0
Keine Angabe	9	1	3.0	100.0
	Summe	33	100.0	

Mittelwert (ohne 9)   4.19   Standardabweichung   .82

8.22 Für wen überwiegen Ihrer Meinung nach die Vorteile oder Nachteile einer außerbetrieblichen Arbeitsstätte?

$$\text{Vorteile} \quad 1-2-3-4-5 \quad \text{Nachteile}$$

8.22.1 Für Sie als Führungskraft

	Code	Häufigkeit	Prozent	Prozent Kumuliert
Vorteile	1	3	9.1	9.1
	2	10	30.3	39.4
	3	13	39.4	78.8
	4	7	21.2	100.0
Nachteile	5	0	0.0	100.0
	Summe	33	100.0	

Mittelwert 2.73   Standardabweichung   .91

8.22.2 Für Ihre Mitarbeiter

	Code	Häufigkeit	Prozent	Prozent Kumuliert
Vorteile	1	18	54.5	54.5
	2	15	45.5	100.0
	3	0	0.0	100.0
	4	0	0.0	100.0
Nachteile	5	0	0.0	100.0
	Summe	33	100.0	

Mittelwert 1.45   Standardabweichung   .51

8.22.3 Für die IBM

	Code	Häufigkeit	Prozent	Prozent Kumuliert
Vorteile	1	11	33.3	33.3
	2	12	36.4	69.7
	3	8	24.2	93.9
	4	1	3.0	97.0
Nachteile	5	1	3.0	100.0
	Summe	33	100.0	

Mittelwert 2.06   Standardabweichung   1.00

8.23 Arbeiten Ihrer Erfahrung nach Ihre Mitarbeiter zu Hause generell produktiver als im Betrieb, gibt es keinen Unterschied oder - im Gegenteil - gibt es Hindernisse, die bewirken, daß sie weniger produktiv arbeiten?

Produktiver   1 – 2 – 3 – 4 – 5   Weniger produktiv

	Code	Häufigkeit	Prozent	Prozent Kumuliert
Produktiver	1	4	12.1	12.1
	2	15	45.5	57.6
	3	13	39.4	97.0
	4	1	3.0	100.0
Weniger produktiv	5	0	0.0	100.0
	Summe	33	100.0	

Mittelwert   2.33   Standardabweichung   .74

8.24 Wenn Sie Hindernisse sehen: Welche sind dies? (freie Antworten)

Als Gründe für eine geringere Produktivität bei häuslicher Arbeit wurden genannt ...

	Häufigkeit
Störungen des Mitarbeiters aus der Privatsphäre	3
Eingeschränkte Kommunikation mit dem Mitarbeiter	1
Häusliches Arbeiten nur in bestimmten Arbeitsphasen möglich	1
Nicht jeder Mitarbeiter ist geeignet	1
Abhängigkeit des Mitarbeiters von der IBM-Bibliothek	1
Engstirnige Laborleitung	1
Administration	1
Hoher Koordinationsaufwand	1
Nichterreichbarkeit des Mitarbeiters wegen Leitungsschwierigkeiten	1
Technische Leitung nach Hause zu langsam	1
Sicherheitsvorschriften zu umständlich	1
Summe	13

8.25 Im Moment versuchen die Mitarbeiter auf außerbetrieblichen Arbeitsstätten ihre Arbeit so weit wie möglich in die Organisationsstruktur ihrer Abteilung einzufügen. Wie würde es sich Ihrer Meinung nach auf die Organisation der Abteilungen auswirken, wenn sehr viel mehr Mitarbeiter als heute auf außerbetrieblichen Arbeitsstätten arbeiten würden und wie bewerten Sie mögliche Veränderungen? (freie Antworten)

8.25.1 Als positive Auswirkungen wurden genannt ...

	Häufigkeit
Positiv bei stundenweiser ABA	3
Effektiv bei motivierten Mitarbeitern	1
Summe	4

8.25.2 Als negative Auswirkungen wurden genannt ...

	Häufigkeit
Viel mehr ABA nicht praktikabel	8
Schwierigere Koordination	5
Erschwerte Kommunikation	5
Organisationsproblem bei mehr als 50% ABA-Mitarbeitern	2
Mehr als 20% ABA-Mitarbeiter wäre problematisch	2
Nähe zu Kunden würde reduziert	2
Spontane Problemlösung würde erschwert	2
Teamarbeit wäre nicht mehr möglich	2
Katastrophale Auswirkungen	1
Aufwand für Vorgesetzten zu hoch	1
Negativ bei ABA mehr als 3 Tage	1
Identifikationsverlust der Mitarbeiter	1
Summe	32

8.25.3 Als eher neutrale Auswirkungen wurden genannt ...

	Häufigkeit
Nur bei speziellen Arbeiten möglich	2
Mitarbeiter würden zum freien Unternehmer	2
Generell große Veränderungen	1
Nur bei fest vereinbarten Zeiten im Betrieb möglich	1
Arbeit würde in Funktionen eingeteilt	1
Nur bei motivierten Mitarbeitern möglich	1
Summe	8

8.26 Worin sehen Sie als Führungskraft den Hauptnutzen bzw. die Hauptprobleme außerbetrieblicher Arbeitsstätten? (freie Antworten)

8.26.1 Als Hauptnutzen außerbetrieblicher Arbeitsstätten wurden genannt ...

	Häufigkeit
Höhere Flexibilität	9
Höhere Motivation der Mitarbeiter	8
Möglichkeit, auf spezifische Situation der Mitarbeiter einzugehen	6
Bessere Vereinbarkeit von Familie und Beruf	4
Konzentriertes, störungsfreies Arbeiten zu Hause	4
Produktivitätsgewinn bei fähigen Mitarbeitern	4
Einsatz der ABA bei Prozeßüberwachung	2
Spontane Problemlösung leichter möglich	2
Zufriedenere Mitarbeiter	1
Gewinnen und Halten von Frauen	1
Notfalleinsätze leichter möglich	1
Bessere Rechnernutzung	1
Verfügbarkeit der Mitarbeiter auch außerhalb der Arbeitszeiten	1
Mehr Arbeitsstunden möglich	1
Mehr Überstundenbereitschaft	1
Image-Nutzen für das Unternehmen	1
Entlastung des Berufsverkehrs	1
Summe	48

8.26.2 Als Hauptprobleme außerbetrieblicher Arbeitsstätten wurden genannt ...

	Häufigkeit
Kommunikation erschwert	7
Höherer Koordinationsaufwand	6
Nur bestimmte Tätigkeiten geeignet	4
Nichtverfügbarkeit der Mitarbeiter	3
Höhere Selbstdisziplin nötig	3
Teamarbeit unmöglich	2
Produktivitätsverlust bei unfähigen Mitarbeitern	2
Bei kommunikationsintensiver Tätigkeit Produktivitätsverlust	2
Bürokratischer Genehmigungsprozeß	2
Kontrolle der Mitarbeiter erschwert	2
Im Moment hohe Kosten	2
Berufliche Veränderung der Mitarbeiter schwieriger	1
Einzelarbeit zu Hause bedeutet Abkoppelung vom Betrieb	1
Workaholic-Tendenz	1
ABA ist für das höhere Management ein Statussymbol	1
Kosten/Nutzen-Relation schlecht	1
Entfremdung der Mitarbeiter von der Firma	1
Schlechtere Technik zu Hause	1
Gleichbehandlung aller Mitarbeiter	1
Platzbedarf zu Hause (warum kann man nicht eigenen PS benutzen?)	1
Kollegen müssen einspringen, wenn Mitarbeiter zu Hause sind	1
Im Moment kein Problem	1
Summe	46

8.27 Wenn Sie alle Vorteile und Nachteile außerbetrieblicher Arbeitsstätten gegeneinander abwägen: Was überwiegt - die Vorteile oder die Nachteile?

Vorteile   1 – 2 – 3 – 4 – 5   Nachteile

	Code	Häufigkeit	Prozent	Prozent Kumuliert
Vorteile	1	11	33.3	33.3
	2	12	36.4	69.7
	3	5	15.2	84.8
	4	1	3.0	87.9
Nachteile	5	1	3.0	90.9
Keine Angabe	9	3	9.1	100.0
	Summe	33	100.0	

Mittelwert (ohne 9)   1.97   Standardabweichung   1.00

8.28 Könnten Sie sich vorstellen, Ihre eigene Tätigkeit vermehrt von zu Hause aus durchzuführen?

Ja, sehr gut   1 – 2 – 3 – 4 – 5   Nein, überhaupt nicht

	Code	Häufigkeit	Prozent	Prozent Kumuliert
Ja, sehr gut	1	7	21.2	21.2
	2	5	15.2	36.4
	3	5	15.2	51.5
	4	7	21.2	72.7
Nein, überhaupt nicht	5	6	18.2	90.9
Keine Angabe	9	3	9.1	100.0
	Summe	33	100.0	

Mittelwert (ohne 9)   3.00   Standardabweichung   1.49

8.29　　Kommentar zu 8.28 (freie Antworten)

	Häufigkeit
Habe bereits Home-Terminal	2
Gerne, geht aber nicht	1
Würde gerne eigenen PS benutzen	1
Summe	4

Ich danke Ihnen für Ihre Mitarbeit. Die Resultate dieser Befragung werden sicher wichtige Hinweise darauf liefern, wie die künftige Entwicklung der außerbetrieblichen Arbeitsstätten aussehen könnte.

Literaturverzeichnis

Baddeley, A. (1990). Human memory. Theory and practice. Hove and London, UK: L. Erlbaum.

Bullinger, H.-J., Fröschle, H.-P. & Klein, B. (1987). Telearbeit: Schaffung dezentraler Arbeitsplätze unter Einsatz von Teletex. Hallbergmoos: AIT.

DGB-Bundesvorstand, Hrsg. (1991). Für eine soziale Gestaltung der Telekommunikation. Thesen und Vorschläge des DGB. Düsseldorf: DGB, Bundesvorstand, Hans-Böckler-Straße 39, 40476 Düsseldorf.

Dipboye, R. L., Smith, C. & Howell, W. C. (1994). Understanding industrial and organizational psychology. An integrated approach. New York etc: Harcourt Brace College Publishers.

Drüke, H., Feuerstein, G. & Kreibich, R. (1986). Büroarbeit im Wandel. Tendenzen der Dezentralisierung mit Hilfe neuer Informations- und Kommunikationstechnologien. Entwicklungstrends, Bedarfsanalyse, Auswirkungen. Eschborn: RKW-Schriftenreihe Mensch und Technik.

Drüke, H., Feuerstein, G. & Kreibich, R. (1988). Büroarbeit unterwegs, daheim und anderswo. Gespräche mit Experten über Telearbeit und Teleheimarbeit. Eschborn: RKW-Schriftenreihe Mensch und Technik.

Euler, H., Fröschle, H.-P., & Klein, B. (1987). Dezentrale Arbeitsplätze unter Einsatz von Teletex. Ergebnisse eines zweijährigen Modellversuches. In F. Gehrmann (Hrsg.), Neue Informations- und Kommunikationstechnologien (S. 55-71). Berlin usw.: Campus.

Fahrenberg, J., Hampel, R. & Selg, H. (1984). Das Freiburger Persönlichkeitsinventar FPI. Revidierte Fassung FPI-R und teilweise geänderte Fassung FPI-A1. Handanweisung, 4., revidierte Auflage. Göttingen usw.: Verlag für Psychologie, Dr. C. J. Hogrefe.

Farthmann, F. (1984). Gesellschaftliche Aspekte der Telearbeit. Der Betriebswirt, 44, 541-552.

Fischer, U., Späker, G., Weißbach, H.-J. und Beyer, J. (1993). Neue Entwicklungen bei der sozialen Gestaltung von Telearbeit. Schriftenreihe Informationen zur Technologiepolitik und zur Humanisierung der Arbeit, 18, August 1993, hrsg. vom DGB, Bundesvorstand, Hans-Böckler-Straße 39, 40476 Düsseldorf.

Glaser, W. R. (1993). Außerbetriebliche Arbeitsstätten - psychologisch, praktisch und ein wenig visionär gesehen. IBM-Nachrichten, 43, Heft 315, Dezember 1993, 15-21.

Glaser, W. R. (1994). Beitrag zum Abschnitt 7 »Handlungsoptionen und Empfehlungen«. Arbeitspapier der ITG-Fachgruppe 8.1.2, Arbeitsgruppe 2 »IT-Anwendungen zur Substitution von physischem Verkehr«, Mai 1994. Eingearbeitet in Harmsen & König (1994).

Glaser, W. R. & Glaser, M. O. (1991). Das Bildtelefon im höheren Management. Eine Interviewstudie mit 40 Topmanagern. Bericht: Psychologisches Institut der Universität Tübingen, Februar 1991.

Glaser, W. R. & Glaser, M. O. (1992a). Das Bildtelefon im höheren Management. Eine Interviewstudie an 40 Topmanagern. Nürnberg: Broschüre der Philips Kommunikations Industrie AG.

Glaser, W. R. & Glaser, M. O. (1992b). Picturephone and upper management. An interview study involving 40 top German managers. Nürnberg: Broschüre der Philips Kommunikations Industrie AG.

Glaser, W. R. & Glaser, M. O. (1993a). Außerbetriebliche Arbeitsstätten. Eine Befragungsstudie in Zusammenarbeit mit der Abteilung Personalentwicklung und Führungsakademie der IBM Deutschland Informationssysteme GmbH. Abschlußbericht: Psychologisches Institut der Universität Tübingen, Juni 1993.

Glaser, W. R. & Glaser, M. O. (1993b). Psychologische Erfahrungen mit Außerbetrieblichen Arbeitsstätten bei der IBM Deutschland Informationssysteme GmbH. Vortrag auf der Tagung Communicare nella metropoli: La città dopo Ford. Progetti, esperimenti e tecniche per la vita urbana, Torino, 29 Ottobre 1993, Centro Congressi. Vervielfältigtes Manuskript: Psychologisches Institut der Universität Tübingen.

Glaser, W. R. & Glaser, M. O. (1994). Hinweise auf Substitutionsmöglichkeiten in zwei psychologischen Interviewstudien bei Topmanagern und Telearbeitern. Arbeitspapier der ITG-Fachgruppe 8.1.2, Arbeitsgruppe 2 »IT-Anwendungen zur Substitution von physischem Verkehr«, April 1994. Eingearbeitet in Harmsen & König (1994).

Godehardt, B. (1994). Telearbeit. Rahmenbedingungen und Potentiale. Opladen: Westdeutscher Verlag.

Goldmann, M. & Richter, G. (1987). Betriebliche Flexibilitätsinteressen und die Entstehung von Teleheimarbeitsplätzen für Frauen. Empirische Beispiele aus der Druckindustrie. In F. Gehrmann (Hrsg.), Neue Informations- und Kommunikationstechnologien (S. 105-128). Berlin usw.: Campus.

Harmsen, D.-M. & König, R. (1994). Möglichkeiten der Substitution physischen Verkehrs durch Telekommunikation. Institutsbericht: Fraunhofer-Institut für Systemtechnik und Innovationsforschung (ISI), Breslauer Straße 48, 76139 Karlsruhe.

Hegner, F., Klocke-Kramer, M., Lakemann, U. & Schlegelmilch, C. (1989). Dezentrale Arbeitsplätze. Eine empirische Untersuchung neuer Erwerbs- und Familienformen. Frankfurt/M usw.: Campus.

Heilmann, W. (1987). Teleprogrammierung. Die Organisation der dezentralen Software-Produktion. Wiesbaden: Forkel, Schriftenreihe integrierte Datenverarbeitung in der Praxis, Bd. 40.

Heilmann, W. (o. J.[1992]). Telearbeit. Der stille Wandel. Vervielfältigtes Manuskript: Integrata AG, Schleifmühleweg 68, 72070 Tübingen.

Heilmann, W. & Mikosch, I. (1989). Telearbeit - Der ungeplante Wandel. Information Management, 2, 46-52.

Huws, U. (1993). Teleworking in Britain. A report to the Employment Department. Report: Research Management Branch, Employment Department, Moorfoot, Sheffield S1 4PQ, UK.

Huws, U., Korte, W. B. & Robinson, S. (1990). Telework: Towards the elusive office. Chichester, UK, etc.: John Wiley & Sons.

Jaeger, C., Bieri, L. & Dürrenberger, G. (1987). Telearbeit - von der Fiktion zur Innovation. Zürich: Verlag der Fachvereine an den Schweizerischen Hochschulen und Techniken.

Kattler, T. (1992). Teleworking. Eine Übersicht der wichtigsten Rahmenbedingungen. Teil 1: Office Management, 1-2, 37-42; Teil 2: Office Management, 3, 63-66.

Kelley, M. M. & Gordon, G. E. (1986). Telecommuting. Englewood Cliffs, NJ: Prentice Hall.

Kinsman, F. (1987). The telecommuters. Chichester, UK, etc.: John Wiley & Sons.

Korte, W. B., Robinson, S. & Steinle, W. J., Hrsg. (1988). Telework: Present situation and future development of a new form of work organization. Amsterdam etc.: North-Holland.

Kreibich, R., Drüke, H., Dunckelmann, H. & Feuerstein, G. (1990). Zukunft der Telearbeit. Empirische Untersuchungen zur Dezentralisierung und Flexibilisierung von Angestelltentätigkeiten mit Hilfe neuer Informations- und Kommunikationstechnologien. Eschborn: RKW-Schriftenreihe Mensch und Technik.

Lenk, T. (1989). Telearbeit. Möglichkeiten und Grenzen einer telekommunikativen Dezentralisierung von betrieblichen Arbeitsplätzen. Berlin: Duncker & Humblot, Betriebswirtschaftliche Schriften, Heft 130.

Maciejewski, P. G. (1987). Telearbeit - ein neues Berufsfeld der Zukunft. Heidelberg: R. v. Decker's Verlag, G. Schenck, net-Buch Telekommunikation.

Mokhtarian, P. L. (1991). Telecommuting and travel: State of the practice, state of the art. Transportation, 18, 319-342.

Nilles, J. M., Carlson, F. R., Jr., Gray, P. & Hanneman, G. J. (1976). The telecommunications-transportation tradeoff. Options for tomorrow. New York, etc.: John Wiley & Sons.

Ollmann, R. & Schröder, A. (1994). Netzwerk 2000: Kommunikationstechnische Vernetzungen in der Druck- und Verlagsbranche. Institutsbericht: Sozialforschungsstelle, Rheinlanddamm 199, 44139 Dortmund.

Scholz, G. & Stobbe, C. (1994). Telearbeit - Erfahrungen und Empfehlungen. Versicherungswirtschaft, 49, Heft 20, 1346-1352.

Schuler, H., Hrsg. (1993). Lehrbuch Organisationspsychologie. Bern usw.: Huber.

Schulz, B. & Staiger, U. (1993). Flexible Zeit, flexibler Ort. Telearbeit im Multimedia-Zeitalter. Weinheim: Beltz.

Senn, K. (1991). Die »flexible Arbeitsstätte«, zu Hause und im Büro. Personalführung, 12, 930-935.

Sundstrom, E. (1987). Work environments: Offices and factories. In D. Stokols & I. Altman (Eds.), Handbook of environmental psychology (S. 733-782). New York etc.: John Wiley & Sons.

Wedde, P. (1991). Büroarbeit zu Hause: Gefahren begrenzen. Der Gewerkschafter, 10, Oktober 1991, 4-5.

Wegener, H.-U. (1983). Telearbeit für das Büro. Bericht über einen Modellversuch der Siemens AG. Data report, 18, Heft 1, 4-7.

Stichwortverzeichnis

A

ABA s.a. Außerbetriebliche Arbeitsstätte 2
Alter der ABA-Mitarbeiter 27, 92
Alternierende Telearbeit, alternierende Teleheimarbeit 3, 8, 9, 71
Anklopfen 1
Anrufweiterschaltung 1, 17
Antwortzeiten 17, 122
Arbeit
    außerhalb der regulären Arbeitszeit 22, 25, 39, 45, 57, 69, 136, 208, 228
    Einzelarbeit 19, 21, 31, 32, 38, 44, 56, 58, 100, 104, 135, 229
    Gruppenarbeit 32, 100, 105
    im Team 19, 23, 24, 62, 63, 159, 227, 229
Arbeitgeberposition 15
Arbeitnehmerinteressen 62, 164
Arbeitnehmerposition 15
Arbeitnehmerstatus 10
Arbeits- und Organisationspsychologie 12, 60
Arbeitsbelastung 24, 57, 153
Arbeitsort 6, 8, 38, 39, 56, 112, 139, 143, 215
Arbeitsunterlagen 85, 141
    Transport 53, 137
    Zugriff 18, 23, 53, 159
Arbeitsverhältnis 8
Arbeitszeit
    Aufteilung 20, 23, 26, 28, 32, 46, 47, 70, 77, 81, 93, 137, 145, 146, 148, 160, 197, 219
    Regelung 7, 8, 23, 68
Aufstieg 49, 176
    Aufstiegschancen 19, 25, 51, 63, 70, 72, 137, 208
Außenbüro 6, 7
Außendienst 88
Außendienstmitarbeiter 7
Außerbetriebliche Arbeitsstätte (ABA), Definition 9
Ausstattung des häuslichen Arbeitsplatzes 8, 9, 17, 22, 26, 40, 52, 117, 124, 137
    Schwachstellen 22, 26, 41, 122
Auswahlkriterien für eine ABA 24, 26, 32, 68, 203
Autotelefon 7, 55

B

Baud-Rate 22, 26, 41, 43, 52, 121, 122, 123
Beförderung s. Aufstieg 19
Befragung von Topmanagern 34, 36, 39, 55, 61
Befürchtungen der ABA-Mitarbeiter 17, 23, 50, 60, 137
Befürchtungen der Vorgesetzten 25, 68, 70, 74, 207, 219, 227, 229

BERKOM (Berliner Kommunikationssystem) 13
Berufliche Ausbildung der ABA-Mitarbeiter 27, 95, 96
Berufswahl 51, 59, 174
Betriebsrat 3, 79
Betriebsvereinbarung der IBM 3, 15, 79
Bildschirm 118
    Qualität 17, 41, 118
Bildtelefon 1, 14
Biorhythmus 17, 48, 146
Bürokratischer Aufwand 68, 202, 229
Bürozentrierte ABA, bürozentrierte Telearbeit, Definition 7, 21

C

Clean-desk-Vorschrift 55, 141

D

Datensicherheit 22, 41, 130, 141, 226
Dauer
    der ABA 28, 52, 97, 98, 161, 195
    der Betriebszugehörigkeit 27, 96
Definitionenlehre 6
Dezentralisierung 7, 12, 13
DGB (Deutscher Gewerkschaftsbund) 15
Diffusion 1, 13, 14
Doppelbelastung 19, 24, 66, 186
Druckindustrie 14

E

Effektivität 17, 19, 22, 36, 44, 60, 64, 108, 136, 227
Effizienz 1, 17, 19, 41, 44, 137, 159
Einstellung 17
    Änderung 17, 20, 53, 67, 201
    der Kollegen 17, 60, 68, 202
    der Vorgesetzten 17, 21, 24, 27, 61, 66, 200
Elektronische Post 8, 21, 34, 35, 45
E-mail s.a. Elektronische Post 107
Empirica 11
Encodierungsspezifität 17, 23, 55, 56
Entfernung Wohnung-Arbeitsplatz 30, 75, 132, 134
Enthierarchisierung 1
Ergonomie 85, 88, 120
Erreichbarkeit der ABA-Mitarbeiter 48, 68, 73, 150, 201, 224, 226
Erwartungen der ABA-Mitarbeiter 17, 19, 44, 135
Erwartungen der Vorgesetzten 25, 69, 207, 227, 228
ETH Zürich 11
ExperTeam Telecom GmbH 14
Expertengespräche 13

Extraversion s.a. Introversion-Extraversion 58

F
F International 10
Fachexperte 19, 35
Faktorenanalyse 55, 62, 63
Familie und Beruf 18, 24, 25, 63, 70, 79, 147, 182
Fernmeldedienst 8, 9, 14, 19, 121
Filialbüro 6
Flexibilisierung 1, 16
Flexibilität 2, 7, 17, 22, 23, 25, 26, 33, 44, 46, 47, 52, 53, 56, 58, 65, 68, 73, 74, 160, 201, 228
Floor Effekt 45
Formalisierung 18, 25
FPI s.a. Freiburger Persönlichkeitsinventar 58
Fragebogenerhebung 12, 13, 21, 28
Freiburger Persönlichkeitsinventar (FPI) 58
Freizeit 19, 50, 57, 65, 177, 182, 185
Führungsstil, Führungsverhalten
    personenbezogen/sachbezogen 19
    Selbstbild der Vorgesetzten 25, 71, 219
    Wunschbild der Mitarbeiter 25, 71, 178

G
Geschlecht der ABA-Mitarbeiter 21, 27, 91, 193, 195
Geschlechtsunterschied 20, 21, 23, 27, 28, 30, 44, 48, 50, 52, 59, 66, 93, 99, 191
Gewerkschaft 10, 13, 15
Gleichbehandlung 4, 26, 229

H
Heimarbeit 7, 13
Heimarbeitsgesetz 8, 13
Home-Terminal 30, 39, 45, 49, 195, 231
    Pilotprojekt 28, 30, 40, 42, 97

I
IG Metall 15
Incentive 25, 26
Informationsaustausch 60, 162, 166, 167, 218
Informationsdefizit 50, 52, 160, 162
Informationskanal 162, 218
Informationsspeicherung 1
Informationstechnik 1, 2, 8, 9, 10, 13, 16
Informationstransport 36, 74, 170, 223
Informationsverarbeitung 1
Integrata AG 5, 8, 11, 14
Interview
    Dauer 27, 91, 92
    Leitfaden 12, 28
    Ort 27, 91
    standardisiert 3, 21, 27
    Studie 14
    telefonisch 14

    Zeitraum 91
Intrigen 62, 166
Introversion-Extraversion 20, 24, 58, 62, 170, 172
ISDN 1, 122
Isolation, soziale 3, 19, 20, 58, 59, 64, 65, 172, 174

K
Kausalinterpretation 3
Kernarbeitszeit 45, 48, 150
Kinder
    Betreuung 15, 30, 44, 147, 171, 191
    Erziehung 18, 24, 65, 66, 162, 188
    Wunsch 24, 187
    Zahl 182
Kollegen
    im Betrieb 3, 22, 25, 49, 52, 57, 144, 175, 229
    Koalitionen 62, 165
    Unterstützung 24, 56, 62, 63, 163
Komforttelefon 17, 117
Kommunikation 19, 32
    asynchron 34
    außerhalb Europas 30, 32
    brieflich 35, 107
    dienstlich 35, 36, 53, 106, 151
    face-to-face, persönlich 1, 18, 36, 38, 39, 53, 59, 107, 174
    in Besprechungen, Meetings 33, 53, 107
    informell 20, 24, 60, 162, 218
    mit Kunden 33
    Planung 53, 155
    privat 59, 175, 185
    synchron 1
    telefonisch 33, 107
    über elektronische Post 34, 107
    Veränderung 19, 21, 32, 63, 107, 175
    Verminderung 21, 23, 59
    Verschlechterung 50, 56, 60, 137, 226, 227, 229
    Wunsch 24, 36, 59, 60, 108
    Zunahme 21
Kommunikationsmix 1, 20
Kommunikationstechnik 1, 2, 8, 13, 16, 36, 170, 223
Kontakt s.a. Kommunikation 20
Kontrolle 19, 44, 57, 68, 136, 201, 229
Kontrollgruppe 3, 17, 60
Koordinationsaufwand 53, 74, 226, 227, 229
Kosten-Nutzen-Analyse 17, 77, 229
Kreativität 2, 16, 57

L
Leistungsmotivation 20, 22, 56, 68, 74, 176
    intrinsisch 20, 49
Leitungsgeschwindigkeit 17, 41, 122, 226

M

Management
    durch Zielvereinbarung 16
    höheres 14, 34, 36, 39, 55
Mitarbeitergründe für eine ABA 30, 52, 134, 135, 191
Mobilität 7, 9, 16
Mobiltelefonie 1, 6
Möblierung der häuslichen Arbeitsstätte 44, 131
Modellversuch 2, 15
    Baden-Württemberg 12
    IBM 2, 3, 8, 9
    Integrata AG 11, 12
    Siemens AG 12
Morgenmensch-Nachtmensch 48, 149
Motivation 24, 68, 206, 227, 228
Motivierung 25

N

Nachbarschaftsbüro 6, 7
Netz 8, 9, 14, 41
Netzwerk 3
Nutzungsentgelt 8

O

Ölkrise 2
Organisationsaufwand 18, 68, 73, 203, 227

P

Papierloses Büro 35, 54
PC, PS 8, 41, 42, 53, 63, 117
    Qualität 41, 118
Pendlerverkehr 1, 6, 11, 74
Personalisierung 56
Personentransport 1, 2, 11, 16, 36, 74, 77, 170, 223
Persönliche Anwesenheit 36, 39, 170, 223
Persönliche Nähe 24, 36, 51, 62, 63, 165, 227
Persönlichkeit 17, 20, 79
    Persönlichkeitsdimension 58
    Persönlichkeitstest 58
    Persönlichkeitstyp 20, 172
    Persönlichkeitsvariable 58, 59
Planung der Arbeit 18, 23, 25, 53, 54, 55, 70, 73, 141, 155, 208, 223
Polaritätenprofil 42
Population 14, 21, 28
Privatleben und Beruf 16, 23, 24, 60, 63, 183
Privileg 17, 22, 25, 49, 144
Problemlösung 18, 152
    spontan 22, 38, 45, 56, 111, 115, 217, 227, 228
Produktivität 16, 17, 22, 25, 26, 44, 46, 69, 74, 154, 201, 209, 226, 228, 229
Psychosozial 1, 10, 23, 26, 56

R

Rationalisierungskuratorium der Deutschen Wirtschaft (RKW) 12
Repräsentativität 3, 8, 11, 12, 14, 59, 61

S

Satellitenbüro 6, 7
Schreibtisch im Betrieb 17, 23, 26, 54, 140
    als Statussymbol 17, 55, 143
    Verzicht 54, 56, 140, 143
    Vorteile 23, 54, 140
Selbständigkeit 17, 18, 44, 70, 72, 136, 207
Selbstdisziplin 18, 22, 25, 49, 70, 148, 209, 229
Selbstüberlastung 3, 24, 56, 64
Semantisches Differential 42, 124
Sicherheitsvorkehrungen s. Datensicherheit 41
Soziale Erwünschtheit 49, 50, 71
Standardisierung 18
Standleitung 41, 117
Statussymbol 17, 22, 49, 50, 55, 62, 143, 229
Stichprobe 3, 21, 27, 58, 77, 91
Störung
    durch Anrufe 36, 44, 49, 57, 150, 151
    durch Familie 18, 48, 56, 65, 184, 189, 226
    durch Kollegen 44, 56
Störungsfreies Arbeiten 22, 25, 44, 48, 59, 69, 136, 146, 172, 207, 228
Straßenverkehr s. Verkehr 2
Streß 19, 45, 64, 65, 184
Strukturierung 18, 23, 53, 155, 159

T

Tagesrhythmus 22, 46, 47, 48, 136
Tastatur 22, 26, 41, 120
Tätigkeiten der ABA-Mitarbeiter 21, 22, 25, 30, 73, 94, 210, 215
    interaktiv 37, 60, 108
    Veränderungen 21, 32, 104
Teilzeitarbeit 7, 28, 66, 98, 183, 193
Telearbeit 2, 3, 6
    Definition 6
    Dimensionen 6
Telearbeit, alternierend s.a. alternierende Telearbeit 2
Telebanking 8
Telefax 1, 41, 117
Telefon 1, 2, 34, 117
Telefonfrustration 21, 34, 116
Telefonkonferenz 1
Teleheimarbeit 7, 13, 14
Teleheimarbeit, alternierend s.a. alternierende Telearbeit 3
Telekom 78, 87
Telekommunikation 2, 8, 9, 19, 22, 34, 36, 74, 78
Telekommunikationsendgerät 9

Telekooperation 11
Teleprogrammierung 12
Teleshopping 8
TELETECH-Initiative 14
Teletex 12
Terminal 117
    Qualität 118
Territorialität 11, 17, 23, 56

U
Umweltschutz 30, 79, 136

V
Vereinbarkeit Familie-Beruf 2, 19, 25, 30, 64, 68, 74, 135, 205, 228
Vereinsamung 24, 56, 58, 59, 191
Verkehrsmittel der ABA-Mitarbeiter 134
Verkehrsreduktion 1, 11, 30, 36, 69, 74, 136, 206, 228
Verkehrssubstitution 2, 14, 74
Vertrag
    ABA-Vertrag 28, 84
    Arbeitsvertrag 8
    Werkvertrag 8
Vertrauenswürdigkeit 25, 68, 205
Videokonferenz 1
Virtuelle Organisation 3, 11
Virtuelle Teams 3
Virtuelles Büro 11
Vollzeitarbeit 7, 28, 77, 98, 183, 193
Vorgesetztenbefragung 3, 21, 24, 27, 28, 61, 66, 192
Vorteile/Nachteile einer ABA 25, 73, 191, 225, 230

W
Wählleitung 41, 117
Wertewandel 11
Wochenarbeitszeit 23, 28, 98, 135
    Verteilung 52, 160
Wochenrhythmus 8, 20
Wohnungszentrierte ABA, wohnungszentrierte Telearbeit, Definition 7, 21
Workaholic 58, 65, 186, 229